阶段性技术进步细分与技术创新效率随机变动研究

The Research of the Subdivision of the Stage Technology Progress and the Stochastic Change of the Technology Innovation Productivity

王必好　著

经济管理出版社
ECONOMY & MANAGEMENT PUBLISHING HOUSE

图书在版编目（CIP）数据

阶段性技术进步细分与技术创新效率随机变动研究 / 王必好著. —北京：经济管理出版社，2021.2
ISBN 978-7-5096-7825-1

Ⅰ. ①阶…　Ⅱ. ①王…　Ⅲ. ①技术进步—研究　②技术革新—研究　Ⅳ. ①F062.4

中国版本图书馆 CIP 数据核字（2021）第 041339 号

组稿编辑：宋　娜
责任编辑：张　昕　杨　娜
责任印制：赵亚荣
责任校对：陈晓霞

出版发行：经济管理出版社
（北京市海淀区北蜂窝 8 号中雅大厦 A 座 11 层　100038）
网　　址：www. E-mp. com. cn
电　　话：（010）51915602
印　　刷：唐山昊达印刷有限公司
经　　销：新华书店
开　　本：720mm×1000mm/16
印　　张：20
字　　数：287 千字
版　　次：2021 年 4 月第 1 版　　2021 年 4 月第 1 次印刷
书　　号：ISBN 978-7-5096-7825-1
定　　价：98.00 元

联系地址：北京阜外月坛北小街 2 号
电话：（010）68022974　　　邮编：100836

第九批《中国社会科学博士后文库》编委会及编辑部成员名单

本书受到中国博士后科学基金面上项目（2017M622167）和教育部人文社会科学研究规划基金项目（19YJA790109）的资助

序　言

博士后制度在我国落地生根已逾30年，已经成为国家人才体系建设中的重要一环。30多年来，博士后制度对推动我国人事人才体制机制改革、促进科技创新和经济社会发展发挥了重要的作用，也培养了一批国家急需的高层次创新型人才。

自1986年1月开始招收第一名博士后研究人员起，截至目前，国家已累计招收14万余名博士后研究人员，已经出站的博士后大多成为各领域的科研骨干和学术带头人。其中，已有50余位博士后当选两院院士；众多博士后入选各类人才计划，其中，国家百千万人才工程年入选率达34.36%，国家杰出青年科学基金入选率平均达21.04%，教育部"长江学者"入选率平均达10%左右。

2015年底，国务院办公厅出台《关于改革完善博士后制度的意见》，要求各地各部门各设站单位按照党中央、国务院决策部署，牢固树立并切实贯彻创新、协调、绿色、开放、共享的发展理念，深入实施创新驱动发展战略和人才优先发展战略，完善体制机制，健全服务体系，推动博士后事业科学发展。这为我国博士后事业的进一步发展指明了方向，也为哲学社会科学领域博士后工作提出了新的研究方向。

习近平总书记在2016年5月17日全国哲学社会科学工作座谈会上发表重要讲话指出：一个国家的发展水平，既取决于自然科学发展水平，也取决于哲学社会科学发展水平。一个没有发达的自然科学的国家不可能走在世界前列，一个没有繁荣的哲学社会科学的国家也不可能走在世界前列。坚持和发展中国特色社会主义，需要不断在实践中和理论上进行探索、用发展着的理论指导发展着的实践。在这个过程中，哲学社会科学具有不可替代的重要地位，哲学社会科学工作者具有不可替代的重要作用。这是党和国家领导人对包括哲学社会科学博士后在内的所有哲学社会科学领域的研究者、工作者提出的殷切希望！

中国社会科学院是中央直属的国家哲学社会科学研究机构，在哲学社会科学博士后工作领域处于领军地位。为充分调动哲学社会科学博士后研究人员科研创新的积极性，展示哲学社会科学领域博士后的优秀成果，提高我国哲学社会科学发展的整体水平，中国社会科学院和全国博士后管理委员会于2012年联合推出了《中国社会科学博士后文库》（以下简称《文库》），每年在全国范围内择优出版博士后成果。经过多年的发展，《文库》已经成为集中、系统、全面反映我国哲学社会科学博士后优秀成果的高端学术平台，学术影响力和社会影响力逐年提高。

下一步，做好哲学社会科学博士后工作，做好《文库》工作，要认真学习领会习近平总书记系列重要讲话精神，自觉肩负起新的时代使命，锐意创新、发奋进取。为此，需做到：

第一，始终坚持马克思主义的指导地位。哲学社会科学研究离不开正确的世界观、方法论的指导。习近平总书记深刻指出：坚持以马克思主义为指导，是当代中国哲学社会科学区别于其他哲学社会科学的根本标志，必须旗帜鲜明加以坚持。马克思主义揭示了事物的本质、内在联系及发展规律，是“伟大的认识工具”，是人们观察世界、分析问题的有力思想武器。马克思主义尽管诞生在一个半多世纪之前，但在当今时代，马克思主义与新的时代实践结合起来，越来越显示出更加强大的生命力。哲学社会科学博士后研究人员应该更加自觉地坚持马克思主义在科研工作中的指导地位，继续推进马克思主义中国化、时代化、大众化，继续发展21世纪马克思主义、当代中国马克思主义。要继续把《文库》建设成为马克思主义中国化最新理论成果宣传、展示、交流的平台，为中国特色社会主义建设提供强有力的理论支撑。

第二，逐步树立智库意识和品牌意识。哲学社会科学肩负着回答时代命题、规划未来道路的使命。当前中央对哲学社会科学愈加重视，尤其是提出要发挥哲学社会科学在治国理政、提高改革决策水平、推进国家治理体系和治理能力现代化中的作用。从2015年开始，中央已启动了国家高端智库的建设，这对哲学社会科学博士后工作提出了更高的针对性要求，也为哲学社会科学博士后研究提供了更为广阔的应用空间。《文库》依托中国社会科学院，面向全国哲学社会科学领域博士后科研流动站、工作站的博士后征集优秀成果，入选出版的著作也代表了哲学社会科学博士后最高的学术研究水平。因此，要善于把中国社会科学院服务党和国家决策的大智库功能与《文库》的小智库功能结合起来，进而以智库意识推动品牌意识建设，最终树立《文库》的智库意识和品牌意识。

第三，积极推动中国特色哲学社会科学学术体系和话语体系建设。改革开放30多年来，我国在经济建设、政治建设、文化建设、社会建设、生态文明建设和党的建设各个领域都取得了举世瞩目的成就，比历史上任何时期都更接近中华民族伟大复兴的目标。但正如习近平总书记所指出的那样：在解读中国实践、构建中国理论上，我们应该最有发言权，但实际上我国哲学社会科学在国际上的声音还比较小，还处于“有理说不出、说了传不开”的境地。这里问题的实质，就是中国特色、中国特质的哲学社会科学学术体系和话语体系的缺失和建设问题。具有中国特色、中国特质的学术体系和话语体系必然是由具有中国特色、中国特质的概念、范畴和学科等组成。这一切不是凭空想象得来的，而是在中国化的马克思主义指导下，在参考我们民族特质、历史智慧的基础上再创造出来的。在这一过程中，积极吸纳儒、释、道、墨、名、法、农、杂、兵等各家学说的精髓，无疑是保持中国特色、中国特质的重要保证。换言之，不能站在历史、文化虚无主义立场搞研究。要通过《文库》积极引导哲学社会科学博士后研究人员：一方面，要积极吸收古今中外各种学术资源，坚持古为今用、洋为中用。另一方面，要以中国自己的实践为研究定位，围绕中国自己的问题，坚持问题导向，努力探索具备中国特色、中国特质的概念、范畴与理论体系，在体现继承性和民族性、体现原创性和时代性、体现系统性和专业性方面，不断加强和深化中国特色学术体系和话语体系建设。

新形势下，我国哲学社会科学地位更加重要、任务更加繁重。衷心希望广大哲学社会科学博士后工作者和博士后们，以《文库》系列著作的出版为契机，以习近平总书记在全国哲学社会科学座谈会上的讲话为根本遵循，将自身的研究工作与时代的需求结合起来，将自身的研究工作与国家和人民的召唤结合起来，以深厚的学识修养赢得尊重，以高尚的人格魅力引领风气，在为祖国、为人民立德立功立言中，在实现中华民族伟大复兴中国梦的征程中，成就自我、实现价值。

是为序。

中国社会科学院副院长

中国社会科学院博士后管理委员会主任

2016年12月1日

摘 要

随着知识与技术的密集程度越来越高，专业性社会分工更加精细化，知识形态技术创新要素日益渗透到社会生产生活的各个方面，传统的加工制造、技术研发、要素投入和成果应用等经济活动发生了巨大变化。技术进步精细化、专业化、信息化水平达到更高阶段，阶段性技术进步表现为渐进式和跨越式两种方式，是一个复杂变动的随机过程，具有非线性趋势和异质性特征，存在较大不确定性。本书研究主题是技术进步阶段性细分与渐变单元分析，技术创新效率随机变动特征，主要包括以下九部分内容。

（1）技术创新效率引导厂商充分利用既定创新资源，改善投入产出比例，使技术进步路径朝着最优化效益目标逐渐收敛，总体是先易后难，拉动技术进步不显著。创造性破坏加快技术积累与进步，技术水平在较低阶段上快速提升，技术进步路径不是持续渐进升级的，而是跨越多个阶段推动技术进步的，技术水平发生较大幅度波动。两者共同作用使技术进步更加具有不确定性，呈现非线性趋势和异质性特征。

（2）技术进步有跨越式和渐进式两种实现方式，分别与产品加工制造程度深化、R&D 经费投入密切相关。两种不同的技术进步方式在驱动力量、实现路径和绩效目标等方面存在差异化影响结果。深化产品加工制造程度实现跨越式技术进步，技术水平快速提升；延伸技术内涵促进技术进步发生跳跃升级，形成更大的技术进步空间；增加 R&D 经费投入实现渐进式技术进步，放缓技术进步速度，难以保持最优技术创新效率而出现一定程度耗散，其增值空间日益收窄。

（3）随着技术应用与积累日益深化，步进式技术吸纳引起厂商技术存量水平变动符合 Markov 动态过程的变化规律，具有无后效性特征。双门限回归结果表明，各厂商初始技术水平存在差异，步进式技术吸纳对厂商和行业技术存量增长产生倒 U 形冲击效应，对行业技术存量水平的正向冲击效应显著高于单个厂商。分位数回归结果显示，当每一步技术吸纳引起的技术集聚效应小于同期技术存量变动时，行业技术存量水平上升；反之，则下降。

(4) 厂商有意识地选择技术进步方向，理性预测其变动结果是可行的，是一个由不完全理性预测到比较理性预测、最后实现完全理性预测的循序渐进过程。技术进步概率集合满足集合动态分配律（RIP），两阶段技术进步之间概率集合交集越大，两者关联程度越高，技术向着更高阶段升级的概率就越大，技术进步预测就更加准确。差异化的预测结果是优化技术进步路径的必要条件，较短技术进步距离的预测结果更加准确。

(5) 知识资本投入中技术创新效率具有内生性，随机变动效应明显。人力资本投入能够缓和阶段性技术进步对技术创新效率的负面冲击，使技术创新效率随机变动趋向平稳。知识资本投入比人力资本投入为技术创新效率变动带来更多的不确定性因素，技术创新效率不确定性和非线性趋势主要是由知识资本投入与技术进步不同步引起的。

(6) 寡头垄断厂商是在要素集聚优势和外部竞争压力的双重作用下开展技术创新活动的，以价格或产量作为决策变量，不同决策变量对技术创新投入的促进作用各有差异，从而导致技术创新效率无规律变动。通过价格竞争实现伯特兰均衡，比通过产量竞争实现古诺均衡更加有利于厂商加大技术创新投入，技术创新效率差异化变动特征更加明显。跨越式技术进步比渐进式技术进步更能够为厂商增加利润。

(7) 产业内水平分工能够提高岗位设置的精细化水平，优化加工制造部门与专业科研部门之间的创新要素投入比例。加工制造部门前向水平分工将会增加对专业科研部门创新要素购买投入，其自主创新能力受到削弱。加工制造部门后向水平分工将会加大独立研发投入力度，依靠自身力量开展技术创新活动，逐步实现产学研一体化，有效提高技术创新效率。

（8）竞争性创新厂商的技术转化产出在正外部性条件下，随着技术转化率提高而单调上升；在负外部性条件下，厂商产出存在先下降后上升的U形变动趋势。产学研协同创新比竞争性创新带来更多产出。实证研究以浙江省台州市缝纫设备制造业技术转化为案例，验证相应结论。

（9）同时选择R&D经费和研发人员投入的要素配置方式下，不完全技术信息没有充分吸纳，要素替代系数较小，技术创新效率和产出水平承受显著冲击。而先后选择的要素配置方式下，存在着较大的要素优化配置空间，要素替代系数与不完全技术信息具有较强适应性，要素比例逐步优化，平缓冲击效应。厂商购买技术的条件是不完全技术信息期望收益大于支付价格。不完全技术信息相关性分析可以观察其误差变动及其与R&D经费投入和产出的影响关系。

本书研究结论体现在技术进步非线性趋势、异质性特征和技术创新效率随机变动两项重点内容。政策建议是建立健全知识资本等创新要素的市场配置和运行机制，深化科技体制改革，保护知识产权。政策目标是提高全要素生产率和技术创新效率。这就需要深化基础研究体制改革，积极拓宽智能制造平台，保持科技政策相对稳定性，建立技术研发风险补偿机制，优化技术信息综合管理应用。未来研究方向是细化技术进步非线性变动趋势，分析其异质性特征的形成根源、外在表现以及变动形式。深化科技政策研究也是本书研究内容的延伸，重点是从微观视角中研究如何实施创新驱动发展战略。

关键词：技术进步；细分研究；技术创新效率；随机变动

Abstract

The specialization social division of labor is more refined, knowledge form technology innovation factor is permeating all ways of production and life while enhancing the degree of knowledge and technology augment, and tradition manufacture, R&D expenditure, factor input and achievement application happen huge change. The precision, specialty and information of the technology progress arrive at higher level, stage technology progress has two ways which one is the step-by-step, another is the great leaping technology progress, and causes more complication stochastic process, and it has non-linear intend and heterogeneity character, with more uncertainty. The theme is the research of the subdivision unit of the technology progress stage change, and technology innovation productivity (TIP) stochastic change, which mainly including the following nine contents.

(1) The TIP guides the firms making full advantage of the innovation resource with high efficiency, makes the rate of the input-output more optimization and the technology progress route gradually converging with the firms object of the most benefit, easily at first and difficult then, the technology progress is sustained, non-prominent. The creative destructive promotes the technology accumulation and progress, the technology enhances rapidly based of the lower level, the route of the technology progress is not sustained and step-by-step, but strides over many stages, happens great change. Both play on the technology progress with more uncertainty, which has the property with the non-linear

and the heterogeneity.

(2) The technology progress has two running ways, one is the step-by-step technology progress, another is the great leap, which are correlation with the deepening of the product processing and manufacture degree and R&D expenditure respectively. The main of the theory analysis is the results of their drive strength, differentiate route and efficiency object, et al. The degree of the product processing and manufacture promotes the great leap technology progress, technology advances rapidly, the rate of the factor allocation optimizes continually, the factor input has been used extensively with efficiency, the development of the technology intensive will make the technology advance with great leap, forming great technology progress space. Increasing the R&D expenditure causes the step-by-step technology progress, slows down the technology progress velocity, and can not keep the optimization of the technology innovation efficiency, but happen some degree of dissipation, the space of the extra-value becomes smaller and smaller.

(3) The stock of the technology variety caused by the step-by-step technology adoption is characterized of Markov dynamic process change rule, with the posterior no-effect, while technology is applied and accumulated deeply. The result of the double threshold regression indicates that step-by-step technology adoption should happen inverse U shock with the increment of the stock of the technology for the firms and the industries with the difference of the initialization technology level from main manufacturers, and positive effect is more prominent for the industries than the individual firms. The result of the quantile regression makes clear that the stock of the industrial technology will rise when the accumulation effect caused by adoption is less than current technology increment, conversely, the stock of the technology will descend.

(4) Firms consciously select the technical direction of technology progress, rational forecast of technology progress is feasible, which is a proceed in an

orderly way and step by step, from irrational forecast to bounded rational, then to whole rational forecast. The sets of the probability of the technology progress have the character of RIP. The intersection of the probability sets among two stages of the technology progress is larger, their relevance is more close each other, the probability to technology advance higher stage is higher, and forecast of technology progress is more accurate. The differentiated forecast result is the necessary condition for optimization selection of the technology progress route, the result of rational forecast is more correct with shorter route of the technology progress.

(5) The research believes that the TIP of the knowledge capital has endogenous and prominent effect of the stochastic change, the knowledge accumulation makes negative shock effect on the technology progress, causes uncertain dramatically and stochastic change violently for the TIP. The human capital input can alleviate the negative shock of the stage technology progress on the TIP, and make it stochastic change more stability. The knowledge capital input will product more uncertain factor than the human capital input on TIP, and the uncertainty and non-linear trend of TIP are mainly caused by the nonsynchronous of knowledge capital input and technology progress.

(6) Oligopoly firms carry technology innovation while the monopolization creating many advantages to accumulate much factor and competition press, may take the price or the production as the decision variable, the decision variables and market competition strategies will promote the technological innovation with different ways, affect the incentive of technology innovation for the firms. Bertrand equilibrium which the Oligopoly firms compete each other with price will benefit more with the technological innovation than Cournot equilibrium which the firms compete with production, leapfrogging innovation will make firms earning more profit than step-by-step innovation.

(7) Horizontal division of industrial can detail position contents, makes

the factors input ratio between the manufacture section and the special science research institution more optimization. Forward horizontal division of the manu-facture section increases the purchase input of technology innovation factors to the special science research institution, and the ability of manufacture section to innovate will be weaken. Backward horizontal division of the manufacture section leads to increasing investment on research and innovation, depending on themselves to carry technology innovation, activities arriving at integrating the industry, university and research and the TIP will be effectively improved.

(8) The output of the competition innovation firms will monotonically increase while the technology transfer rate rising under positive external, but will form a U-shaped change trend of first decreasing and then increasing under the negative external of the collaborative Innovation in Industry, Education and Research brings more output than the competition innovation. Empirical research tests the conclusion with the textile equipment manufacture industry from Taizhou ZheJiang province.

(9) Imperfect technology information is not fully absorbed for the concurrent selection which is way to allocate the R&D expenditure and the researchers input, the factors substitution coefficient is smaller, with the prominent shock effect of the TIP and the output. Under the sequential selection with the larger space of the factors allocation, the factors substitution coefficient and the imperfect technology information have stronger adaptation, it will optimize the ratio of the factors, and alleviate the shock effect. The expect revenue of the imperfect technology information is higher than the pay price, then enterprises will purchase the technology. The correlation analysis of the imperfect technology information can compute its deviation change and the affect relation with the R&D expenditure and the researchers input. The paper carries the empirical research with the technological and economic indexes from 695 quoted companies, proves the theory supposes, then presents the policy proposals.

The report conclusion is the technology progress no-linear trend and the stochastic change of the TIP. The policy proposals are to deepen reform of the basic research institution, to actively expand the intelligent manufacture platform, to keep the relative stability of the science and technology policy, to construct the compensation system of the technology R&D risk, to optimize the synthesis management and application of the technology information. The direction of the future research is to refine the no-linear trend of the technology progress, analyze the cause, outward manifestation, variable form of the characteristics heterogeneity. It is the best way to develop the report to run the research of the science and technology policy, the main is to research carry the strategy of the innovation driving development according micro view.

Key Words: the Technology Progress; Subdivision Research; the Technology Innovation Productivity; Stochastic Change

目　录

第一章　绪　论 …… 1

第一节　研究重点内容与意义 …… 1

一、研究背景和重点内容 …… 1

二、研究意义 …… 9

第二节　概念界定与研究方法 …… 12

一、相关概念 …… 12

二、研究方法 …… 14

三、研究技术路线 …… 16

第三节　研究框架与结构体系 …… 17

一、研究框架 …… 17

二、结构体系 …… 19

第四节　创新点与不足之处 …… 21

一、主要创新点 …… 21

二、不足之处 …… 23

第二章　相关文献综述 …… 25

第一节　技术进步趋势与特征研究 …… 25

一、技术进步与要素配置优化 …… 25

二、技术进步的主要影响因素 …… 26

三、技术进步不确定性特征及原因 …… 26

第二节　技术进步实现方式研究 …… 27
一、优化要素替代改善投入产出比例 …… 27
二、产品加工制造程度深化与技术水平提升 …… 28
三、体现式技术进步与全要素生产率 …… 29
第三节　国内外技术进步与存量水平研究 …… 30
一、国外研究成果回顾 …… 30
二、国内技术存量变动研究概述 …… 31
第四节　技术进步预测与路径优化 …… 32
一、贝叶斯网络模型及其预测方法研究 …… 32
二、贝叶斯网络模型在技术创新方面的应用研究 …… 33
三、技术进步不确定性及其影响因素分析 …… 33
第五节　技术创新效率研究述评 …… 34
一、知识生产函数的拓展与应用 …… 34
二、技术创新效率随机变动及影响因素 …… 35
三、阶段性技术进步与不确定性特征 …… 35
四、知识资本、人力资本与技术创新效率变动 …… 35
第六节　不完全技术信息研究综述 …… 36
一、要素配置中不完全技术信息及其影响因素 …… 36
二、不完全技术信息对技术创新效率及产出的冲击效应 …… 37
三、不完全技术信息与技术成果交易 …… 37
四、不完全技术信息的误差因素分析 …… 38
第三章　技术进步过程的非线性趋势和异质性特征研究 …… 41
第一节　理论模型分析 …… 41
一、技术创新效率与投入成本函数 …… 42
二、技术创新效率与创造性破坏强度 …… 44
三、渐进式与跨越式技术进步过程 …… 45
第二节　实证模型与方法 …… 49

一、实证模型设定 …… 49
二、参数估计 …… 50
三、预测方法 …… 51
四、数据选取 …… 52
第三节 实证分析与假设验证 …… 53
一、分位数自回归和门限自回归分析 …… 53
二、门限分位数自回归分析 …… 55

第四章 渐进式和跨越式技术进步的差异性分析 …… 65

第一节 问题提出与理论分析 …… 65
一、问题提出 …… 65
二、不同技术进步方式及其驱动力量 …… 67
三、渐进式与跨越式技术进步的差异性分析 …… 69
四、跨越式技术进步的增值效应 …… 70
第二节 实证模型构建及估计方法 …… 71
一、产业选择及指标说明 …… 71
二、产品加工制造程度的影响分析 …… 72
三、模型构建及估计方法 …… 73
第三节 实证结果分析 …… 78
一、产业间差异化技术进步方式 …… 78
二、产品加工制造程度的技术进步效应 …… 79

第五章 步进式吸纳对技术存量水平的冲击及实证研究 …… 83

第一节 理论模型分析 …… 83
一、问题概述 …… 83
二、含有技术创新要素的时变生产函数 …… 84
三、技术吸纳的离散变量随机过程及其动态变化 …… 85
四、技术吸纳对技术存量增长率的冲击 …… 88

第二节 数据、模型和研究方法 …… 91
一、数据来源和模型设定 …… 91
二、技术存量水平的面板分析 …… 92
三、步进式技术吸纳冲击技术存量增长率的分析 …… 94
第三节 基于分位数回归的实证分析 …… 100
一、分位数回归分析模型 …… 100
二、分位数回归结果分析 …… 101

第六章 基于贝叶斯网络的关联性技术进步理性预测与路径优化 …… 105

第一节 研究假设与重点内容、思路 …… 105
一、技术进步关联性假设 …… 105
二、研究的重点内容与思路 …… 107
第二节 贝叶斯网络模型在技术进步预测中的应用 …… 108
一、基于贝叶斯网络模型的关联性技术进步理性预测 …… 108
二、运用集合动态分配律分析技术进步关联程度 …… 111
三、关联性技术进步路径的优化选择 …… 112
第三节 基于技术进步预测的贝叶斯网络模型构建 …… 113
一、技术进步节点识别 …… 113
二、网络结构确定 …… 114
三、技术进步节点在网络图中赋值 …… 115
第四节 技术进步理性预测结果分析 …… 119
一、因果推理 …… 119
二、诊断推理 …… 121

第七章 技术创新效率内生性与随机变动分析 …… 125

第一节 问题提出 …… 125
一、研究背景 …… 125

二、研究思路与重点 …… 126
第二节 理论模型分析 …… 128
一、拓展的知识生产函数与技术创新效率随机变动 …… 128
二、技术创新效率内生性特征分析 …… 129
三、技术创新效率随机变动的形成机制 …… 131
第三节 数据、指标选取与技术活动描述 …… 134
一、收入类指标 …… 134
二、支出类指标 …… 135
三、基本信息类指标 …… 135
第四节 实证分析与理论假设验证 …… 139
一、要素投入在技术创新效率变动中的作用分析 …… 139
二、技术创新效率内生性特征和随机变动分析 …… 142
三、知识资本在技术创新效率随机变动中的影响效应分析 …… 144
四、知识资本投入及技术创新效率的产出弹性分析 …… 146
五、技术创新效率增长、知识资本回报率与人力资本投资不确定性程度 …… 149

第八章 寡头垄断市场结构的技术创新投入研究 …… 155

第一节 市场结构与技术创新要素投入 …… 155
一、寡头垄断厂商创新路径选择 …… 155
二、相关成果与本章研究重点 …… 156
第二节 寡头垄断厂商技术创新分析模型 …… 158
一、厂商技术创新投入强度与收益之间的内在联系 …… 158
二、技术模仿、溢出效应与厂商价格的联动变化分析 …… 160
三、价格与产量的技术创新投入模型分析 …… 161
四、跨越式与渐进式技术进步投入的效益分析 …… 162
第三节 变量、数据、实证模型与方法 …… 164

一、变量选择和数据说明 …… 164
二、实证模型设定 …… 164
三、估计方法 …… 165
第四节　计量结果分析 …… 167
一、伯特兰均衡与古诺均衡的比较分析 …… 167
二、跨越式和渐进式技术进步的比较分析 …… 172

第九章　加工制造部门水平分工与技术创新效率投入变动 …… 175

第一节　水平分工概念与相关研究 …… 175
一、水平分工概念的提出 …… 175
二、相关研究述评 …… 176
第二节　模型分析 …… 178
一、加工制造部门水平分工模型 …… 179
二、在不同水平分工模式下加工制造部门技术创新投入最优选择与产出效应 …… 180
三、三种水平分工模式下的厂商投入收益分析 …… 182
第三节　实证分析 …… 184
一、变量选择和数据说明 …… 184
二、模型设定 …… 185
三、估计方法及结果分析 …… 186

第十章　竞争性创新与产学研协同创新的差异化产出研究 …… 195

第一节　研究主要内容与相关成果回顾 …… 195
一、研究主要内容 …… 195
二、相关成果回顾 …… 196
第二节　技术转化率及变量设定 …… 198
一、新产品研发与既有产品产量 …… 198
二、技术转化产出与专利保护 …… 199

三、外部性与最优技术转化率 …………………………… 199
第三节 理论模型分析 …………………………………… 200
一、竞争性创新的技术转化率分析 ……………………… 200
二、协同创新的技术转化率分析 ………………………… 205
第四节 案例背景 ………………………………………… 208
一、缝纫设备产业技术转化路径 ………………………… 209
二、产业技术活动主要特征 ……………………………… 209
第五节 案例分析 ………………………………………… 211
一、外部性与技术转化 …………………………………… 212
二、厂商技术合作方式与技术转化 ……………………… 213
三、专利保护与技术转化 ………………………………… 214

第十一章 不完全技术信息的效率冲击效应与构成细分研究 …………………………………………… 217

第一节 研究背景与理论模型分析 ……………………… 217
一、研究背景与问题提出 ………………………………… 217
二、要素配置中不完全技术信息 ………………………… 218
三、不完全技术信息构成细分 …………………………… 220
四、不完全技术信息对技术创新效率和产出水平的冲击效应 ………………………………………………… 221
五、成果交易中不完全技术信息与厂商技术选择 ……… 223
六、不完全技术信息的误差分析 ………………………… 224
第二节 不完全技术信息构成与量化 …………………… 226
一、统计指标与数据选取 ………………………………… 226
二、不完全技术信息及其构成因素分析 ………………… 227
三、不完全技术信息对技术创新效率、产出水平的冲击效应 ………………………………………………… 229
第三节 实证结果分析 …………………………………… 231

一、不完全技术信息不同构成因素的影响分析 …………… 231
二、成果交易中不完全技术信息的产业间交叉影响效应 …… 235
三、不完全技术信息的误差因素分析 ………………… 237

第十二章　研究结论、政策建议与研究展望 ……………… 241

第一节　主要结论 ……………………………………… 241
第二节　政策建议 ……………………………………… 243
第三节　未来研究方向与展望 ………………………… 245

参考文献 ……………………………………………… 247

索　引 ………………………………………………… 263

后　记 ………………………………………………… 265

专家推荐表 …………………………………………… 267

Contents

1 Introduction ··· 1

1.1 Main Research Contents and Significance ··· 1

1.1.1 Research Background and Main Contents ··· 1

1.1.2 Research Significance ··· 9

1.2 Concept Definition and Research Methods ··· 12

1.2.1 Relevant Concepts ··· 12

1.2.2 Research Methods ··· 14

1.2.3 Research Technology Route ··· 16

1.3 Research Framework and Structure System ··· 17

1.3.1 Research Framework ··· 17

1.3.2 Structure System ··· 19

1.4 Innovations and Disadvantages ··· 21

1.4.1 Main Innovations ··· 21

1.4.2 Disadvantages ··· 23

2 Relevant Literature Review ··· 25

2.1 Research on Technology Progress Trends and Characters ··· 25

2.1.1 Technology Progress and Factors Allocation Optimization ··· 25

2.1.2 Main Influence Factors of Technology Progress ············ 26

2.1.3 Uncertainty Character of Technology Progress and Its Cause ············ 26

2.2 Research on the Implementation Modes of Technology Progress ············ 27

2.2.1 Optimizing Factors Substitution and Improving the Input output Ratio ············ 27

2.2.2 Deepening Manufacturing Degree of the Product and Improving Technology Level ············ 28

2.2.3 Embodied Technology Progress and Total Factor Productivity ············ 29

2.3 Research on Technology Progress and Stock Level from Foreign and Domestic ············ 30

2.3.1 Review of Foreign Research Achievement ············ 30

2.3.2 Research Overview of Technology Stock Change for Domestic ············ 31

2.4 Forecast of Technology Progress and Route Optimization ··· 32

2.4.1 Research on Bayesian Network Model and the Forecasting Method ············ 32

2.4.2 Application Research of the Bayesian Network Model on Technology Innovation ············ 33

2.4.3 Analysis of Uncertainty of Technology Progress and Influencing Factors ············ 33

2.5 Review on the Research of Technology Innovation Productivity ············ 34

2.5.1 Extension and Application of Knowledge Production Function ············ 34

2.5.2 Stochastic Change and the Influencing Factors of Technology Innovation Productivity ·· 35
2.5.3 Stage Technology Progress and Uncertainty Character ······ 35
2.5.4 Knowledge Capital, Human Capital and Technology Innovation Productivity Change ································ 35
2.6 Summary of Research on Imperfect Technology Information ·· 36
2.6.1 Imperfect Technology Information and Its Influence Factors in Factors Allocation ·· 36
2.6.2 The Shock Effect of Imperfect Technology Information on Technology Innovation Productivity and Output ··········· 37
2.6.3 Imperfect Technology Information and the Transaction of Technology Achievement ·· 37
2.6.4 Error Analysis in Imperfect Technology Information ······ 38

3 Research on Non-linear Trend and Heterogeneous Character during Technology Progress ·· 41

3.1 Theory Model Analysis ·· 41
3.1.1 Technology Innovation Productivity and Investment Cost Function ·· 42
3.1.2 Technology Innovation Productivity and Intensity of Creative Destruction ··· 44
3.1.3 Progressive and Leapfrog Technology Progress Process ··· 45
3.2 The Empirical Model and Method ································ 49
3.2.1 Empirical Model Setting ·· 49
3.2.2 Parameter Estimation ·· 50
3.2.3 Forecast Method ·· 51
3.2.4 Data Selection ··· 52

3.3 Empirical Analysis and Hypothesis Test …… 53

3.3.1 Quantile Auto-Regression and Threshold Auto-Regression Analysis …… 53

3.3.2 Threshold Quantile Auto-Regression …… 55

4 Difference Analysis of Progressive and Leapfrog Technology Progress …… 65

4.1 Problem Presentation and Theory Analysis …… 65

4.1.1 Presentation Problem Put-forward …… 65

4.1.2 Different Way of Technology Progress and the Drive Strength …… 67

4.1.3 Difference Analysis of Progressive and Leapfrog Technology Progress …… 69

4.1.4 The Value-added Effect of Leapfrog Technology Progress …… 70

4.2 Empirical Model Construction and the Estimation Method …… 71

4.2.1 Industrial Selection and Indicators Description …… 71

4.2.2 Influence Analysis of the Product Manufacture Degree …… 72

4.2.3 Model Construction and the Estimation Method …… 73

4.3 Empirical Result Analysis …… 78

4.3.1 The Difference of the Technology Progress Way among Industries …… 78

4.3.2 Technology Progress Effect of the Product Manufacture Degree …… 79

5 The Shock of Progressive Absorption on the Technology Stock Level and Empirical Research …… 83

5.1 Theory Model Analysis …… 83

5.1.1 Problem Overview ······ 83
5.1.2 Time-varying Production Function with Technology Innovation Factors ······ 84
5.1.3 The Stochastic Process of Discrete Variable Absorbed by Technology and Its Dynamic Change ······ 85
5.1.4 The Impact of Technology Absorption on the Increase Rate of Technology Stock ······ 88
5.2 Dates, Model and Method ······ 91
5.2.1 Data Source and the Model Setting ······ 91
5.2.2 Panel Analysis of Technology Stock ······ 92
5.2.3 Analysis of the Shock of Progressive Technology Absorption on the Increase Rate of Technology Stock ······ 94
5.3 Empirical Analysis based on Quantile Regression ······ 100
5.3.1 Quantile Regression Analysis Model ······ 100
5.3.2 Result Analysis of Quantile Regression ······ 101

6 Relevant Technology Progress Rational Forecast and Route Optimization Based on Bayesian Network ······ 105

6.1 The Research Hypothesis, Main Contents and Thoughts ······ 105
6.1.1 The Hypothesis of Technology Progress Relevance ······ 105
6.1.2 Main Contents and Thoughts of the Research ······ 107
6.2 The Application of the Bayesian Network Model in the Forecast of Technology Progress ······ 108
6.2.1 Relevant Technology Progress Rational Forecast Based on the Bayesian Network Model ······ 108
6.2.2 Relevant Degree Analysis of the Technology Progress with the Set Dynamic Distribution Law ······ 111

6.2.3 The Optimization Choice of Relevant Technology Progress Route ······ 112
6.3 Construction of the Bayesian Network of the Technology Progress Forecast ······ 113
6.3.1 Identification of Technology Progress Nodes ······ 113
6.3.2 Determination of the Network Structure ······ 114
6.3.3 Assignment of Technology Progress Nodes in the Network Graph ······ 115
6.4 Result Analysis of Technology Progress Rational Forecast ······ 119
6.4.1 Causal Reasoning ······ 119
6.4.2 Diagnostic Reasoning ······ 121

7 Endogenous of Technology Innovation Productivity and Analysis of the Stochastic Change ······ 125

7.1 The Problem Raising ······ 125
7.1.1 Research Background ······ 125
7.1.2 Research Thoughts and Main Contents ······ 126
7.2 The Theory Model Analysis ······ 128
7.2.1 Expanded Knowledge Production Function and the Stochastic Change of Technology Innovation Productivity ······ 128
7.2.2 Analysis of the Endogenous Character of Technology Innovation Productivity ······ 129
7.2.3 The Form Mechanism of Technology Innovation Productivity Stochastic Change ······ 131
7.3 The Data, Indicators Selection and Technology Activity Description ······ 134
7.3.1 Income Indicators ······ 134

7.3.2 Expenditure Indicators …… 135
7.3.3 Basic Information Indicators …… 135
7.4 Empirical Analysis and the Theory Hypothesis Test …… 139
7.4.1 The Analysis of the Role of the Factors Investment in Technology Innovation Productivity …… 139
7.4.2 The Endogenous of the Technology Innovation Productivity and the Stochastic Change Analysis …… 142
7.4.3 Analysis of the Influence Effect of Knowledge Capital on Technology Innovation Productivity Stochastic Change …… 144
7.4.4 Analysis on the Output Elasticity of Knowledge Capital Investment and Technology Innovation Productivity …… 146
7.4.5 Technology Innovation Productivity Increasing, the Rate of Return on Knowledge Capital and the Uncertainty Degree of Human Capital Investment …… 149

8 The Research on Technology Innovation Input of the Oligopoly Market Structure …… 155

8.1 Market Structure and the Technology Innovation Factors Input …… 155
8.1.1 The Innovation Route Selection of Oligopoly Firms …… 155
8.1.2 Relevant Achievements and Main Contents …… 156
8.2 The Technology Innovation Analysis Model for Oligopoly Firms …… 158
8.2.1 The Intrinsic Relationship between the Intensity of Technology Innovation Input and the Revenue of Firms …… 158
8.2.2 Analysis of the Linkage Change of Technology Imitation, the Spillover Effect and the Firm Price …… 160

8.2.3 Analysis of the Technology Innovation Input Model about the Price and the Output …… 161
8.2.4 The Revenue Analysis of Leapfrog and Progressive Technology Progress Input …… 162
8.3 Variables, the Data, the Empirical Model and the Method …… 164
8.3.1 Variables Selection and the Data Description …… 164
8.3.2 Setting of the Empirical Model …… 164
8.3.3 Estimation Method …… 165
8.4 Analysis of the Econometric Result …… 167
8.4.1 Comparative Analysis of Bertrand and Cournot Equilibrium …… 167
8.4.2 Comparative Analysis of Leapfrog and Progressive Technology Progress …… 172

9 Manufacture Section Horizontal Division and the Input Change of Technology Innovation Productivity …… 175

9.1 The Concept of Horizontal Division and Relevant Research …… 175
9.1.1 The Put-forward of the Concept of Horizontal Division … 175
9.1.2 Review of Relevant Research …… 176
9.2 The Model Analysis …… 178
9.2.1 The Horizontal Division Model of the Manufacture Section …… 179
9.2.2 Technology Input Optimization Selection and Output Effect in the Manufacture Section under Different Horizontal Division …… 180

9.2.3 Input Revenue Analysis on Three Types of Horizontal Division ········· 182
9.3 Empirical Analysis ········· 184
9.3.1 Variables Selection and the Data Description ········· 184
9.3.2 Model Setting ········· 185
9.3.3 Estimation Method and the Result Analysis ········· 186

10 Research on the Differential Output between Competitive Innovation and Industry-University-Research Collaborative Innovation ······ 195

10.1 Main Contents and Review of Relevant Achievements ······ 195
10.1.1 Main Research Contents ········· 195
10.1.2 Review of Relevant Achievements ········· 196
10.2 The Rate of the Technology Conversion and the Variables Setting ········· 198
10.2.1 New Product Research and Development and the Production of Existing Products ········· 198
10.2.2 Technology Transformation Output and Patent Protection ········· 199
10.2.3 Externalities and the Optimization Technology Transform Rate ········· 199
10.3 The Theory Model Analysis ········· 200
10.3.1 Technology Transform Rate Analysis of Competitive Innovation ········· 200
10.3.2 Technology Transform Rate Analysis of the Collaborative Innovation ········· 205
10.4 Case Background ········· 208
10.4.1 Technology Transform Route of Sewing Equipment Industry ········· 209

10.4.2 The Main Character of the Industrial Technology Activity ··· 209
10.5 Case Analysis ··· 211
10.5.1 Externalities and Technology Transformation ··· 212
10.5.2 The Technology Cooperation Modalities of Firms and Technology Transformation ··· 213
10.5.3 Patent Protection and the Technology Transformation ··· 214

11 Composition Subdivision Research and the Shock Effect of Imperfect Technology Information on the Productivity ··· 217

11.1 Research Background and Theory Model Analysis ··· 217
11.1.1 Research Background and the Problem Raising ··· 217
11.1.2 Imperfect Technology Information in Factors Allocation ··· 218
11.1.3 Composition Subdivision of Imperfect Technology Information ··· 220
11.1.4 The Shock Effect of Imperfect Technology Information on Technology Innovation Productivity and Output level ··· 221
11.1.5 Imperfect Technology Information and the Firms Technology Choice during Achievement Transaction ··· 223
11.1.6 Error Analysis of Imperfect Technology Information ··· 224
11.2 Composition and Quantification of Imperfect Technology Information ··· 226
11.2.1 Statistic Indicators and the Data Selection ··· 226
11.2.2 Imperfect Technology Information and Its Components Analysis ··· 227

11.2.3 The Shock Effect of Imperfect Technology Information on Technology Innovation Productivity and Output Level ······ 229

11.3 Analysis of the Empirical Result ······ 231

11.3.1 Influence Analysis of The Components Factors of Imperfect Technology Information ······ 231

11.3.2 Influence Effect of Imperfect Technology Information across the Industry each other on Achievement Transaction ··· 235

11.3.3 Error Factors Analysis of Imperfect Technology Information ······ 237

12 Research Conclusions, Policy Proposals and the Future Prospect ······ 241

12.1 Main Conclusions ······ 241

12.2 Policy Proposals ······ 243

12.3 Future Research Direction and the Prospect ······ 245

References ······ 247

Index ······ 263

Postscript ······ 265

Recommendations ······ 267

第一章 绪 论

第一节 研究重点内容与意义

一、研究背景和重点内容

1. 研究背景

党的十九大报告指出，我国经济已经由高速增长阶段转向高质量发展阶段，必须推动经济发展质量变革、效率变革、动力变革。推动经济发展“三大变革”，是提高技术创新效率的关键环节，是我国进入高质量发展阶段的必然要求。其中，效率变革是主线，是转变发展方式、优化经济结构、转换增长动力的重要内容。技术进步具有随机变动特征，科技创新活动也存在大量不确定性因素。特别地，技术创新效率的不确定性，受到要素投入和新产品产出两方面的变动影响。创新主体如果是风险回避型的，将会谨慎投资，在要素投入的初始环节就会降低不确定性；如果是风险偏好型的，在既定的要素投入下总是追求最大产出，会受到许多风险因素的作用。这些风险又存在复杂变动的影响程度，当前阶段变化会对下个阶段形成一定程度的冲击。技术进步表现为初级阶段升级到较高级阶段，存在渐进式和跨越式两种方式，而且受到多种因素影响，如研究与试验发展

(R&D) 经费投入、产品加工制造程度、外部性和边干边学等。这些因素可能加快或放缓技术进步，使技术进步更加具有不确定性，不是一维线性变动的，而是表现出随机变动特征。R&D 经费投入和产品加工制造程度在驱动力量、缩小技术距离、创新要素利用中形成不同作用，是技术创新效率随机变动的主要原因。

随着技术应用与积淀日益深化，步进式技术吸纳引起厂商技术存量水平变动符合 Markov 动态过程的变化规律，具有无后效性特征，从而使技术创新效率呈现不规则变动。技术创新主体和应用主体均在市场机制引导下购买或自主研发高新技术，技术寿命周期逐步缩短，行业细分日益深化，专业化程度逐步提高，加工制造部门产业内前向水平分工和后向水平分工渐趋明显，使技术创新效率不同程度地提升。

技术创新效率优化，主要依赖于创新产出持续提升，对技术进步的依赖性日益加大。高技术厂商面临着市场竞争激烈、利润加速摊薄和既有产品饱和的困境，持续加快技术转化是化解困境的有效途径。我国目前科技成果转化率平均只有 20%，实现产业化的不足 5%，专利技术交易率也只有 5%。我国技术转化率长期处于较低水平，产业内技术转化产出水平还存在较大差异，导致技术创新效率随机变动趋势更加明显。从技术创新产出角度看，竞争性创新和产学研协同创新之间的产出差异程度，不但没有缩小，反而出现显著的异质性特征。通常认为，形成技术转化产出差异的主要原因有专利长度、外部性、学习能力、技术吸纳、设备专用性、制度变迁等。特别地，厂商之间技术合作方式是竞争性创新还是产学研协同创新，将深刻影响着技术转化产出变动。

平缓技术进步随机变动幅度，挖掘、分析技术创新效率的不确定性变化，需要建立创新调查和创新报告制度，构建公开透明的国家科研资源管理和项目评价机制，这是以更加充分的技术信息为前提。技术进步实际状态与其信息表达结果不具有对应关系，存在一定程度偏离，而且受到要素配置、内部构成、成果选择和误差干扰等影响，对技术创新效率和产出水平形成差异化冲击效应。在技术创新实践中，不完全技术信息在一次技术进步中难以观察，只有对比研究同时选择和先后选择 R&D 经费、研发人员投入两种不同的要素配置方式，才能测度不完全技术信息及其各项构成因素的影响程度，分析对技术创新效率和产出水平的冲击效应。

2. 重点内容

（1）技术进步路径分析。在阶段性技术进步中，渐进式技术进步仅仅是由 R&D 经费投入引起的，技术水平在同一条 U 形价值链曲线中连续向上递增，整体技术水平没有出现跨越式升级。影响技术创新活动的其他因素，如产品加工制造程度、外部性和边干边学等没有引起技术进步。现阶段技术进步都是建立在前阶段基础上的，两阶段技术进步是连续的，差距相对较小，相应地，价值增值点由 U 形价值链曲线底部逐步升级到中高端水平。跨越式技术进步是由产品加工制造程度、外部性、边干边学等因素变化引起的，没有投入 R&D 经费，技术水平跨越多个阶段，出现跳跃式提升。U 形价值链曲线整体向上移动，加工装配、技术创造、流程设计、技术咨询等生产服务环节得到优化。跨越式技术进步能够有机整合各类创新资源，引导技术进步出现“攀崖式”上升，扩大要素优化配置的空间，使加工制造程度日益深化，产出水平大幅度提高。技术进步路径总体呈现出非线性趋势，异质性特征显著，技术创新效率随机变动。

技术进步内涵拓展带来更高技术创新效率，优化投入产出比例不是走规模扩张的路子，而是遵循内生性增长路径，改进要素配置，实现要素集约高效利用，降低生产经营成本。深化产品加工制造程度，在相对较短的技术升级路径中迅速获得新技术，提高技术进步成功概率，加快技术成果扩散转化，一次性缩小技术差距将会显著提高技术创新效率。跨越式技术进步不再局限于现有的产品加工制造程度，初始技术发现、产品试制、成果转化等都有较大幅度改进。中间投入达到最优比例，产品加工制造程度加快深化，技术差距日益缩小。这种技术进步能够相对减少 R&D 经费投入，有效规避技术风险，提高产品技术含量和产出水平。

本书以技术进步差异化实现方式为视角，发现 R&D 经费投入带来渐进式技术进步，过程相对稳定，每阶段技术进步都是逐渐实现的。技术进步距离较小，优化要素配置空间有限，投入产出效率在阶段性技术进步中难以保持最优水平。产品加工制造程度深化导致跨越式技术进步，快速拓展技术进步空间，显著提高技术进步概率，增加新产品技术含量。本书通过分析两种不同技术进步方式的内在动力、实现路径和效益目标，研究如何利用人力资本和知识资本投入等要素，选择合适的技术进步方式，激发各类要素活力，优化投入产出比例。各阶段技术进步不是独立封闭实现的，没有既定的必然趋势，两阶段技术进步边界也不是完全清晰的，不是一维线性变化的，异质性和随机变动特征比较明显。

随着创新型经济持续发展，技术扩散与吸纳越来越成为理论研究的重点。本书在整理、挖掘国内外相关文献的基础上，将技术创新要素引入时变生产函数，把步进式技术吸纳活动作为离散变量随机过程并观察其动态变化情况，揭示其对厂商和行业技术存量增长率产生冲击的差异性，并探索这种冲击发生的条件。

厂商步进式技术吸纳能够引起厂商技术存量水平发生规律性变化，技术积累与技术吸纳之间交替进行，技术存量水平变动具有无后效性特征，即当前技术存量水平仅与前一步技术吸纳活动有关，而与更早期技术吸纳效应无关。步进式技术吸纳使全行业技术存量增长明显高于单个厂商，这是因为行业内各厂商初始技术水平和技术吸纳强度不同，对技术存量水平起到差异化作用，厂商之间技术吸纳具有互补性。每一步技术吸纳引起的行业技术存量变化大于技术积聚效应平方和，技术存量水平逐步上升，否则，技术存量水平将会下降。步进式技术吸纳能够使行业和重点高技术厂商的技术存量水平保持稳定增长，能够较为明显地提升整个行业的技术存量增长率。

（2）技术进步预测与路径优化。本书利用贝叶斯网络模型（BNM）等概率分析工具，依据相邻两阶段技术进步之间的技术经济联系，分析各阶段技术进步节点的可能性变化，挖掘当前阶段与下阶段技术进步密切相关的信息，分析两者内在关联程度，推理预测下阶段技术进步概率，实现技术进步路径选择最优化。本书研究以技术进步关联性为起点，调整修正前验概率，预测下阶段技术进步趋势和方向。假设技术进步是连续的，构建技术进步可能性空间，使缺省的信息空间逐步完善。分析其是否满足集合动态分配律（RIP），寻找前后两阶段技术进步可能性最大交集，根据两者公共覆盖面推算其关联程度，获得技术进步预测准确信息。运用集合动态分配律进行推理判断，技术进步由不完全理性预测逐步形成比较理性预测，直至完全理性预测，深化对其内在特征和变动趋势的认识。距离不同的技术进步路径只有在其结构和方向呈现一维线性变化时，才具有可比性，借助技术进步关联性程度计算其期望收益，理性预测技术进步具有可操作性，优化技术进步路径是根据其理性预测结果实现的。此项研究成果引导创新主体有重点地开展技术攻关，选择正确的技术进步方向。

（3）技术创新效率内生性特征和随机变动研究。本书将人力资本、知识资本投入和技术创新效率分别引进拓展的知识生产函数中，观察知识形态要素投入如何引起技术创新效率随机变动，进而产生差异化的变动结果。以马尔可夫（Markov）链表示技术创新效率随机变动效应，阶段性技术进步中技术创新效率在形成机制、变动方向与趋势方面有较大差别，知识资本形成、人力资本选择、要素市场结构及价格、成果吸纳与转化、延续利用等如何发挥作用。技术创新效率随机变动表现为非线性、不确定性和异质性特征，在连续性技术进步阶段之间，技术创新效率随机变动有着较大差异。实证内容重点分析变量之间存在什么样关系，进一步研究回归分析的原理、方法以及有效性等。技术创新效率领域存在的上述问题，为深化相关研究提出了现实需要。

本书重点研究技术创新效率随机变动效应及知识资本、人力资本投入方面的差异化作用，包括三方面内容：①既定数量的知识资本和人力资本投入情况下，技术创新效率变动受到投入与产出两种因素的影响，而且作用方向、力度、方式等均不相同，影响结果有较大差异，有多种变动可能性，最终出现哪些变动方向是不确定的。②技术创新效率存在非线性变动趋势，而且不是一维线性的，受到知识资本流动、成果截获与转化、延续利用等因素影响。前后两阶段技术进步的技术创新效率有哪些变化，阶段性变动是否具有内在关联性，跨越两次或多次技术进步阶段的知识传递是如何发生的。前阶段技术创新效率与后阶段之间差异，外在表现为厂商产出水平不规则变动，内在根源是知识资本投入、要素价格及配置、延续利用等方面的差异；③不同产业不同厂商在技术进步不同阶段上，知识形态与实体形态要素相融合，具有异质性特征。由于要素配置、技术流程、产品差异化等影响，投入产出之间不是“等量投入创造等量产出”的一一对应关系，而是随机变动明显，且幅度较大。

本书细化分解技术创新效率随机变动过程，对比分析知识资本投入分为没有投入和增加投入两种情形，研究知识资本投入与人力资本投入相结合如何作用于技术创新效率随机变动，产生差异化结果。理论模型分析的重点是技术创新效率变动不确定性、非线性和异质性，与没有知识资本投入而仅有人力资本投入情况相比，知识资本投入如何导致内生性技术创新效率随机变动。重点是分析技术创新效率随机变动的内在形成机制、要素作用传导以及变量关系识别。知识资本投入导致技术进步具有不确定性，随机变动显著，带来技术创新效率或提升或下降，没有既定规律，是前阶段技术创新效率、知识资本投入和后阶段技术创新效率之间的内在变动原因。随着对知识资本投入、阶段性技术进步以及技术创新效率随机变动研究更加精细化，技术创新效率异质性特征分析逐步清晰，可以在较小区间内掌握其变动趋势，量化分析不同产业、不同厂商以及技术进步不同阶段上的异质性特征。技术创新效率随机变动的主要影响因素有技术进步、人力资本、物质形态要素需求数量和价格水平，但是前阶段技术进步信息还不能完全反映技术创新效率随机变动情况，需要延续利用这些要素，获得连续性信息，运用广义矩估计方法，分析知识资本投入是如何引起技术创新效率随机变动效应的。

（4）本书以阿吉翁等学者的竞争和逐步创新增长模型为理论工具，发现寡头垄断厂商凭借其市场势力，实现利润最大化的均衡价格，保证厂商持续加大技术创新活动的有效投入，用于改造传统工艺、自主研发创新、产品创意设计等，产生技术创新需求，形成良性循环发展机制。寡头垄断厂商价格竞争是技术创新的动力源泉。竞争压力迫使寡头垄断厂商不断拓宽市场销售渠道，增加产品销售收入，获得最佳技术经济效益，提高技术创新要素转化率，将企业技术优势转化为市场竞争优势，延伸产业价值链，提高产品附加值。价格和产量决策从不同侧面影响寡头垄断厂商技术创新活动，寡头垄断厂商应当以产出质量和经济效益为目标，在价格与产量之间做出合理决策，持续高效开展技术创新活动。

本书试图从厂商定价、产量决策入手，分析寡头垄断厂商技术创新投入强度及其与工业生产者出厂价格指数、工业品总产值以及企业利润等关系。得出结论是，寡头垄断厂商通过价格竞争实现伯特兰均衡，比通过产量竞争实现古诺均衡更加有利于增加技术创新投入强度，寡头垄断厂商在伯特兰均衡中通过跨越式技术进步比渐进式技术进步获得更多利润，技术创新效率得到显著提高。当价格作为决策变量时，寡头垄断厂商难以通过改变价格增加利润，因为一个厂商提高价格将会失去整个市场，另一个厂商会因为相对低价而占有整个市场，在厂商生产能力不能无限扩张的条件下，这种竞争机制使追求技术创新效率成为寡头垄断厂商获得超额利润的主要动力。当产量作为决策变量时，厂商将直接以扩大生产规模、提高市场占有率为竞争目标，忽略技术创新效率在改进资源配置、降低生产成本、提高产品附加值等方面的作用，从而削弱了厂商技术创新动力。

（5）本书假设技术创新体系由加工制造部门和专业科研部门构成。加工制造部门从事产品批量生产，技术含量相对较低，位于技术创新体系末端，通过购买技术创新要素或自主研发实现技术升级换代，既定投入条件下的技术创新效率提升缓慢，优化投入产出比例的制约因素较多。专业科研部门特点是知识密集度高、技术含量高、附加值高，科研成果需要向加工制造部门转移，实现成果转化，要素投入向技术创新效率较高的环节上配置，在较短的时间内实现技术创新效率的快速提升。

本书在阿西姆格鲁等学者的垂直一体化和技术理论基础上，通过变量转换和模型改进，分析加工制造部门水平分工模式变化与技术创新效率中投入强度的影响关系。本书研究发现，加工制造部门前向水平分工，依靠购买专业科研部门技术创新要素，增加技术创新要素投入数量，加工制造部门自主创新能力受到削弱。加工制造部门后向水平分工，依靠自身投入开展技术创新活动，推进厂商提高技术创新效率，实现产学研一体化。加工制造部门后向水平分工需要更多知识技能型劳动要素，部门内出现新的岗位和工种，随着技术成熟和大范围推广应用，优化知识技能要素与其他要素组合，集聚形成新的细分行业，劳动力要素投入由数量型向质量型转变，进而优化技术创新活动投入产出比例。

（6）随着创新型经济持续发展，技术转化越来越成为生产实践部门和理论研究部门关注的重点。本书在整理、挖掘国内外大量文献的基础上，通过研究技术转化与技术创新效率产出之间的变动关系，重点分析竞争性创新、产学研协同创新之间技术转化产出的异质性特征，并借助贝尔曼（Bellman）方程揭示正外部性、负外部性条件下技术转化率由低到高变化对厂商产出的深刻影响，从而揭示技术创新效率随机变动的来源。本书还以浙江省台州市缝纫设备制造业为研究对象，进行案例分析，进一步验证理论观点。

本书研究发现，不同外部性影响竞争性创新厂商技术转化产出水平。正外部性由于技术转化的扩散效应，引起竞争性厂商技术转化产出增加，而负外部性减少厂商收益，削弱厂商技术转化动机，导致初始阶段技术转化产出下降，而后随着技术转化率逐步提高。技术转化通过增加人力资本投入比例，实现边际报酬递增，知识形态技术的非竞争性和非排他性将产生递增规模报酬，持续提高产出水平，总体呈现 U 形变动趋势。产学研协同创新通过有效整合各类技术创新资源，促进技术转化，比竞争性创新厂商创造更多产出。

（7）不完全技术信息与技术创新效率。在阶段性技术进步细分过程中，不完全技术信息在某一阶段技术进步内难以充分捕获，只有对比研究同时选择和先后选择 R&D 经费、研发人员投入两种不同的要素配置方式，才能测度不完全技术信息及其各项构成因素的影响程度，分析对技术创新效率和产出水平的冲击效应。本书着重从理论层面上深化研究这些问题，例如，不完全技术信息在两种不同的要素配置方式下可以细分为哪些构成因素，怎样进行精确测度，其误差产生根源是什么，对技术创新效率和产出水平差异化冲击效应是如何形成的，产业之间交叉效应如何影响厂商技术选择。相关研究可以深化对不完全技术信息的认识，从而更加精确分析技术创新效率非线性趋势和随机变动特征。

二、研究意义

1. 理论意义

技术创新效率随着人力资本投入、技能要素吸纳等知识资本投入而出现非线性变化，在不同产业、不同厂商以及技术进步不同阶段上具有显著的异质性特征。理论意义在于运用拓展的知识生产函数估计技术创新效率内生性变化，知识资本和人力资本投入在技术创新效率随机变动过程中产生差异化作用。知识资本投入和技术进步主要受技术要素吸纳转化、配置比例、延续利用等因素的影响，加剧技术创新效率随机变动。但是，较高技术性能的人力资本不仅依靠其自身所具有的弹性带来产出增加，而且融入到其他物质形态要素中，优化要素配置比例，提高要素利用程度，使技术创新效率在上升趋势中保持较小波动幅度。

在技术进步理性预测基础上的优化路径选择是创新主体获得最优技术创新效率的前提条件。本书研究的理论价值在于引导厂商开展技术进步预测，这种预测是依据技术发明和专利引证数据，具有较高的可行性，而不是依据技术创新过程中 R&D 经费与人力资本投入等因素，而把研究切入点集中于技术进步路径实现可能性以及理性预测。理论指导意义在于，技术进步实现概率具有可预测性，通过优化路径选择，逐步消除不确定性因素对技术进步路径及其效率产生负面冲击，进而使创新主体收益水平由高低起伏波动转变为持续平稳增长。

理论意义还体现在，本书同时选择、先后选择 R&D 经费和研发人员投入两种不同的要素配置方式，对比分析不完全技术信息的构成因素、影响份额和传导机制等内容及其误差变动特征，研究不完全技术信息对技术创新效率和产出水平的差异化冲击效应。不完全技术信息在识别、交易、吸纳与应用等各环节将会扭曲要素配置，表现为技术创新效率和产出水平偏离最优状态。本书理论探索成果在于，揭示不完全技术信息对技术创新效率和产出水平的冲击效应，以更加充分的技术信息为引导，把不完全技术信息中误差因素控制在一定范围内，避免要素错配，减少对要素高效集约利用的负向冲击。

2. 实践意义

我国经济已经由高速增长阶段转向高质量发展阶段，必须推动经济发展质量变革、效率变革和动力变革，提高全要素生产率。实现效率变革，以提高技术创新效率为目标，引导市场主体集约合理利用既定的要素投入，避免创新资源浪费和耗散，使其完全转化为新产品。本书研究成果能为技术创新厂商提供一个最优切入点，在这个匹配过程中厂商保持较高的技术创新效率，在无数次试错和调节过程中减少学习成本。技术创新效率随机变动的内在形成机制激发厂商增强内生创造动力，挖掘利用知识资本投入的潜力。创新主体理性预测技术进步，把技术进步风险控制在一个合理范围内，化解不确定性因素和风险对技术创新活动的阻碍作用，有利于持续、稳定地实现技术进步。预测某阶段技术进步，无论是在实现之前，还是在实现之后，后验概率与前验概率存在差异，通过调整系数缩小两者差异，提高预测准确性。在高技术产业发展过程中，大量技术创新实验构成完整的技术进步可能性空间，每次技术进步概率都是不同的，这就迫切需要开展技术进步预测和优化路径选择的理论研究工作，推出一批创新型经济研究成果。

技术进步不确定性和技术创新效率随机变动特征带来的有益启示是，创新主体通过技术进步优化要素配置，改进生产流程和工艺，可以从技术进步自身变化来预测其未来发展走势，而不是运用 R&D 经费使用、研发人员投入、知识产权保护以及创新成果转化等外生变量。这种预测结果更加精细化，揭示了技术创新活动的内在发展动力。同时，技术进步理性预测需要以完全信息为前提，这就要求坚持深化科技体制改革，健全技术市场的竞争、价格和供求机制，完善科技成果价值评估机制，使各类技术创新要素得到充分流动，按其实际贡献参与财富分配。各阶段技术进步构成的技术链是实现可持续创新的基础，推进技术创新过程，既要有重点地突破关键技术瓶颈制约，发挥重大项目的牵头作用，又要使基础研究、应用研究与实用技术开发保持一定比例，形成完整技术创新体系。技术进步理性预期和路径优化选择，需要技术进步具有线性变化趋势，而技术进步路径具有异质性特征，实现两者相互协调，必须加强技术创新人才队伍建设，强化基础研究，发挥财政资金的杠杆撬动作用，调动社会力量参与技术创新活动。此外，本书研究成果还具有以下实践意义：

（1）国内各区域、主要产业以及各类技术创新主体在技术研发领域存在诸多突出问题，如创新资源投入利用粗放，集约程度不够，产出转化水平低，已经制约技术创新活动可持续发展。本书从更加精细化角度分析技术创新效率随机变动效应，将在技术基础、形成机制、转化产出等方面推出一些科研成果，从其内生性特征分析，帮助市场主体提高技术创新效率，改善产出投入比例，推进质量变革、效率变革和动力变革，以适合生产需要的创新模式取得最优的技术创新效率，为实现效率目标提供路径参考。

（2）成果对制定科技政策具有指导意义，建立以厂商为创新主体的科技政策，努力提高人力资本管理水平，加大知识资本投入力度，持久深入延续利用要素，提高集约化利用水平，改善要素配置效率。知识资本投入的主要来源是高校、科研机构，消除知识阻隔的壁垒，建立产学研合作体系，为各类主体提供有利于提高技术创新效率的政策环境。

（3）产业层面的技术创新效率随机变动，为创新主体准确嵌入高新技术产业链，搭乘技术升级快通道提供了有益借鉴。当前，国内产业技术创新效率普遍较低，产业之间创新资源共享、要素配置和一体化利用平台仍然不够完善，大量引进技术却在消化吸收、综合利用上难以实现较大突破。本书研究成果将会引导产业管理部门破除体制障碍，提高产业开放程度和集聚程度，提高产业内部吸收能力，从产业发展基础开始抓起，培育技术创新效率增长点。

第二节　概念界定与研究方法

一、相关概念

1. 跨越式技术进步

跨越式技术进步是确定性技术进步排除技术积累因素影响后的变动结果，每次技术进步能够跨越多个阶段，避免技术积累引起技术水平下降，实现向更高阶段快速升级，其概率为确定性技术进步概率 1 扣除 t 时期技术进步由阶数 n_0 变化到 0 阶时的技术积累概率 P_0（t，n_0），即 $1-P_0(t, n_0)$，包含着跨越 n－1，n，n＋1……多个阶段技术进步的可能性，而不是依次渐进实现的。

2. 渐进式技术进步

渐进式技术进步仅仅是由 R&D 经费投入引起的，技术水平在同一条 U 形价值链曲线中连续递增，整体技术水平没有出现跨越式升级。影响技术创新活动的其他因素，如产品加工制造程度、外部性和边干边学等没有引起技术进步。现阶段技术进步都是建立在前阶段基础上的，两阶段技术进步是连续的，差距相对较小，相应地，价值增值点由 U 形价值链曲线底部逐步升级到中高端水平。

3. 技术进步预测

技术进步预测认为每次技术进步总是与前后两阶段技术进步有着一定程度的内在关联，据此构建阶段性技术进步概率空间，分析集合之间关系，理性预测下阶段技术进步概率。厂商有意识地选择不确定的技术进步，其实现概率是可以预测的。

4. 技术创新效率

技术创新效率是技术创新活动中投入产出比例关系，具有显著的内生性特征，表现为变动趋势受到要素投入和产出两个变量的影响，通过优化两者比例关系提高技术创新效率，延伸经济增长内涵，提高发展质量和效应，且可以不通过增加物质要素消耗等外延生产方式实现。

5. 马尔可夫链特征

马尔可夫链特征是指在技术创新效率随机变动中，主要反映其内生性变化情况。现阶段技术创新效率对下一阶段影响主要来自现阶段技术创新效率水平，而与之前各阶段技术创新效率之间的影响程度快速退化，具有无后效性特征。非线性变化还表现为现阶段知识资本投入对下一阶段技术创新效率变化也产生作用，仅仅在两阶段技术进步之间传递。

6. 加工制造部门前向水平分工

加工制造部门前向水平分工是以专业科研部门输出的技术、知识和人力资本为导向，提高产业内劳动分工的专业化程度，依靠科研事业、研究与试验发展业、综合技术服务业等专业科研部门的技术创新要素流入，通过购买获取技术创新要素，从而提高加工制造环节技术投入规模。但是，购买大量技术创新要素，将会对产业内自主创新能力产生挤出效应，削弱其自主创新研发投入，简单引进、嫁接技术会使加工制造部门沦为“组装车间”，从而导致“有产业无技术”的局面。

7. 加工制造部门后向水平分工

加工制造部门后向水平分工是以厂商开展自主创新、提高自主研发能力为主要方向开展的，依托技术研发、试验、应用、质量控制、价值分配等环节，渗透到技术创新研发、推广和应用体系中。后向水平分工将使技术创新需求起源于产业内加工制造环节，厂商自主确定技术创新方向和投入力度，减少技术购买投入，自主创新投入能够使其在研发方向、要素边际替代效应、成果转化效率等方面得到很大改进，推进产学研一体化，提高企业自主创新投入强度。

8. 技术转化

技术转化就是知识形态技术渗透到劳动、资本等实体要素中，以前向引导和后向推动方式使初始技术创新成果应用到产品加工制造和提供服务中，摆脱产业低端状态和价值链升级阻滞。技术转化不足是导致产业陷入“升级停滞”的主要原因，而产业“低端锁定”引起技术创新趋于滞后，从而形成技术创新路径走向封闭和固化的局面。

9. 不完全技术信息

不完全技术信息是指技术成果在生成、交易、转化过程中，技术性能、实现路线、技术进步趋势和阶段性分布等信息只能得到局部反映，技术进步实际状态与其信息表达结果不具有对应关系，存在一定程度偏离，而且受到要素配置、内部构成、成果选择和误差干扰等因素的影响，对技术创新效率和产出水平形成差异化冲击效应。

二、研究方法

1. 动态观察法

把阶段性技术进步看作随机变动过程，运用贝尔曼（Bellman）方程描述其随机变动过程。以贝叶斯网络模型为分析工具，预测技术进步变动趋势，通过动态分析两阶段技术进步概率集合之间的关系，判断技术进步关联程度，据此优化技术进步路径。运用马尔可夫链模型，动态分析阶段性技术进步中技术创新效率内生性特征和随机变动情况，分析不同要素投入结构带来的差异化变动。观察、研究不完全技术信息在同时选择、先后选择两种要素投入中，对技术创新效率和产出水平形成的差异化冲击效率，细化分析技术创新效率随机变动方向和趋势。

2. 文献研究法

围绕阶段性技术进步细分与技术创新效率随机变动这一研究主题，通过收集、研究相关文献掌握技术进步主要方式，了解技术进步趋势和特征、应用途径以及收益实现等内容，推理、判断技术进步实现概率。文献综述包括以下五个方面：技术进步非线性趋势和异质性特征，渐进式和跨越式技术进步的差异化路径，基于贝叶斯网络模型的技术进步理性预测与路径优化选择，运用马尔可夫链模型分析技术创新效率内生性特征和随机变动趋势，不完全技术信息对技术创新效率和产出水平的冲击效应。

3. 数据分析法

研究数据从哪里选取，主要内容是什么，又是如何处理的，结果又具有什么样的技术经济含义。本书数据来源是《中国统计年鉴》《中国高技术产业统计年鉴》，沪深股指及高技术产业上市公司数据，中经网产业数据库。重点采集技术创新活动中投入产出数据，中间投入、R&D 经费及研发人员投入、实验设备加速折旧以及股价收益等指标信息，进行对数化处理，保持指标数据平稳性，并对科技活动投入产出数据进行分析、综合、比较和归纳，开展相关实证分析。

4. 实地调查法

运用数据实测、重复试验等途径，以及优化选题、设计问卷、案例研究、现场测验等方式，选择化学产业、农业及农产品加工业、电气机械和器材业、通信设备、计算机和其他电子设备业以及金融业等产业中的重点企业，有计划、周密系统地了解技术创新活动，并对调查搜集到的大量技术创新资料进行分析、综合、比较和归纳，逐步深化对技术进步路径变动特征的认识。

5. 统计分析法

分析研究技术进步的频次、速度、范围、程度等数量关系，认识相邻两次技术进步关联程度、变化规律和发展趋势，以此预测技术进步趋势和特征，运用统计概率分析工具对技术进步数据进行处理，推理和判断技术进步概率，获得用数字形式表述的成果，以便更加准确地认识技术进步特征和趋势。

6. 计量分析法

首先借鉴分位数回归和门限回归方法，建立分位数门限回归分析方法，增加数据分析维度，更加贴近技术进步路径非线性趋势和异质性特征。运用 GMM 回归分析方法分析技术创新效率随机变动特征，并运用过度识别检验、分离性检验等方法，检验技术创新效率变动趋势。运用分位数回归方法，细化分解技术进步阶段，提高计量分析结果的精准性。

7. 信息研究法

收集、加工、整理、传递阶段性技术进步信息，重点是技术创新成果延续利用情况，对人力资本、物质形态要素延续利用不是根据自然年度数据进行计量分析，而是根据加工制造流程进行合理分段，与阶段性技术进步相契合，提高计量分析的精准化水平。运用线性回归和变量替换方法，获得人力资本、物质形态要素以及知识资本投入等技术创新活动的深层次信息，推理判断阶段性技术进步的技术创新效率变动情况，以数字信息表示其随机变动记录，以便更加准确地认识技术创新效率不确定性和非线性特征。

三、研究技术路线

首先，本书在博士后研究报告的基础上，依据现有知识积累和研究方向，确定《阶段性技术进步细分与技术创新效率随机变动研究》这个主题。其次，学习有关概率统计分析、随机过程与不确定性、技术试验与发展、TQAR 回归分析方法、Bayesian 网络模型、统计检验等方面的前沿理论文章，查阅近年来技术进步形成因素、触发、动力以及过程等研究文献，跟踪国内外相关研究前沿领域，打好本书研究理论基础。最后，围绕效率变革这个产业转型的关键环节，把技术创新效率纳入拓展的知识生产函数中，并观察其随机变动情况，分析人力资本、知识资本投入对技术创新效率异质性变动的不同影响。技术创新效率随机变动的根源是知识资本投入和技术进步不能完全契合，而人力资本持续投入会吸纳其中不确定性因素。提高人力资本延续利用水平，缩小技术创新效率上下波动幅度，而知识资本投入持续利用，还受技术进步、要素配置等因素影响，进而扩大技术创新效率随机变动效应。把市场结构、加工制造部门水平分工以及技术成果转化纳入技术创新效率随机变动研究中，重点观察寡头垄断市场下厂商选择价格或产量的变量对技术创新投入的影响，从而导致技术创新效率产生变化。加工制造部门水平分工会选择不同的创新要素投入方式，前向或者后向水平分工将带来差异化的技术创新效率。从产出角度分析技术成果转化产出的影响因素，由此带来技术创新效率明显的不确定性变动。本书研究同时选择、先后选择 R&D 经费和研发人员投入两种不同的要素配置方式下，不完全技术信息对技术创新效率和产出水平的差异化冲击效应，由此细化分析技术创新效率随机变动趋势，避免技术创新效率变动中各种干扰因素的影响。

第三节 研究框架与结构体系

一、研究框架

首先，围绕技术进步实现路径及其随机变动方向，表现为非线性趋势和异质性特征，有着渐进式和跨越式技术进步两种实现方式，两阶段技术进步概率集合关系反映两者关联程度，运用贝叶斯网络模型预测技术进步路径。其次，把效率变革作为产业转型的关键环节，技术创新效率纳入拓展的知识生产函数中，并观察其随机变动情况，分析人力资本、知识资本投入对技术创新效率异质性变动的不同影响。技术创新效率随机变动的根源是知识资本投入和技术进步不能完全契合，而人力资本持续投入会吸纳其中不确定因素。提高人力资本延续利用水平，缩小技术创新效率上下波动幅度，而知识资本投入持续利用，还受技术进步、要素配置等因素影响，进而扩大技术创新效率随机变动效应。本书还运用 GMM 方法进行实证分析。从技术创新效率投入变动角度分析加工制造部门水平分工对投入变动的影响关系，进而合理配置自主研发与购买成果之间比例。寡头垄断厂商选择价格竞争方式，有利于提高创新要素投入份额，选择跨越式技术进步方式，产出水平快速提升；选择产量竞争方式，对厂商提高技术创新效率没有形成激励效果，技术创新投入产出比例偏离最优效率。从技术创新效率产出角度看，技术成果转化产出受外部性影响，不确定性因素增多，导致技术创新效率随机变动。最后，研究在同时选择、先后选择R&D经费和研发人员投入两种不同的要素配置方式下，不完全技术信息对技术创新效率和产出形成差异化冲击效应，通过分析不完全技术信息的构成及变动程度，细化分解技术创新效率随机变动幅度及误差。详细内容见研究框架图，如图1-1所示。

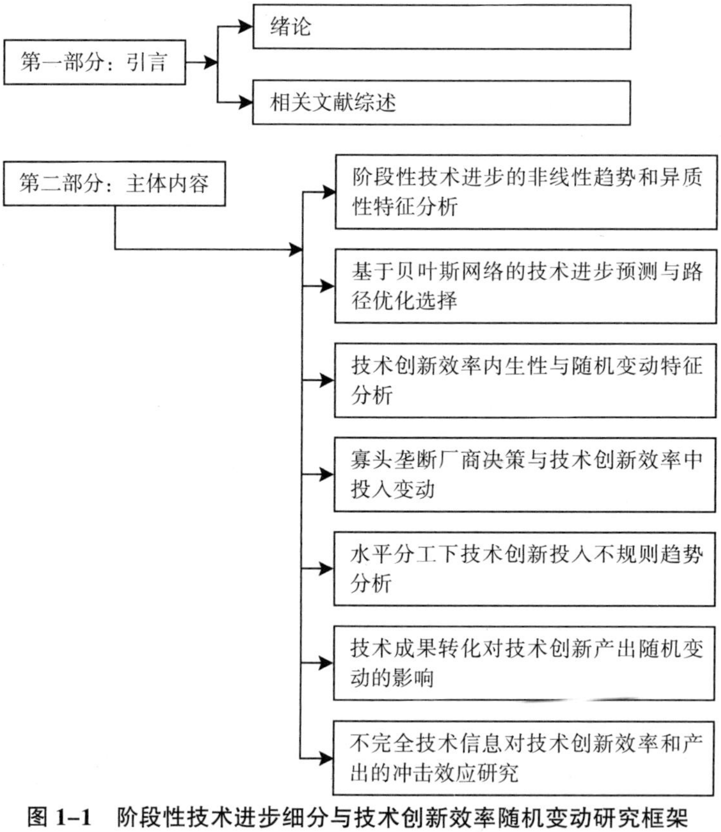

图1-1 阶段性技术进步细分与技术创新效率随机变动研究框架

二、结构体系

第一章，绪论，研究背景是中国经济已经由高速增长阶段转向高质量发展阶段，必须推动经济发展质量变革、效率变革和动力变革。梳理研究的重点内容是，技术进步非线性趋势和异质性特征，运用贝叶斯网络模型预测技术进步，研究技术创新效率内生性和随机变动特征，市场结构和水平分工对技术创新效率中投入变动的影响，技术成果转化对产出的冲击，对比分析不完全技术信息对技术创新效率和产出水平的冲击效应。从理论和实践两个角度论述研究的意义，提出研究成果的应用前景。

第二章，相关文献综述，着重从五个方面展开文献述评，即技术进步实现路径的非线性趋势和异质性特征，技术创新效率、创造性破坏与渐进式、跨越式技术进步方式之间内在联系等，基于贝叶斯网络模型的技术进步预测与路径优化选择，技术创新效率内生性特征和随机变动研究，不完全技术信息与技术创新效率冲击效应等。

第三章，重点研究技术创新效率、创造性破坏在渐进式和跨越式技术进步中产生的差异化作用，技术进步具有随机变动特征，构建 Bellman 方程分析其动态变化趋势和特征。

第四章，重点研究技术进步实现方式，R&D 经费投入、产品加工制造程度深化在渐进式和跨越式技术进步实现方式的差异化作用。R&D 经费投入导致技术进步是在一条价值链曲线部分区间内完成的，是以渐进方式实现的，而深化产品加工制造程度可以带来技术进步跨越式升级。

第五章，研究步进式技术吸纳对技术存量水平的冲击效应，在厂商和行业两个层面上论述步进式技术吸纳带来两种不同的技术存量变动效应，单个厂商技术存量水平对步进式技术吸纳比行业更加敏感，技术成果选择更加谨慎。

第六章，运用贝叶斯网络模型理性预测技术进步概率。首先分析各阶段技术进步概率集合以及集合之间的相互关系，然后分析推理上阶段技术进步与当前阶段、当前阶段技术进步与下阶段之间的关联程度，据此理性预测技术进步概率。

第七章，分析技术创新效率内生性和随机变动特征。知识资本和人力资本投入能够推动效率变革，获得高效集约利用，提高技术创新效率和全要素生产率，同时也将对技术创新效率的随机变动产生差异化影响。本章构建马尔可夫链模型，研究技术创新效率内生性与随机波动效应，讨论知识资本和人力资本投入对技术创新效率变动趋势的差异性影响与异质性特征。

第八章，寡头垄断厂商通过价格竞争实现伯特兰均衡，比通过产量竞争实现古诺均衡更加有利于厂商形成强烈的技术创新动机。跨越式技术进步比渐进式技术进步能够为厂商增加更多利润，厂商将会加大技术创新要素投入，实现内涵扩大再生产。

第九章，加工制造部门在前向水平分工与后向水平分工条件下，技术创新效率改进的重点环节各有不同，分别集中在专业科研部门和加工制造部门。加工制造部门后向水平分工减少购买专业科研部门的技术创新要素，加大自主研发和技术创新投入，获得较高技术创新效率，专业科研部门成果转化进程相对缓慢。加工制造部门前向水平分工增加购买专业科研部门的技术创新要素，保持着较高的技术创新投入强度，其自身的技术创新效率相对较低，引导专业科研部门增加研发投入，加快推进科研成果转化。

第十章，不同外部性影响竞争性创新厂商技术转化产出水平。正外部性由于技术转化的扩散效应，引起竞争性厂商技术转化产出增加，而负外部性减少厂商收益，削弱厂商技术转化动机，导致初始阶段技术转化产出下降。随着技术转化率逐步提高，技术转化通过增加人力资本投入比例，实现边际报酬递增，知识形态技术的非竞争性和非排他性将产生递增规模报酬，持续提高产出水平，总体呈现 U 形变动趋势。产学研协同创新通过有效整合各类技术创新资源，促进技术转化，比竞争性创新厂商创造更多产出。

第十一章，研究不完全技术信息对技术创新效率和产出水平的差异化冲击效应。不完全技术信息是由其自回归扰动项、内生性和外生性因素三部分构成，在同时选择、先后选择 R&D 经费和研发人员投入两种不同的要素配置方式下，对比研究技术创新效率和产出水平差异化冲击效应。

第十二章，结论、政策建议与展望。

第四节 创新点与不足之处

一、主要创新点

本书创新点在于研究相邻两阶段技术进步内在关联程度，构建技术进步可能性空间，合理确定技术进步子集，分析其相关关系，运用贝叶斯网络模型，理性预测技术进步可能性大小。不同于这一领域的其他研究选题，本书研究忽略要素配置比例、研发人员及 R&D 经费投入、知识产权保护等外生变量，运用集合动态分配律原理，把当前阶段技术进步与上阶段技术进步、下阶段技术进步与当前阶段技术进步之间内在关联性纳入研究重点，并开展技术进步预测。每个技术进步阶段是开展预测的基本单元。完全理性的技术进步预测成果，能够化解不确定性因素和风险抑制对技术创新活动的阻碍作用，把技术进步风险控制在一个合理范围内，是持续、稳定地实现技术进步的必要条件。

创新点还在于把技术创新效率纳入拓展的知识生产函数中，假设技术创新效率是内生性的，依据变量之间替换关系推导得出相关要素反需求函数，构建技术创新效率随机变动模型并进行理论分析。在实证方法上，把半参数模型转换为参数模型，以技术创新效率马尔可夫链表示其随机变动效应，分析人力资本和知识资本在技术创新效率随机变动方面的差异化作用，反映技术创新效率具有不确定性、非线性和异质性特征。总体而言，本书具有以下创新点。

创新点 1：技术进步不是确定发生的，具有渐进式和跨越式两种实现方式，存在一定偶然性。技术进步路径不是一维线性的，而是呈现非线性趋势，表现出异质性特征。相邻两阶段技术进步概率集合是相交关系，两阶段技术进步具有内在关联性，运用贝叶斯网络模型推断下阶段技术进步概率，调整修正前验概率获得后验概率，预测技术进步趋势和方向，逐渐完善技术进步可能性空间。技术进步预测就是通过处理、运用已经获得的信息，由不完全理性预测逐步改进，实现比较理性预测，最后达到完全理性预测。

创新点 2：运用马尔可夫链表示阶段性技术进步之间技术创新效率随机变动特征，具有显著的内生性。技术创新效率将促进成果形成、转化应用和技能提升，知识资本、人力资本得到充分高效利用，以市场价格为导向提高要素利用集约化水平，两者对技术创新效率随机变动产生差异化结果。

创新点 3：知识资本投入与人力资本、物质形态要素投入在结合方式、结合程度上是不稳定的，带来差异化的技术创新效率，其变动方向是不确定的，呈现非线性变化趋势。知识资本投入和技术进步难以完全契合，使技术创新效率在不同产业、不同厂商以及技术进步的不同阶段上具有异质性特征。运用 GMM 计量方法开展实证分析，精细量化技术进步方向的不确定性和非线性特征。以要素投入回归扰动项在技术创新效率中的份额，测算技术创新效率随机变动的不确定程度。以技术创新效率随机变动效应在技术创新效率中的份额表示技术创新效率非线性变动幅度，使之更加精细化、具体化。

创新点 4：同时选择 R&D 经费和研发人员投入时，不完全技术信息没有充分吸纳，要素替代系数较小，技术创新效率和产出水平承受显著冲击。先后选择方式存在较大的要素配置空间，要素替代系数与不完全技术信息具有较强的适应性，要素比例逐步优化，平缓冲击效应。厂商购买技术的条件是不完全技术信息期望收益大于支付价格。不完全技术信息相关性分析可以观察其误差变动及其与R&D经费投入和产出的影响关系。

二、不足之处

不同技术进步方式的成果获取、信息传递、扩散应用与绩效优化等具有较大差异，主要表现为知识形态要素在向实体形态要素渗透时会产生不同的效果，不同影响因素使新产品产值发生起伏变化。影响技术进步的各种不同因素及其作用程度，相互之间有着较大关联性，也会导致技术进步实现方式存在较大差异。技术创新活动目标不仅要减少要素投入，而且要获得最大产出，最终是要实现集约高效发展，提高技术创新绩效。这些问题还可以从技术创新要素效用边界、技术进步随机过程、扩大学习效应等方面进行探索。由于受到篇幅限制，本书没有就上述内容进行更加深入研究，相关选题在技术进步领域具有较高的研究价值。

这种行业内技术溢出效应存在一个合理空间，如何使步进式技术吸纳突破这一有效集聚空间的限制，持续提升技术存量增长率，还可以从技术要素效用边界、要素配置、改善技术市场和产品市场结构、扩大厂商学习效应等方面加以探索。由于笔者在研究领域内存在一定水平局限性，本书没有就上述拓展内容进行更加深入研究，相关内容在技术存量增长率领域具有较高研究价值。

加工制造部门前向水平分工与后向水平分工往往难以清晰界定，专业科研部门技术创新要素存在溢出效应，受到制度变迁、知识产权保护、技术寿命周期等影响，技术创新效率对选择技术创新要素购买投入和自主创新投入有着明显的导向作用，影响技术创新要素流动、利用、转化和收益的全过程，而且作用更加直接有力。本书受到篇幅限制，没有就技术创新效率等内容展开更加深入研究。

在技术活动实践中，最优技术转化率随着厂商技术合作方式、技术要素回报等多种因素的差异化影响而发生变动，对优化厂商产出也是有不确定性的，而且存在一个合理空间。如何寻找不同影响环境下技术转化对厂商产出最大化的边界，使厂商技术转化沿着最优轨迹不断提升，既节约技术创新活动投入，又保证厂商获得最大产出，这些问题还可以从技术要素效用边界、技术转化随机过程、改善技术市场和产品市场结构、扩大厂商学习效应等方面加以探索。由于受到篇幅限制，本书没有就上述内容进行更加深入研究，相关选题在技术创新效率领域具有较高研究价值。

该项研究仅以技术进步理性预测结果为例，预测变量相对较少，主要观察分析阶段性技术进步关联程度与技术进步预测之间的关系。相关研究还可以减少干扰因素，开展更加精准的技术进步理性预测，体现这种预测方法的传导性、非对称性等特征，探索技术进步的内在规律，寻找提高技术进步理性预测精准水平的影响因素，使之发挥更有效的推动作用。后续研究还可从细化技术进步流程入手，探索技术进步不确定性发生机制和风险源，有利于引导厂商识别和控制技术创新风险，为巩固和提升技术创新水平提供方向。

本章要点：本书研究的背景是中国经济已经由高速增长阶段转向高质量发展阶段，必须推动经济发展质量变革、效率变革和动力变革。本章有重点地梳理本书的研究内容，包括技术进步非线性趋势和异质性特征，运用贝叶斯网络模型预测技术进步，研究技术创新效率内生性和随机变动特征，寡头垄断厂商决策变量选择对技术创新效率中投入随机变动的影响，加工制造部门水平分工导致创新要素投入不规则变动趋势，技术成果转化影响创新效率产出水平，对比分析不完全技术信息对技术创新效率和产出水平的冲击效应。从理论和实践两个角度论述研究的意义。对书中的相关概念进行界定和说明；列明书中所运用的研究方法，并详细说明其要点和重要环节；构建研究技术路线和框架结构，力争形成完整体系；提出研究成果的应用前景。

第二章　相关文献综述

第一节　技术进步趋势与特征研究

一、技术进步与要素配置优化

国内外技术进步研究主要集中在市场结构、创新动力、企业制度、要素配置等传统领域，即影响技术进步的外在因素，主要通过优化投入产出关系、知识渗透等途径引导厂商开展技术创新活动。肖文、林高榜（2014）认为，垄断行业容易依赖其市场主导地位获得超额利润，没有动力变革新技术。扩大企业规模导致官僚控制过度，阻碍技术创新效率（Kumar and Russell，2002）。大企业也可能被锁定在低技术、低附加值领域，技术创新效率并不明显（高凌云、王永中，2008；肖文、林高榜，2014）。而朱有为、徐康宁（2006）认为高技术产业研发效率与企业规模之间存在线性关系，企业扩大规模有利于技术创新效率提升，市场竞争程度与技术创新效率成反比。技术进步的突发点是制度变迁、技术进步的动力，也决定了技术进步方向、地点和时机（李明，2013）。这些研究仅仅依赖厂商竞争、要素配置、企业制度等微观视角，开展外生变量分析，忽略技术进步与积累之间的替代关系。而技术进步实质是新技术替代旧技术，技术积累使技术在较低阶段上快速提升技术水平，技术更新呈现非循环变动趋势。

二、技术进步的主要影响因素

相关研究还关注创造性破坏、技术创新效率、优化要素配置以及技术结构等因素对技术进步的拉动作用，剖析这些因素如何促进企业朝着内生性方向发展。技术经济管理水平与技术创新效率显著正相关，对技术进步拉动作用仍然有限（Tambe and Hitt，2014）。现有技术创新资源多次循环投入使用，提高集约化利用水平，阻碍创造性破坏对技术进步的显著促进作用（Hsiung and Wang，2012）。郑坚、丁云龙（2008）认为，成果转化效率低是由于各地区过多追求投资规模，而不注重研发投入效率。国内战略性新型产业各部门、各阶段中创新与需求存在协同作用（赵玉林、王春珠，2017）。这些研究涉及技术进步的主要影响因素，企业环境、生产效率以及组织管理等外生变量，仅仅反映与技术进步的局部关系。技术创新效率和创造性破坏在推动技术进步方面传递渠道多样，具有较大差异，厂商选择有差别的技术进步方式，相关研究可以在差异化技术进步路径方面加以深化。

三、技术进步不确定性特征及原因

国内外学者还在技术进步不确定性、技术创新效率、创新收益驱动、技术转化等方面进行许多有益探索，提出一些新的观点。相关研究还密切关注知识产权形成、信息传递、研究经费投入与拉动总产出增长之间的关系（Griliches，1964）。在创新投入方面，技术创新效率内涵是其投入产出比，Hall 和 Jones（1999）认为，技术创新是产出增长的主要驱动力量。李政（2013）认为提高国有企业自主创新能力，需要建立创新激励机制，促进协同创新。肖仁桥、王宗军、钱丽（2015）认为，内资与外资企业在产权结构、技术获取方式、经营环境等方面有所差别，使企业技术创新效率存在差异。但是，这些成果没有对技术进步中创造性破坏等不确定因素展开深入研究，也没有发现技术进步中非线性趋势和异质性特征，特别是技术创新效率、创造性破坏在渐进式和跨越式技术进步之间的内在作用和机制原理。

本书在归纳、概括前述成果的基础上，综合运用门限自回归（TAR）和分位数自回归（QAR）方法，引入康宁、荆科（2016）提出的门限分位数自回归（TQAR）方法，基于渐进式和跨越式技术进步的比较分析视角，技术进步在不同的阶段上是随机的[①]，揭示技术创新效率、创造性破坏强度如何形成技术进步非线性趋势和异质性特征。理论模型分析尝试着把前后两阶段技术进步距离纳入研究变量，实证研究细化、分解不同阶段上技术创新效率和创造性破坏强度对技术进步的影响，清晰地揭示了技术进步过程的趋势和特征。

第二节　技术进步实现方式研究

一、优化要素替代改善投入产出比例

技术进步领域研究主要集中在偏向性要素替代、新产品加工制造以及产品技术含量等方面。关于技术要素替代研究，要素替代弹性的提高对经济增长产生了积极的促进作用，在发展中国家较发达地区的增长效应更为

① 技术进步跨越多个阶段后，其实现概率服从指数分布，具有无后效性特征。技术进步由 n_0 阶升级到 n - 1 阶时，在未来持续进步到 n + 1 阶，与初始阶段算起的技术进步到 n 阶概率是不相关联的，在阶段性间隔中是相互独立的。每次技术进步概率期望值越小，其分布偏离程度越大。这种无记忆属性，说明一次技术进步完成后仍然具有同样的升级空间，能够以相同概率实现持续性技术进步。

显著（郑猛，2016）。王班班、齐绍洲（2014）认为有偏技术要素替代效应是技术进步影响能源强度的主要渠道。技术进步、投入替代率变化与效率改善，技术效率变化与技术替代对能源效率存在影响（孙广生等，2012）。技术贸易对我国企业研发投入既产生直接替代效应，又通过技术溢出提升企业技术创新能力（邢斐、张建华，2008）。在要素投入方面，教育带来的人力资本质量提高正在替代劳动力数量简单扩张的作用，劳动报酬份额发生相应的变化（罗长远、张军，2009）。现有成果主要集中在要素替代关系、技术效率分析等领域，没有从技术进步视角分析当前阶段技术进步与上阶段或下阶段技术进步之间的替代关系，技术进步方式变化、不同阶段技术替代可以进一步细化，将技术进步研究引向更深层次。

二、产品加工制造程度深化与技术水平提升

在产品技术含量和产品加工制造程度方面，Lall（2000）在把产品技术含量分为若干等级时，认为中等技术可以更好地反映一个国家的技术深度。Dixit 和 Stiglitz（1977）认为，产品多样化程度与技术水平无关。产品价格可以用于反映产品品质（Fabrizio，Igan and Mody，2007；Baldwin and Ito，2011；Baldwin and Harrigan，2011）。对出口产品国家人均收入进行加权平均，可以间接反映产品技术含量（Hausmann et al.，2007；杜修立、王维国，2007；杨汝岱、姚洋，2008）。关志雄（2002）认为，产品加工制造程度日益深化，附加值高的产品更多来自高收入国家。以技术水平升级为支撑的出口竞争力增强具有可持续性（杨汝岱、姚洋，2008），但是，中国仍然处于整个生产链条的低附加值或者低技术含量环节（姚洋、张晔，2008）。魏浩（2014）认为中国出口贸易的技术水平已经显著提高。上述研究主要是从不同国家之间产品出口和贸易角度展开的，测度和评价技术创新效果具有明显宏观性，需要提高精细化水平，还可以从产业层面的要素投入角度，运用中间产品投入、研发与试验发展投入指标测算产品加工制造程度。

三、体现式技术进步与全要素生产率

国内外学者在技术进步方面取得了丰硕的研究成果，Pavitt（1984）认为较小和较大规模企业的研发效率均与技术进步密切相关。Schott（2007）在比较 20 世纪 90 年代欧美经济增长的技术要素贡献率与全要素生产率时，认为有必要测度两者的体现式技术进步。随着开放过程的深化，外包将会在很大程度上引致技能偏向型技术进步（Acemoglu et al.，2016）。世界范围的技术扩散和外溢可能来自“干中学”的主动学习或者是 FDI 技术溢出效应，其前提都是技术和知识，而不是瞬间扩散的（Andersson and Ejermo，2005）。Felipe（1999）等认为技术进步不同于全要素生产率，前者更多体现在新资本品中。郑玉歆（1998）认为，技术进步对经济增长的作用更具有阶段性变化规律。林毅夫、任若恩（2007）认为在实物资本投资中包含了技术进步的成分，肯定中国存在体现式技术进步。中国资本体现式技术进步是存在的（赵志耘等，2007）。上述研究集中在渗透入资本、劳动等要素中的体现式技术进步，而没有更多聚焦技术自身动态变化及其实现方式，相关研究还可以从技术进步实现形式、动力机制、扩散路径以及外部性等方面加以拓展。

文献综述表明，技术进步主要是通过当前阶段技术进步与上阶段或下阶段技术进步之间替代完成的，而且受到多种因素影响。但是，上述文献没有就阶段性技术进步之间实现方式、形成路径和效益目标等展开论述。本书在理论分析中发现，阶段性技术进步存在渐进式和跨越式两种实现方式，其内在动力分别是 R&D 经费投入和产品加工制造程度深化，而且存在差异化的发展内涵、遵循路径和增值空间，投入产出效率具有较大波动幅度。在实证研究中引入研发与试验发展经费投入、中间投入等指标，分别代表 R&D 经费投入和产品加工制造程度，观察渐进式与跨越式技术进步带来的新产品产值变动情况，从而可以分析技术进步两种不同实现方式的差异化特征。

第三节　国内外技术进步与存量水平研究

一、国外研究成果回顾

自内生增长理论（Romer，1986；Grossman and Helpman，1991）提出以来，国外技术创新研究主要是以经济内生增长为重点展开的，内容涉及技术要素替代及跨期摊配、技术寿命周期、技术创新效率、技术存量变动、技术模仿、科技型中小企业组织、技术溢出以及技术投入强度等热点问题。

Creina 等研究了技术替代以及生产率提高的条件，但没有提出厂商和行业技术存量变动特征。他们认为，当厂商技术进步替代弹性 $\varepsilon > 1$ 时，第 $t+1$ 步技术对第 t 步技术替代的厂商生产效率冲击是正向的；当 $\varepsilon \leq$ 时，这种冲击是负向的。在技术寿命周期初级阶段内，技术投入将大幅度提升生产效率，要素边际报酬递增，新技术引起的经济增长将会超越前一步技术，从而提高资本收益水平（Creina and Dowrick，2013），行业内技术存量水平变动符合 Markov 链动态规律，具有无后效性特征（Browning and Carro，2013）。经济发展初期技术存量增长率受到较大冲击，而在高级阶段技术存量增长率相对稳定，这种步进式技术吸纳方式有利于抵消这种冲击（Koren and Tenreyro，2013）。国外学者还从要素流动、技术溢出、技术模仿等角度研究了技术存量增长。技术溢出与模仿对技术创新效率产生深刻影响，政府实施有力的专利保护制度，可以缓解专利的社会化扩散程度，提高技术利用效率（Kultti，Takalo and Toikka，2006），技术扩散研究还从厂商组织方面加以拓展。中小企业将会更加倾向于选择步进式技术创新途径，R&D 经费投入强度差异化将会连续产生阶梯式的技术创新成果（Christian，Czarnitzki and Spielkamp，2009）。技术投入强度扩张呈现负偏向性，与利润率、生产效率水平变化的联动并不明显，而与厂商技术存量变化密切相关（Freel，2000）。国外学者围绕技术“发明—试验—集聚—应用”等环节展开深入研究，认为技术替代、技术溢出、要素配置比例以及步进式技术吸纳能够有效提高技术存量增长率。

二、国内技术存量变动研究概述

与国外相比，国内研究主要集中在要素资源禀赋、技术差距、技术效率以及技术金融等领域。技术引进的适宜性、要素禀赋匹配问题是技术创新研究的基础和重点（Acemoglu and Zilibotti，2001；林毅夫、张鹏飞，2005，2006）。贸易开放的技术溢出和收敛“双效应”在我国同时存在，东、中、西部地区技术外溢和吸纳存在差异，具有不同的增长潜力（顾国达、郭爱美，2013）。跨国企业依托自身技术优势，常选择技术领先战略，侧重于高端市场竞争（朱敏，2006）。上述观点解释了资源禀赋、区域要素流动对经济增长的拉动作用，但没有深入研究技术自身进步对提升效率和竞争力的影响。我国技术创新能力的提升是通过自主创新和引进、吸收、消化所引发的二次创新实现的（陈菲琼、钟芳芳、陈珧，2013），技术领先战略成为企业避免比较优势陷阱，获得国际市场竞争先机的唯一途径（吉亚辉、祝凤文，2011）。技术与产业融合更显优势，金融发展对不同区域和产业出口技术复杂度的影响不同，高技术产业发展受到金融效率的影响不同（顾国达、方园、方晨靓，2013）。近年来，技术差距及效率扩散等方面的研究取得明显进展。步进式技术扩散冲击在长期发展中使产出和技术存量处在更高的均衡水平上（徐舒、左萌、姜凌，2011），技术水平差距是决定国家之间经济发展差异和赶超过程的关键，其影响远远大于有效劳均资本存量差距（傅晓霞、吴利学，2013）。全要素生产率增长率与技术进步之间确实存在明显差异，产出弹性改变是造成这种差异的重要原因（陈瑾瑜，2012）。以上研究还可以从渐进式技术进步、技术吸收等方面加以拓展。采取渐进式技术进步，可以激励企业家创新和人力资本投资（靳卫东、何丽，2011）。随着技术吸收能力提高，技术共享投入逐渐减少，而技术并购和许可的投入将持续增加（徐晔、黎翔，2012）。国内学者还测算出产业部门之间技术溢出对工业各部门劳动生产率的正面影响，产业之间技术溢出的生产率弹性值约为 0. 348，高出各产业直接 R&D 投入的影响（潘文卿、李子奈、刘强，2011）。

以上观点认为，资本、技术等要素流动能够推动技术进步，提高技术存量水平。但是，相关研究还可以从产业或厂商等更微观层面进行技术进步分析，深入探讨技术吸纳方式引起的技术存量水平变化。本书就是基于产业内纵向技术差距，开展步进式技术创新分析，尝试填补这一研究领域的空白。

第四节　技术进步预测与路径优化

一、贝叶斯网络模型及其预测方法研究

Cogley（2005）等运用动态贝叶斯网络模型，预测不确定性变化，分析过程中多个节点之间的因果关系。贝叶斯预测方法可以精确地反映过程变化的细节信息（Blanchard and Quah，1988），在持续变化过程中预测向前拓展的环节，运用可能性函数修正、调整先验概率（John and Langley，1995）。Litterman（1986）还把时间因素纳入贝叶斯预测模型中。分层贝叶斯方法经过拓展和升级，均方误差估计更加简单，主要用于预测不确定性问题（朱慧明，2004）。Palacios-Alonso、Brizuela 和 Sucar（2009）以及刘乐平、袁卫（2004）认为，小域估计、抽样调查设计与推断、非抽样误差是贝叶斯理论的三个重要前沿方向。小域估计常用方法有经验贝叶斯方法

和分层贝叶斯方法等，在一定条件下均具有无偏性（Sims，1993）。上述内容侧重于基础理论和方法研究，但是贝叶斯估计的常用方法很多，可以在相关应用领域进行拓展，借助贝叶斯网络模型预测技术进步概率，并将成果应用于前瞻性技术研究、技术创新项目论证和可行性研究等领域。

二、贝叶斯网络模型在技术创新方面的应用研究

多阶段技术进步具有随机游走特征，技术差距包含时间、人力资本投入、前阶段技术进步以及成果转化等信息（丁东洋、周丽莉，2010）。Pérez、Larraoaga 和 Lnza（2009）探索解决样本值估计问题，运用贝叶斯网络模型预测每次技术进步的平均势能。相关研究还可以进行拓展，运用贝叶斯网络模型预测技术进步参数，基于研究者的经验认识，依据现有数据获得先验概率，运用可能性函数对其进行修正，获得更加准确的预测结果。

三、技术进步不确定性及其影响因素分析

技术进步具有不确定性，非线性特征明显，技术进步偏向性理论得到丰富发展。Hicks（1932）最早提出技术进步偏向性的概念，技术进步偏向性选择具有较为严格的条件。Acemoglu（2002）认为要素价格变化使技术进步偏向于相对昂贵的要素，与高技能互补的前阶段技术具有更大市场份额，可以研发更多与技能劳动力相匹配的技术。陈欢、王燕、周密（2017）尝试着建立新的资本体现式技术进步测算模型，解释中国经济高速增长与全要素生产率不断降低同时存在的现象。技术进步偏向性和要素配置比例不仅可以研究技术进步方向，还可以就每个阶段实现概率进行拓展研究。此项研究把技术进步流程分为 k-1、k、k+1 三个阶段，构建技术进步 Bayesian 网络模型，确定相应网络结构，正确识别网络节点并进行赋值，利用网络模型计算技术进步概率并进行推理预测。

上述成果分别研究了贝叶斯网络模型、技术进步路径及其不确定性，

但是没有把两者很好地结合起来。本书研究的优点是紧紧围绕技术进步特点和变动趋势，以贝叶斯网络模型作为理论分析工具，充分利用技术进步内生性信息，处理专利公开量、技术强度等数据，使技术进步预测结果更加契合技术进步过程。本书还运用集合动态分配律分析两阶段技术进步关联程度，发现主要是由两阶段技术进步概率集合交集的大小决定的，针对技术进步的动态变化预测其变动趋势和方向，通过量化技术进步关联程度，更加精准预测技术进步动态变化结果。

第五节　技术创新效率研究述评

一、知识生产函数的拓展与应用

新增长理论在解释经济增长动力时开始关注知识和技术的拉动作用。国外学者开始打破企业内部生产实践的“黑箱”（Syverson，2011），将技术创新效率研究从外部宏观因素转向内在行为选择，关注厂商行为特征对技术创新效率的影响效应（Acemoglu，Ozdaglar and Tahbaz-Salehi，2015）。邓明、钱争鸣（2009）和李云鹤、黄雨微、马圣杰（2018）等国内学者利用空间面板数据模型，研究了知识生产活动中投入要素的产出弹性、知识生产的规模报酬和空间溢出问题。上述文献解释和分析了知识生产函数，但没有把技术创新效率纳入知识生产函数。相关研究还可以把技术创新效率与知识生产函数结合起来，在现有理论的基础上研究技术创新效率的随机变动趋势。

二、技术创新效率随机变动及影响因素

吸纳应用先进技术并不一定带来要素集约利用，其效率变化具有随机性特征（Davis and Wachter，2011）。技术升级在高、中、低三个阶段中是不确定的，其投入产出比例随机变动特征明显（Timmer et al.，2015）。技术创新效率随机变动加大了离散程度，由其标准方差表示，并可运用统计指标进行调整（Brewer，Crossley and Joyce，2013）。余东华、王青（2010）研究发现，国有企业面临着研发投入不足与资源利用效率不高的困境，需要通过深化改革提高技术创新效率。肖文、林高榜（2014）认为，政府与企业在目标追求上存在差异，使企业技术创新效率受到较大影响。上述文献主要研究技术创新效率测算与随机特征、产权制度等因素，但是，这些研究成果只是静态地关注技术创新效率变化，忽略了动态因素。相关研究还可以从技术创新效率随机变动及差异化形成机制等角度加以拓展。

三、阶段性技术进步与不确定性特征

新技术替代旧技术是不确定的，技术进步变化是随机的（Gali，Smets and Wouters，2012）。较高阶段技术得到逐渐利用，而较低阶段技术性能没有完全消失，阶段性升级没有清晰界限（Goos，Manning and Salomons，2014）。阶段性技术进步具有路径依赖特征，但是产业之间差异较大（Autor and Dorn，2013）。上述成果重点研究技术进步的潜在力量和不确定性，产业和厂商层面仍然存在大量促进和制约技术进步的因素。相关研究还可以探索阶段性技术进步中如何避免干扰因素，快速提高技术创新效率。

四、知识资本、人力资本与技术创新效率变动

人力资本要素密集程度具有较大差异，投入产出关系变动随机特征明

显（Michaels，Natraj and Van Reenen，2014）。减少人力资本和知识资本投入，技术创新效率变动不明显（Mitman and Rabinovich，2014）。但是，知识资本和人力资本投入只有渗透到实体形态要素中，才能优化要素配置比例，增加要素边际报酬，在技术创新效率变动中起到不同作用，技术创新效率具有内生性特征。既定要素投入中技术进步是不确定的，技术创新效率变动具有随机特征，从而引出本书需要研究的重点问题。

本书尝试着把技术创新效率纳入知识生产函数中，拓展研究人力资本、知识资本对技术创新效率随机变动的差异化影响。在连续性技术进步中观察技术创新效率随机变动特征，剖析知识资本投入引起技术创新效率随机波动的内在根源，本书延续利用知识资本投入分析技术创新效率呈现不确定性、非线性变动和异质性特征，获得相关研究结论。

第六节　不完全技术信息研究综述

一、要素配置中不完全技术信息及其影响因素

Bloom（2009）认为，不完全技术信息使技术与资本关系不确定，导致产出和研发人员投入具有波动性。高技术企业不完全信息导致逆向选择和道德风险，资本要素难以优化配置（Stiglitz and Weiss，1981）。技术进步存在信息壁垒，盈利和风险水平缺乏充分信息（Guiso，Jappelli and Terlizzese，1994）。由于资源更加稀缺，技术信息等逆周期条件约束趋于更紧，有限的优质要素配置难以顺利完成（Ergin，2002）。劳动与资本双方议价能力是不对称的，资本具有更强议价能力（王展祥、龚广祥，2017）。技术信息往往被排除在会计系统之外，识别难度加大（向显湖、刘天，2014）。相关内容还可以从 R&D 经费、研发人员投入的不同选择方

式深化研究，探索不完全技术信息如何对技术创新效率和产出水平形成有差异的冲击效应。

二、不完全技术信息对技术创新效率及产出的冲击效应

Bloom 等（2018）认为不完全技术信息造成衰退，从而导致生产效率下降。技术要素流动需要研发人员投入、技术转移、知识扩散等信息为引导，更加有效率地实现技术要素价值（雷鸣、周国华，2013）。个体生产者技术信息不完全，产出效率波动较大（姚利民、饶艳，2009）。依据方向性距离函数，利用投入产出数据，反映技术创新效率变化（肖泽磊、封思贤、韩顺法，2012）。测算技术进步水平，获得准确的技术进步信息，需要对其增长贡献、产出规模进行分解（王玺、张勇，2010）。优化技术进步可以汲取更多技术信息，凸显技术创新功能（李光泗、沈坤荣，2011）。相关研究还可以细化分析不完全技术信息的构成因素，逐项分析其对技术创新效率和产出水平的影响份额，以及不同产业之间的交叉影响效应，更加精准地反映这种冲击作用。

三、不完全技术信息与技术成果交易

成果交易中不确定性技术信息，主要是通过其波动幅度和变量离差反映相应的变动情况（Bloom，2009）。Bloom 等（2018）研究技术成果转让与不确定性之间关系，由不同厂商、不同产业之间盈利、TFP 和预测量的离差作为衡量变量。Bloom（2009）研究两个时期销售量移动平均的正态化处理结果，分析不完全技术信息与技术成果交易之间的关系。对于技术成果转让中不完全技术信息，可以由已知技术信息推理、判断未知信息，可以缓解技术信息不对称，加快成果流动（Stiglitz and Weiss，1981）。高科技企业缺乏竞争对手的技术信息，在信息交换机制中对参与者信息是不

敏感的，因此失去可能的收益点（Paisand Pinter，2008）。公司内控制度将会减少投资信息不确定性，有利于研发产品定价（Garg，2017）。逆向获取先进国家技术溢出，主要是通过出口贸易中技术成果转让实现的（李有，2013）。上述文献研究不完全技术信息与成果交易、收益、定价等相关关系，还可以从厂商技术选择角度进行拓展，比较分析不完全技术信息的期望收益与成果价格等。

四、不完全技术信息的误差因素分析

Bachmann、Elstner 和 Sims（2013）认为不确定性是产出衰退的结果。即使测度结果是无偏的，分析者对测度结果的分歧不等于其具有不确定性（Lahiri，and Sheng，2010）。拥有完全信息的资本所有者将准确信息用于制定投资组合，提高投资收益率，如果信息存在较大误差，则在投资中处于相对劣势地位（Easley and O'Hara，2004）。新产品收益能力总是在市场竞争平缓时实现的，技术信息风险逐步减轻（Zhang and Wilson，2018）。公司技术信息和自有资本在数量、精确性以及非对称性方面具有相互融合效应（Schreder，2018）。相关内容可以从投入、产出两个角度进行拓展，分析技术信息误差与不完全技术信息之间变动关系，以及对技术创新效率和产出水平带来负向作用。

专著在上述文献综述的基础上，对比研究同时选择、先后选择 R&D 经费和研发人员投入两种不同的要素配置方式，分析不完全技术信息的构成因素、影响份额和传导机制等内容及其误差变动特征。不完全技术信息在两种不同的要素配置方式中产生差异化冲击效应，在识别、交易、吸纳与应用等各环节将会扭曲要素配置，表现为技术创新效率和产出水平偏离最优状态。实证研究选取化学产业，电气机械和器材业，通信设备、计算机和其他电子设备制造业三个产业、695 家上市公司的技术创新数据，进行计量分析，验证相关研究假设。研究意义在于，揭示不完全技术信息对技术创新效率和产出水平的冲击效应，以更加充分的技术信息为引导，把不完全技术信息中误差因素控制在一定范围内，避免要素错配，减少对要素高效集约利用的负向冲击。

本章要点：着重从多个方面展开文献述评，即技术进步实现路径的非线性趋势和异质性特征，技术创新效率、创造性破坏与渐进式、跨越式技术进步方式之间内在联系等，产品加工制造程度、R&D 经费投入在两种不同技术进步方式中受差异化影响，步进式技术吸纳对技术存量水平冲击效应，基于贝叶斯网络模型的技术进步预测与路径优化选择，技术创新效率内生性特征和随机变动研究，不完全技术信息与技术创新效率冲击效应等。在文献综述的基础上，寻找本书研究的切入点，立足已有的研究成果，突出技术进步路径非线性趋势和异质性特征、技术创新效率随机变动两个重点，本书理论模型分析与实证研究均拥有较为深厚的文献积累。

第三章　技术进步过程的非线性趋势和异质性特征研究

第一节　理论模型分析

无论是渐进式还是跨越式技术进步，技术创新效率与创造性破坏都对技术进步产生着差异化作用，主要体现在效率传递、升级路径、产出增值等方面。渐进式技术进步是由初始阶段 n_0 升级到 $n-1$、n、$n+1$……逐级选择且方向性明显，技术创新效率向着最优水平接近。而创造性破坏导致技术进步非线性变化，以跨越式技术进步为主要方式，具有异质性特征。前后两阶段技术替代不是均匀的，而是受到技术创新效率和创造性破坏强度的双重作用，缩小技术差距也不是线性变化的。

与渐进式技术进步相比，跨越式技术进步是确定性技术进步排除技术积累因素影响后的变动结果，每次技术进步能够跨越多个阶段，避免技术积累引起技术水平下降，实现向更高阶段快速升级，其概率为确定性技术进步概率 1 扣除 t 时期技术进步由阶数 n_0 变化到 0 阶时的技术积累概率 $P_0(t,\ n_0)$，即 $1-P_0(t,\ n_0)$，包含着跨越 $n-1$、n、$n+1$……多个阶段技术进步的可能性，而不是依次渐进实现的（Klette and Kortum，2004）。跨越式技术进步阶数相对较少，技术间距大且随机波动明显，创造性破坏产生的技术创新成果没有得到充分利用，出现闲置浪费，技术创新效率提升受到制约（Griffith，et al.，2006）。以高效率技术替代低效率技术，不仅依赖其产出或投入，而且取决于两者比例。完成不同效率技术之间替代的概率是有差异的，技术进步异质性特征明显（Aghion and Howitt，1992）。技术创新效率带动渐进式技术进步、创造性破坏促进跨越式技术进步，两者具有显著差异，这是本章研究的重点。

本章主要揭示技术创新效率、创造性破坏如何导致技术进步非线性趋势和异质性特征。创造性破坏使技术进步与积累交替出现，具有内生性特征，直接作用于两次技术进步替代和阶段性持续升级（Aghion et al.，2001）。在要素投入相同的条件下，创造性破坏通过效率传导机制带来差异化技术创新产出，而不是遵循“等量投入等量产出”的既定规律。本章深入分析技术创新效率、创造性破坏引起技术进步与积累的概率是否服从某种特定分布，具有非线性趋势和异质性特征。与同质性相对的，这种异质性特征就是在技术进步的不同方式和阶段上，其产出水平各有不同，技术进步每次微小变化，产出数量与效率都有一定程度差异。研究切入点是探索技术创新效率能否有效引导厂商充分利用既定技术创新成果，使技术进步阶距逐步细化，形成渐进式技术进步，而创造性破坏如何加快技术积累，引起跨越式技术进步，以及两者共同作用如何使技术进步具有非线性趋势和异质性特征。

本章还将研究不同技术进步方式中技术创新效率、创造性破坏之间的内在作用机制，从产业层面观察分析其在促进技术升级方面的差异，技术进步过程是如何形成非线性趋势和异质性特征的。

一、技术创新效率与投入成本函数

知识形态的技术创新要素逐步向实体要素渗透时，会朝着内生化方向转变，技术积累达到一定程度后，技术创新会出现较大突破（Nelson，1964）。技术创新要素产出函数 I 是以技术进步阶数 n 作为自变量的，创造性破坏强度 μ 又是引起技术进步阶数 n 变化的内生性变量。技术创新要素产出函数 I 反映着与技术创新效率 λ、技术进步阶数 n 以及创造性破坏强度 μ 之间的变化关系，如式（3-1）所示。

$$I = I(\lambda, n(\mu))^{①} \tag{3-1}$$

技术创新要素产出函数 I 是自变量 λ 和 n 的递增函数且是上凹的。在渐进式技术进步中，技术创新效率 λ 逐渐提升，技术创新成果得到充分利用，投入产出比例趋于优化。立足于现有要素优化组合和资源充分利用，缩小技术差距不明显。创造性破坏强度 μ 通过迅速缩小技术进步阶距，加快旧技术淘汰落后，技术进步跨越多个阶段后达到较高水平，直接拉动技术进步，也会形成技术创新资源利用的空白点。技术创新效率 λ 与创造性破坏强度 μ 不是独立发挥作用，而是相互关联的，因而导致技术进步存在较大不确定性。

以技术研发投入产出最优比例为约束条件，在式（3-1）基础上构建如式（3-2）所示的技术创新效率函数：

$$\lambda(n(\mu)) = c(I, n(\mu)) = n(\mu)\ c(I/n(\mu)) \tag{3-2}$$

技术进步阶数 n(μ) 表示相应投入水平，技术创新要素产出 I 与其比值是技术创新效率 λ。式（3-2）中，厂商技术创新投入成本函数 $c(I/n(\mu))$具有以下特征：①技术创新投入成本函数 $c(I, n(\mu))$二阶可微且单调递减，即 $c''\leqslant 0$，对应的技术创新收益函数是递增的；② $c'(0)<\bar{\pi}/r$，其中，r 为技术创新收益率，初始水平的边际投入成本低于平均收益水平，厂商收益增长速度快于投入上升速度；③ $[\bar{\pi}-c(\mu)]/r>c'(\mu)$，技术进步随着创造性破坏深化而逐步积累，平均收益扣除技术创新要素投入成本后的比较收益，高于相应的边际成本，创造性破坏带来明显的竞争优势。

---

① 该函数是在 Klette 和 Kortum（2004）研究成果基础上加以改进的，把创造性破坏强度 μ 引入技术创新要素产出函数 I 中，不仅研究技术创新效率 λ 对产出水平 I 的影响，而且揭示创造性破坏强度 μ 对技术进步的拉动作用，进而研究两者是如何作用于技术进步非线性趋势，形成异质性特征的。

二、技术创新效率与创造性破坏强度

技术进步过程可以分割为无数阶段的技术距离，缩小每次差距使技术创新效率向着最优水平收敛。技术创新效率引导技术水平从 n_0 阶依次渐进升级到 n-1、n、n+1 阶，而难以直接跨越。创造性破坏能够跨越多个技术进步阶段，拓展资源配置空间，技术水平得到显著提升。缩小技术差距可以减少技术创新中间环节，使要素组合日益优化。技术进步可以从 n_0 阶直接升级到 n+1、n+2、n+3……技术进步间隔距离越远，跨越成功的概率越低，投入成本会相应地增加。本章仅以技术进步跨越到 n-1、n、n+1 阶为例。假设厂商在技术进步阶数 n 时获得技术进步净收益 rV(n)，而在初始状态 n=0 时没有获得技术进步及相关收益，即 V（0）=0，由此构建 Bellman 方程，反映技术进步净收益构成情况，具体如式（3-3）所示。

$$rV(n)=\max_{I}\{\overline{\pi}n-C(I,n)+\lambda[V(n+1)-V(n)]-\mu n[V(n)-V(n-1)]\} \tag{3-3}$$

其中，V(n)为技术创新活动最大总收益水平，在技术进步阶距 n-1、n、n+1 之间保持正常技术距离时，没有细化为更小单元，其净收益等于每次技术进步平均收益 π 乘以技术进步阶数 n 等于收益总量，加上技术进步从 n 阶上升到 n+1 阶时由技术创新效率 λ 带来的收益增加量 $\lambda[V(n+1)-V(n)]$，减去相应的技术创新投入成本 C（I，n），再扣除创造性破坏强度 μ 引起技术进步由 n 阶积累到 n-1 阶所形成的收益减少量 $\mu n[V(n)-V(n-1)]$。

最优技术创新效率的均衡条件是技术进步收益增量等于相应的投入增量。当收益增量大于投入增量时，增加技术创新要素使用量，将会持续获得更多收益。这是因为技术创新要素利用不充分，厂商会持续不断地优化要素配置，提高技术创新成果利用水平。当收益增量小于投入增量时，厂商承受着市场竞争压力，需要持续深化技术创新活动，优化要素配置比例，提高技术创新效率，实现内涵增长，使既定投入创造更多产出。

当式（3-3）中 $n-1$、n、$n+1$ 之间技术进步距离趋于无穷小时，观察收益变动情况，即对上述 Bellman 方程求导数，移项后得到最优技术创新效率的实现条件，如式（3-4）所示。

$$(r+\mu-\lambda)v=\bar{\pi}-c(\lambda) \tag{3-4}$$

其经济意义是，技术创新活动获得比较收益等于平均收益水平 $\bar{\pi}$ 减去相应投入成本 $c(\lambda)$。与各阶段正常的技术进步距离不同，创造性破坏强度 μ 总是在无限小的技术进步阶段中更容易发生，带来较大技术进步与盈利空间，跨越式技术进步概率更大，获得较多的比较收益（Acemoglu，2002）。相对地，提高技术创新效率 λ 的难度逐步增加，产出投入比例相对不变，不能依靠稳定的技术进步获得比较收益，从而产生抵消作用。

三、渐进式与跨越式技术进步过程

1. 渐进式技术进步过程

假设 $\dot{P}_n(t, n_0)$ 表示 t 时期初始技术水平 n_0 升级到 n 的期望变化率，相应的技术进步概率为 $p_n(t, n_0)$，其影响因素和变动过程描述如式（3-5）所示。

$$\dot{P}_n(t, n_0)=(n-1)\lambda p_{n-1}(t, n_0)+(n+1)\mu p_{n+1}(t, n_0)-n(\lambda+\mu)p_n(t, n_0),\ n\geqslant 1 \tag{3-5}$$

该式表明了厂商在 t 时期，由于技术创新效率 λ、创造性破坏强度 μ 以及两者共同作用，技术从 n_0 阶升级到 $n-1$、$n+1$、n 阶的随机变动过程。技术创新效率 λ 引起技术进步由 n_0 阶小幅提升到 $n-1$ 阶，期望变化率为 $(n-1)\lambda p_{n-1}(t, n_0)$。技术创新效率 λ 引起技术变化主要是充分利用既定技术创新成果，改善产出投入关系，但技术进步不明显。这是因为一次性研发试验、推广应用等投入较大，技术创新效率 λ 拉动技术进步的贡献相对较小。创造性破坏强度 μ 对技术进步促进作用更加明显，推动技术

进步由初始水平 n_0 阶跨越升级到 $n+1$ 阶，技术进步期望变化率为（$n+1$）μp_{n+1}（t，n_0）。然而，创造性破坏强度 μ 也会加快技术积累，使技术进步出现反方向变化，在由 n_0 阶向 n 阶升级时出现阻滞和反转。技术创新效率 λ 对技术进步拉动作用明显弱于创造性破坏强度 μ，两者共同作用对技术进步反向冲击效应为 $n(\lambda+\mu)p_n(t,\ n_0)$。创造性破坏强度 μ 形成技术积累，原有技术创新成果没有充分利用，被新技术快速替代，浪费了技术创新资源。假设技术阶段停留在 $n=0$ 的初始水平上，相应的技术进步期望变化率为

$$\dot{P}_n(t,\ n_0)=\mu p_1(t,\ n_0) \tag{3-6}$$

式（3-6）表明，厂商在 t 时期技术积累由 n_0 阶变动到 0 阶时，技术进步期望变化率等于技术进步变动到 1 阶时的概率与创造性破坏强度 μ 之积。综合以上论述，得出以下研究假设。

假设 1：创造性破坏加快技术积累与进步，技术水平在前期积累的基础上实现快速提升，完成跨越式技术进步，技术创新要素没有得到充分利用，造成一定程度的资源浪费。技术创新效率是以渐进方式推动技术进步，难以持续拉动技术水平大幅度显著提升。

2. 跨越式技术进步过程

深化创造性破坏以促进两阶段技术替代，加快技术淘汰落后，避免技术进步停滞和迂回曲折。假设厂商从技术进步阶数 n_0 起渐次实现技术进步，完成初始技术创新活动，获得相应回报后没有持续创新。技术进步由 1 阶因技术积累下降到 0 阶，由于创造性破坏带动技术进步向着较高阶段跨越，后阶段技术进步对前阶段没有记忆性，技术进步与积累概率均服从指数分布（Aghion and Howitt，1992），不是沿着特定的收敛方向持续实现技术进步，其变动过程与结果由式（3-7）表示。技术创新效率 λ、创造性破坏强度 μ 纳入技术进步过程中，技术积累概率取决于两者比例关系，而且还受到两者变动方向的相互影响。具体地，跨越式技术进步过程及其推导如下：

$$P_0(t,\ 1)=\frac{\mu[1-e^{-(\mu-\lambda)t}]}{\mu-\lambda e^{-(\mu-\lambda)t}}=\frac{1-e^{-(\mu-\lambda)t}}{1-(\lambda/\mu)e^{-(\mu-\lambda)t}} \tag{3-7}$$

$$P_1(t,\ 1)=[1-P_0(t,\ 1)][1-r(t)] \tag{3-8}$$

$$P_n(t,\ 1)=P_{n-1}(t,\ 1)r(t),\ n=2,\ 3,\ \cdots \tag{3-9}$$

其中，$r(t)=\frac{\lambda[1-e^{-(\mu-\lambda)t}]}{\mu-\lambda e^{-(\mu-\lambda)t}}=\frac{\lambda}{\mu}P_0(t,\ 1)$①。式（3-7）表示，厂商在 t 时期技术进步由 1 阶因为技术积累下降到 0 阶的概率，取决于技术创新效率 λ 与创造性破坏强度 μ 的比值以及两者变动方向，等式右侧的分子为技术创新效率 λ 和创造性破坏强度 μ 发挥的差异化作用。当两者保持相同比例变化时，加大创造性破坏强度，促进技术积累，而提高技术创新效率，技术进步逐级渐进深化，技术积累渐渐放缓，两者呈现反方向变化。分母也表示两者变化对技术进步的作用不是同方向的，创造性破坏强度 μ 加速技术积累，在较低水平上又实现技术快速进步，技术创新效率 λ 延缓技术积累速度，平缓技术波动幅度。由式（3-7）可知，在两者保持不同比例变化的条件下，当 $\mu>\lambda$，$P_0(t,\ 1)<1$ 且 $P_0(t,\ 1)>r(t)$时，创造性破坏强度 μ 引起技术积累的效应明显强于技术创新收益效应；当 $\mu<\lambda$，$P_0(t,\ 1)>1$ 且 $P_0(t,\ 1)<r(t)$时，技术积累可能性达到最大，即发生确定性技术积累，由于技术创新效率 λ 作用更加明显，产出投入比例优化，可以有效防止技术积累引起的“收益耗散”，创新成果得到精细化利用，技术创新收益在较低水平上实现快速提升。由此可得，创造性破坏越强烈，越能够加快技术积累，在较低水平上实现技术进步，厂商获得更多创新收益。提高技术创新效率可以延长技术寿命周期，促进技术创新成果循环充分利用，既定技术进步阶距为厂商带来更多效益。式（3-8）假设技术水平相对不变，厂商跨越式技术进步概率［$1-P_0(t,\ 1)$］与技术创新收

① 技术创新收益率 $r(t)$不仅取决于技术积累概率 $p_0(t,\ 1)$，而且受到技术创新效率 λ 和创造性破坏强度 μ 的共同影响，但是两者作用方向不同。借鉴 Klette 和 Kortum 的研究成果，确立两者相互变动关系。技术创新效率 λ 为厂商持续带来创新收益，而创造性破坏强度 μ 加速技术折旧，造成技术创新资源浪费，为厂商技术创新效率带来一定程度的冲击。

益率 $r(t)$ 呈同方向变化，技术创新收益是跨越式技术进步的内在动力。而式（3-9）说明，厂商在t时期渐进式技术进步由1阶升级到n与n-1阶概率之比即为技术创新收益率 $r(t)$。但是，每次技术进步概率受两个阶段技术进步变化影响，是不确定的，具有随机波动特征。归纳上述分析，得出以下研究假设。

假设2：技术创新效率和创造性破坏强度在技术进步中起差异化作用。在技术创新效率作用下，技术创新收益主要来自充分利用现有技术的创新成果，渐进式技术进步逐渐向着厂商最优化收益目标收敛。跨越式技术进步主要是由创造性破坏引起的，技术进步跨越多个阶段，实现路径起伏较大。

创造性破坏比技术创新效率有着更高的技术进步效应。如果厂商长期没有技术进步，技术积累将是确定的，技术水平出现下降。只有在技术创新效率和创造性破坏共同作用下，渐进式和跨越式技术进步才能把创新活动引向深入，技术水平持续提高，厂商获得更多创新收益。厂商技术创新收益率受技术进步不确定性影响，起伏较大。厂商追求更高技术创新收益率，需要持续不间断地推动技术进步，深化创造性破坏带来更高比较收益。厂商在创新收益驱动下，以不同概率实现渐进式和跨越式技术进步，于是由式（3-8）、式（3-9）推理可得：

$$\frac{P_n(t,\ 1)}{1-P_0(t,\ 1)}=[1-r(t)]r(t)^{n-1},\ n=1,\ 2,\ \cdots \tag{3-10}$$

式（3-10）表明，假设厂商在t时期技术进步阶数为 $n=1,\ 2,\ \cdots$，在技术创新收益驱动下，渐进式与跨越式技术进步概率变动关系服从几何分布，具有非线性趋势和异质性特征。厂商在渐进式技术进步中，技术进步由1阶逐渐升级到n阶，技术进步朝着高精尖方向逐步深化。每一次技术进步都具有相对较小空间，技术创新成功概率小，技术进步难度越来越大。技术升级处于较低阶段上，技术进步相对容易，跨越式技术进步实现概率较高。由此得出以下研究假设。

假设3：技术创新收益是技术进步的内在动力。渐进式技术进步能够较为准确地定位技术进步方向，优化产出投入比例，达到最优技术创新效率，持续推动技术创新。跨越式技术进步改变技术渐次升级趋势，随机波动特征明显，难以把握其变动方向，技术创新收益没有确定性变化，技术进步呈现非线性趋势和异质性特征。

第二节　实证模型与方法

技术创新效率、创造性破坏在渐进式和跨越式技术进步中产生差异化作用，是技术进步过程非线性趋势和异质性特征的主要原因。构建技术进步分析模型，为研究厂商技术创新活动提供更多的前瞻性、预见性信息。借鉴运用门限分位数自回归（TQAR）模型进行实证研究（康宁、荆科，2016），并与分位数自回归模型、门限自回归模型进行比较，以期从新的角度更加深刻地揭示技术进步趋势和特征。

一、实证模型设定

假设时间序列$\{l_i\}$为一维因变量，$\{k_i'=(1,\ l_{t-1},\ l_{t-2},\ \cdots,\ l_{t-p})\}$为p+1维向量组成的自变量，反映厂商技术进步滞后变量变动情况，$\{w_t\}$为门限变量，构建相应的门限分位数自回归（TQAR）模型。

$$
\begin{aligned}
&M_{l_t}(\tau\mid\varphi_{t-1})=k_t'\beta^1(\tau)I(w_t<\eta_{n-1}(\tau))+k_t'\beta^2(\tau)I(\eta_{n-1}(\tau)\leqslant w_t<\eta_n(\tau))+\\
&k_t'\beta^3(\tau)I(\eta_n(\tau)\leqslant w_t<\eta_{n+1}(\tau))+k_t'\beta^4(\tau)I(\eta_{n+1}(\tau)\leqslant w_t)\\
&=\begin{cases}
\beta^{10}(\tau)+\beta^{11}(\tau)l_{t-1}+\cdots+\beta^{1p}(\tau)l_{t-p},\ I(w_t<\eta_{n-1}(\tau))\\
\beta^{20}(\tau)+\beta^{21}(\tau)l_{t-1}+\cdots+\beta^{2p}(\tau)l_{t-p},\ I(\eta_{n-1}(\tau)\leqslant w_t<\eta_n(\tau))\\
\beta^{30}(\tau)+\beta^{31}(\tau)l_{t-1}+\cdots+\beta^{3p}(\tau)l_{t-p},\ I(\eta_n(\tau)\leqslant w_t<\eta_{n+1}(\tau))\\
\beta^{40}(\tau)+\beta^{41}(\tau)l_{t-1}+\cdots+\beta^{4p}(\tau)l_{t-p},\ I(\eta_{n+1}(\tau)\leqslant w_t)
\end{cases}
\end{aligned}
\qquad (3-11)
$$

式（3-11）中，φ_{t-1} 为 t 时期之前技术进步全部信息，也包含技术创新效率 λ、创造性破坏强度 μ 对技术进步的作用，τ 代表不同分位点。实证模型把技术进步划分为四个阶段。其中，阶段 1 为 $w_t<\eta_{n-1}(\tau)$，表示较低水平技术进步；阶段 2 为 $\eta_{n-1}(\tau)\leqslant w_t<\eta_n(\tau)$，表示低水平技术进步；阶段 3 为 $\eta_n(\tau)\leqslant w_t<\eta_{n+1}(\tau)$，表示高水平技术进步；阶段 4 为 $w_t\geqslant\eta_{n+1}(\tau)$，表示较高水平技术进步。

TQAR 模型既能分析不同门限区间内技术进步非线性趋势，又可以刻画其条件分布的完整信息。同时，该模型还能反映技术创新效率 λ、创造性破坏强度 μ 等因素在不同分位点处对技术进步的异质性影响，揭示不同门限区间上技术水平高低导致的差异化变动趋势。TQAR 模型能够提供更多信息量，揭示不同分位点上每次技术进步的细微变化，获得大量技术经济信息。

二、参数估计

基本原理是使观察变量估计值向着真实值持续收敛，目标函数预测值无限接近真实值，两者离差逐渐缩小。门限回归系数与门限变量估计值通过优化求解式（3-12）获得：

$$(\hat{\beta}(\tau),\ \hat{\eta}(\tau))=\arg\min_{\beta,\eta} S_t(\beta(\tau),\ \eta(\tau))=\arg\min_{\beta,\eta}\sum_{t=p+1}^{T}\rho_\tau(l_t-M_{l_t}(\tau|\varphi_{t-1})) \tag{3-12}$$

式中，令 $u=l_t-M_{l_t}(\tau|\varphi_{t-1})$，表示门限分位数回归分析误差，T 为样本量，p 为滞后期，$S_t(\beta(\tau),\ \eta(\tau))$ 为目标函数，$\rho_\tau(u)$ 为非对称损失函数，且满足式（3-13）的条件：

$$\rho_\tau(u)=\begin{cases}\tau u,\ u\geqslant 0\\(1-\tau)u,\ u<0\end{cases} \tag{3-13}$$

非对称损失函数解决的问题是，寻找技术创新效率和创造性破坏强度的最优状态。技术创新效率降低是因为没有充分利用现有技术创新成果，可以通过提高技术创新成果利用效率来增加技术进步收益；创造性破坏由于一次性缩小技术差距而获得创新收益，同时引起现有技术加速折旧，导致技术创新要素过早淘汰，造成闲置浪费。两者引起技术创新收益降低的方向和改进方式不同，应用最小方差原理估计门限值和门限回归系数，其分析过程如下。

第 1 步，门限值$\hat{\eta}(\tau)$估计。假设$\eta(\tau)$在集合Π中取值，令$\overline{\Pi}=\Pi\cap\{w_1, w_2, \cdots, w_T\}$，利用网格搜索法$\eta(\tau)$将搜遍整个集合$\overline{\Pi}$，估计最优门限值$\hat{\eta}(\tau)$，如式（3-14）所示。

$$\hat{\eta}(\tau)=\arg\min_{\eta\in\Pi} S_t(\beta(\tau), \eta(\tau))=\arg\min_{\eta\in\Pi}\sum_{t=p+1}^{T}\rho_\tau(l_t-k_t'(\eta)\beta(\tau)) \tag{3-14}$$

第 2 步，门限回归系数$\hat{\beta}(\tau)$估计。将最优门限估计值$\hat{\eta}(\tau)$代入式（3-14），进而得到$\hat{\beta}(\tau)$，如式（3-15）所示。

$$\hat{\beta}(\tau)=\arg\min_{\beta} S_t(\beta(\tau), \hat{\eta}(\tau))=\arg\min_{\beta}\sum_{t=p+1}^{T}\rho_\tau(l_t-k_t'(\eta(\tau))\beta(\tau)) \tag{3-15}$$

三、预测方法

TQAR 模型在条件分位数预测的基础上，刻画技术创新效率λ在渐进式技术进步中的作用机制，准确反映创造性破坏强度μ在跨越式技术进步中的传导过程以及实现收益等，更加精细、完整地分析技术进步非线性趋势与异质性特征。通过条件分位数及条件分布预测，式（3-11）的 TQAR 模型在系数向量估计值$\hat{\beta}(\tau)$、门限估计值$\hat{\eta}(\tau)$的基础上，$\{l_t\}$条件分位数预测结果如下。

$$\begin{aligned}\hat{M}_{l_t}(\tau/\varphi_{t-1})=&k_t'\beta^1(\tau)I(w_t<\eta_{n-1}(\tau))+k_t'\beta^2(\tau)I(\eta_{n-1}(\tau)\leqslant w_t<\eta_n(\tau))+\\&k_t'\beta^3(\tau)I(\eta_n(\tau)\leqslant w_t<\eta_{n+1}(\tau))+k_t'\beta^4(\tau)I(\eta_{n+1}(\tau)\leqslant w_t)\end{aligned} \tag{3-16}$$

式（3-16）能够预测因变量在不同分位点处的变动特征。当分位点 τ 在（0，1）上连续取值时，$\hat{M}_{l_t}(\tau/\varphi_{t-1})$ 描述因变量随着不同分位点 τ 的变化趋势，变量 φ_{t-1} 包括技术创新效率 λ、创造性破坏强度 μ 等因素的影响。本章选取 0.1、0.25、0.5、0.75、0.95 个分位点，研究技术创新效率 λ、创造性破坏强度 μ 等因素在渐进式和跨越式技术进步之间的技术经济联系，运用条件概率分布特征，预测技术进步变动趋势和特征。

四、数据选取

数据选取 1996~2011 年国内 5 个高新技术产业，即电气机械及器材业、专用设备制造业、通信设备、计算机及其他电子设备业、仪器仪表及文化办公用机械业、电信和其他信息传输业，作为跨越式技术进步的代表性行业，其具有技术更新快、差距较大等特征（Tambe and Hitt，2014）。而石油和天然气开采业、纺织服装、鞋帽制造业、印刷业和记录媒介复制业、化学原料及化学制品业、交通运输设备制造业由于技术替代缓慢，技术创新空间狭窄，以渐次升级方式实现技术进步（孟梓涵、武建龙，2014）。本书还参考了各产业技术进步的国家标准拥有情况，对技术进步开展更加准确的分类。跨越式技术进步行业的标准数量达 10395 件，是渐进式行业的 1.42 倍，按标准状态看，即将实施类、现行类和废止类分别为 301 项、6990 项和 3104 项，分别是渐进式行业的 1.67 倍、1.50 倍和 1.24 倍。特别是近三年标准数量，跨越式技术进步行业的标准数量为 1754 项，是渐进式行业的 1.70 倍。跨越式技术进步行业的技术发明创造和知识更替速度明显高于渐进式技术进步行业，具体如表 3-1 所示。

实证分析因变量是当期专利授权量指标，以其滞后一期、滞后二期指标作为自变量。数据主要来自中经网、《中国科技统计年鉴》以及专题研究报告。实证分析首先对数化处理各项指标，消除可能存在的异方差，运用 Q 统计量检验滞后序列相关性。LR 检验结果说明，有约束条件下似然函数最大值与无约束条件下的比值没有大幅度变化，门限值经过检验是有效

表 3-1　行业技术进步的国家标准拥有情况分析

技术进步类型	全部数量	其中：标准状态			近三年标准数量
		即将实施	现行	废止	
跨越式技术进步（项）	10395	301	6990	3104	1754
渐进式技术进步（项）	7304	180	4674	2510	1029
比重	1.42	1.67	1.50	1.24	1.70

资料来源：国家标准化管理委员会官网（标准数据发布截止时间为 2018 年 6 月）。

的。Supwald 检验结果表明，无约束条件下估计量均逐渐接近目标值，模型估计有效。实证使用 STATA12.0 计量软件进行分析。

第三节　实证分析与假设验证

一、分位数自回归和门限自回归分析

实证分析运用样本数据开展门限分位数自回归分析，门限变量设定为厂商滞后一期专利授权量指标 L_{t-1}。经过门限效应和门限变量个数检验，滞后变量 L_{t-1} 最优门限数量为 3 个，将技术进步过程分为较低、低、高、较高 4 个阶段。根据参数估计原理，运用网格搜索法分别求得渐进式和跨越式技术进步门限值。渐进式技术进步因技术阶距较小，技术进步平稳，技术创新效率引导作用超过创造性破坏强度扩散作用，与之对应的门限值相对集中，分别为 0.356、0.492 和 0.677，技术进步阶段分布紧凑，距离较短。而跨越式技术进步波动幅度大，创造性破坏作用明显，技术进步两阶段距离较远，门限值分别为 0.071、0.418 和 0.926，技术进步阶段分散，包含着技术创新效率、创造性破坏强度以及技术进步随机过程等因素。

分位数自回归分析（见表 3-2）认为，渐进式技术进步在 0.1、0.25、

0.5、0.75 和 0.9 这 5 个分位点上滞后一期自回归系数分别为 0.294、0.315、0.327、0.545 和 0.306，起伏不大，技术创新效率引导技术进步，路径比较平稳，没有出现发散状态，而是在相对较小的区间内变化。滞后二期自回归系数先由 0.317 下降为 0.286，再连续上升到 0.301、0.480，最后下降为 0.328，呈现倒 N 型变动趋势。特别地，在渐进式技术进步中，滞后二期自回归系数与滞后一期的总体基本保持一致，而且上下变动幅度

表 3-2　QAR 模型的参数估计及检验

类型	待估参数	0.1	0.25	0.5	0.75	0.9
渐进式技术进步	截距	2.65** (0.172)	1.85*** (0.541)	2.69*** (0.136)	2.12*** (0.215)	2.47** (0.554)
	l_{t-1}	0.294*** (0.416)	0.315*** (0.268)	0.327*** (0.446)	0.545** (0.104)	0.306*** (0.416)
	l_{t-2}	0.317** (0.711)	0.286*** (0.506)	0.301* (0.472)	0.480** (0.791)	0.328*** (0.608)
	LR 检验值	0.001	0	0.002	0	0
	Q 检验值	0.000	0.000	0.001	0.000	0.000
	AIC 值	256.411	174.956	214.525	203.412	241.470
跨越式技术进步	截距	7.504*** (0.926)	0.926* (0.417)	−2.779*** (0.158)	0.352*** (0.922)	1.909*** (0.0.376)
	l_{t-1}	−0.709*** (0.642)	0.916*** (0.159)	0.115** (0.219)	0.694*** (0.392)	−0.308*** (0.145)
	l_{t-2}	0.962*** (0.330)	−0.714* (0.655)	0.884* (0.131)	−0.565* (0.481)	0.812*** (0.746)
	LR 检验值	0	0.005	0	0.01	0
	Q 检验值	0.001	0.000	0.005	0.000	0.003
	AIC 值	271.412	191.565	142.924	265.472	261.404

注：①为揭示不同阶段技术进步的异质性特征，构建分位数自回归分析模型，并且选取 0.1、0.25、0.5、0.75 和 0.9 这 5 个分位点；②***、**、* 分别表示 1%、5%、10%的显著性水平；③括号内数值为稳健标准误差（Robust S.E.）；④LR 检验假设在有效约束条件下，似然比检验结果表明函数估计值均逐渐接近目标值，模型估计有效；⑤在跨越式技术进步中，创造性破坏使其实现路径没有遵循分阶段、依次逐步完成的，而是技术进步与加速积累同步进行，当技术积累效应明显超过技术进步效应时，相应的截距项和滞后一期、滞后二期自回归系数出现负数，然后在较低起点上快速提升；⑥由上述计量结果可知，渐进式和跨越式技术进步中 Q 检验值均小于 1%的显著性水平，即滞后两期自变量不存在序列相关；⑦根据 AIC 检验结果，确定 QAR 模型滞后阶数为 2。

相对平稳。

跨越式技术进步在不同分位点上与技术积累交替并存，具有明显的异质性特征，创造性破坏加剧技术进步波动。滞后一期自回归系数由-0.709上升为0.916，然后下降0.115，再上升为0.694，最后急剧下降为-0.308，总体呈现倒W型变动趋势，技术进步波动较大。滞后二期自回归系数变动幅度较大，在各个分位点上变化起伏较为显著。首先由0.962大幅度下降为-0.714，然后快速上升为0.884，再急剧下降到-0.565，最后上升为0.812，总体呈现W型变动趋势。跨越式技术进步滞后两期自回归系数之间是反方向变动关系，两种变动趋势具有异质性特征。

门限自回归分析认为，在相对集中的3个门限值之间，渐进式技术进步呈现非线性变化特征，但并不是非常显著，总体较为收敛。特别地，滞后一期自变量作为门限变量，其系数L_{t-1}随着技术进步呈现平稳趋势，从0.537、0.426下降到0.414，最后减少为0.395。渐进式技术进步变动相对缓和，没有高低起伏变化。滞后二期自回归系数由0.462下降为0.351，再连续下降为0.309、0.214，其变化方向是一维线性的。而跨越式技术进步的3个门限值较为分散，间隔距离较大。滞后一期自变量作为门限变量，系数先由0.145连续上升为0.821、0.947，最后下降到-0.138，在对应3个门限值的区间内变化波动幅度较大，呈现倒V型变动趋势。滞后二期自回归系数由-0.839上升为0.647，再下降到0.092，最后上升为0.746，总体出现N型变动趋势。跨越式技术进步在创造性破坏的作用下，非线性特征比较明显，上下波动不规则。门限自回归分析是将滞后一期自变量作为门限变量，依次逐段分析技术进步变动情况，没有反映技术进步异质性特征，技术变动信息有待于进一步挖掘。

二、门限分位数自回归分析

上述分位数自回归和门限自回归，都不能同时反映技术进步非线性趋势和异质性特征。门限分位数自回归模型综合运用两种自回归分析的优点，更加详尽地反映技术进步趋势和变动特征。

渐进式技术进步的门限分位数自回归模型分析如表 3–3 所示。

表 3–3 渐进式技术进步 TQAR 和 TAR 模型参数估计及检验

待估参数及检验	TQAR					TAR
	0.1	0.25	0.5	0.75	0.9	
阶段 1（$0.356 > w_t$）						
截距	–0.724*** (0.236)	0.457* (0.348)	0.586*** (0.329)	0.469*** (0.339)	0.604*** (0.344)	0.644** (0.298)
自回归系数 l_{t-1}	0.674*** (0.526)	0.593*** (0.343)	0.934*** (0.613)	0.452*** (0.405)	0.496*** (0.416)	0.537*** (0.494)
自回归系数 l_{t-2}	0.359** (0.161)	0.481*** (0.446)	0.806*** (0.658)	0.637* (0.701)	0.509*** (0.517)	0.462** (0.902)
阶段 2（$0.356 \leqslant w_t < 0.492$）						
截距	0.627*** (0.514)	0.489*** (0.432)	0.493** (0.436)	0.837*** (0.763)	0.655*** (0.694)	0.473*** (0.726)
自回归系数 l_{t-1}	0.641** (0.446)	0.571** (0.742)	0.882*** (0.695)	0.407*** (0.577)	0.501** (0.328)	0.426*** (0.661)
自回归系数 l_{t-2}	0.529* (0.876)	0.408*** (0.779)	0.656* (0.948)	0.596*** (0.139)	0.712*** (0.626)	0.351*** (0.278)
阶段 3（$0.492 \leqslant w_t < 0.677$）						
截距	0.618*** (0.253)	0.509*** (0.527)	0.615*** (0.274)	0.497*** (0.397)	0.528* (0.614)	0.709** (0.243)
自回归系数 l_{t-1}	0.472*** (0.526)	0.399*** (0.581)	0.746*** (0.470)	0.801*** (0.739)	0.528*** (0.369)	0.414*** (0.281)
自回归系数 l_{t-2}	0.392* (0.186)	0.604*** (0.371)	0.524** (0.362)	0.793*** (0.926)	0.496** (0.531)	0.309*** (0.406)
阶段 4（$0.677 \leqslant w_t$）						
截距	0.367*** (0.583)	0.514*** (0.142)	0.307*** (0.533)	0.491* (0.728)	0.353*** (0.413)	0.592** (0.408)
自回归系数 l_{t-1}	0.582*** (0.691)	0.368** (0.172)	0.522*** (0.914)	0.714*** (0.256)	0.683*** (0.748)	0.395*** (0.375)
自回归系数 l_{t-2}	0.386*** (0.304)	0.461** (0.078)	0.511*** (0.496)	0.584*** (0.607)	0.597*** (0.694)	0.214*** (0.625)
LR 检验值	0.01	0	0	0	0.005	0

续表

待估参数及检验	TQAR					TAR
	0.1	0.25	0.5	0.75	0.9	
Supwald 检验值	0.01	0	0.005	0	0	0
Q 检验值	0.000	0.001	0.000	0.004	0.002	0.000
AIC 值	214.072	159.413	291.474	194.332	265.501	215.572

注：①括号内数值表示参数估计的稳健标准误差（Robust S.E.）；②利用网格搜寻法所获得的门限值，可以使残差平方和最小；③***、**、* 分别表示 1%、5%、10%的显著性水平；④以技术进步不同阶段为基础，选取 0.1、0.25、0.5、0.75 和 0.9 这 5 个代表性分位点；⑤LR 检验、Supwald 检验，均假设在有效约束条件下，与无约束估计量的似然函数估计值均逐渐接近目标值，模型估计有效；⑥由上述计量结果可知，各分位点上 Q 检验值均小于 1%显著性水平，即滞后两期自变量不存在序列相关；⑦根据 AIC 检验结果，确定 TQAR、TAR 模型滞后阶数为 2。

第一，就异质性特征而言，在 $w_t<0.356$、$0.356\leqslant w_t<0.492$ 两个较低技术阶段上，各分位点上滞后一期自变量作为门限变量，其系数分别由 0.674、0.641 下降为 0.593、0.571，然后上升为 0.934、0.882，进而下降到 0.452、0.407，最后又上升到 0.496、0.501。技术进步变化幅度较小，没有大的起落，总体都呈现出 W 型微小波动，异质性特征不明显。在 $0.492\leqslant w_t<0.677$、$w_t\geqslant 0.677$ 两阶段较高技术水平上，各分位点滞后一期自回归系数分别由 0.472、0.582 下降为 0.399、0.368，之后上升为 0.746、0.522，再持续上升为 0.801、0.714，最后下降为 0.528、0.683，呈现倒 N 型变动趋势。同时，两期滞后变量的自回归系数均保持相对稳定。在 $w_t<0.356$ 上，滞后二期自回归系数由 0.359 连续上升为 0.481、0.806，然后连续下降为 0.637 和 0.509，呈现倒 V 型变动趋势。而在 $0.356\leqslant w_t<0.492$ 和 $0.492\leqslant w_t<0.677$ 两个阶段上，滞后二期自回归系数在每个分位点上是反方向变动的，前一阶段由 0.529 下降为 0.408，再上升为 0.656，然后下降为 0.596，最后上升为 0.712，总体呈现 W 型变动趋势。而在后一阶段，由 0.392 上升为 0.604，再下降为 0.524，然后上升为 0.793，最后下降为 0.496，对应地呈现反 W 型变动趋势。在 $w_t\geqslant 0.677$ 阶段上，滞后二期自回归系数由 0.386 连续上升为 0.461、0.511、0.584，直到 0.597。

上述分析可知，渐进式技术进步总体上没有较大波动，在不同阶段有着差异化的变动幅度和方向，表现出一定的异质性特征。技术进步受到技术创新效率的引导，技术创新效率提高主要来自要素充分利用，随着技术逐步升级，技术进步主要依靠创造性破坏强度（Bronzini and Piselli，2016）。技术进步在较高阶段上，后阶段技术波动较前阶段更加明显，起伏幅度大，异质性特征随着技术升级、技术进步的不确定性加大而日益显现。

第二，就非线性趋势而言，门限分位数回归由四阶段门限自回归与5个分位点的分位数自回归分析构成。渐进式技术进步3个门限值0.356、0.492和0.677将技术进步分为4个阶段，而且相对集中，技术进步阶距较小。在0.1、0.25分位点上，4个阶段的自回归系数分别为0.674、0.359、0.641、0.529、0.472、0.392、0.582、0.386，0.593、0.481、0.571、0.408、0.399、0.604、0.368、0.461，技术变动幅度不大，相对平稳；随着技术逐渐升级，前阶段技术进步对后阶段的变化影响是渐次减弱的。厂商立足于充分利用既定技术创新资源，提高技术创新效率。渐进式技术进步空间持续减少，逐渐转化为一维线性变化趋势。而在0.5、0.75、0.9的分位点上，4个阶段的自回归系数分别为0.934、0.806、0.882、0.656、0.746、0.524、0.522、0.511，0.452、0.637、0.407、0.596、0.801、0.793、0.714、0.584，0.496、0.509、0.501、0.712、0.528、0.496、0.683、0.597。

渐进式技术进步的TQAR和TAR计量分析结果表明，在相对较高的分位点上，自回归系数总体变化平稳，而且持续上升，技术进步空间得到进一步拓展。渐进式技术进步具有非线性特征，没有出现大幅度起伏变化，每次技术进步是逐级实现的。这是因为技术创新效率在技术进步中起引导性作用，没有受到创造性破坏等跳跃性、偶然性因素的影响。这个结论验证了假设2是正确的。

跨越式技术进步的TQAR，计量分析结果如表3-4所示。

表 3-4　跨越式技术进步 TQAR 和 TAR 模型参数估计及检验

待估参数及检验	TQAR					TAR
	0.1	0.25	0.5	0.75	0.9	
阶段 1（$0.071 > w_t$）						
截距	1.191*** (0.214)	0.711*** (0.263)	0.428*** (0.348)	0.104* (0.472)	0.961*** (0.291)	1.421*** (0.063)
自回归系数 I_{t-1}	0.114*** (0.520)	0.810** (0.339)	0.075*** (0.391)	0.718*** (0.416)	0.104** (0.181)	0.145** (0.114)
自回归系数 I_{t-2}	0.984** (0.032)	0.102* (0.936)	0.752** (0.181)	0.532** (0.969)	0.964* (0.027)	-0.839* (0.129)
阶段 2（$0.071 \leqslant w_t < 0.418$）						
截距	-0.285* (0.711)	0.907*** (0.461)	-1.581* (0.219)	1.395*** (0.519)	-0.614* (0.337)	-0.141* (0.254)
自回归系数 I_{t-1}	0.109*** (0.438)	0.072*** (0.439)	1.524*** (0.648)	-0.209*** (0.472)	0.944*** (0.381)	0.821*** (0.226)
自回归系数 I_{t-2}	0.753** (0.262)	0.998** (0.646)	-0.028* (0.810)	0.544** (0.224)	0.012*** (0.485)	0.647*** (0.765)
阶段 3（$0.418 \leqslant w_t < 0.926$）						
截距	-0.213* (0.227)	-0.305* (0.746)	0.419*** (0.293)	0.704*** (0.131)	0.397*** (0.302)	0.109*** (0.554)
自回归系数 I_{t-1}	0.207*** (0.538)	0.519*** (0.977)	-0.924* (0.506)	0.427*** (0.254)	0.116*** (0.425)	0.947*** (0.202)
自回归系数 I_{t-2}	0.977*** (0.646)	0.014** (0.802)	0.854* (0.447)	-0.928* (0.291)	0.994*** (0.174)	0.092*** (0.474)
阶段 4（$0.926 \leqslant w_t$）						
截距	0.921*** (0.249)	-0.744** (0.472)	0.108*** (0.327)	-0.691*** (0.446)	0.871*** (0.614)	1.294*** (0.511)
自回归系数 I_{t-1}	0.839** (0.548)	0.216*** (0.939)	0.144*** (0.416)	0.724*** (0.254)	-0.956 (0.291)	-0.138* (0.372)
自回归系数 I_{t-2}	0.019** (0.896)	0.868*** (0.127)	0.436*** (0.149)	0.101*** (0.528)	0.242* (0.679)	0.746* (0.271)
LR 检验值	0	0	0.001	0	0.001	0
Supwald 检验值	0	0.02	0	0	0.01	0

续表

待估参数及检验	TQAR					TAR
	0.1	0.25	0.5	0.75	0.9	
Q 检验值	0.001	0.003	0.001	0.002	0.006	0.000
AIC 值	307.507	792.450	164.309	214.773	272.319	174.348

注：①括号内数值表示参数估计的稳健标准误差（Robust S.E.）；②利用网格搜寻法获得的门限值，使残差平方和最小；③***、**、* 分别表示在 1%、5%、10%的显著性水平；④以技术进步不同阶段为基础，选取 0.1、0.25、0.5、0.75 和 0.9 这 5 个代表性分位点；⑤LR 检验、Supwald 检验，均假设在有效约束条件下，与无约束估计量的似然函数估计值均逐渐接近目标值，模型估计有效；⑥由上述计量结果可知，各分位点上 Q 检验值均小于 1%显著性水平，即滞后两期自变量不存在序列相关；⑦根据 AIC 检验结果，确定 TQAR、TAR 模型滞后阶数为 2。

第一，就异质性特征而言，跨越式技术进步高低变动具有不确定性。门限值 0.071、0.418、0.926 将技术进步分为 4 个阶段，跨越式技术进步在不同阶段波动路径差异较大。对于阶段 1，即有 $w_t<0.071$，该阶段为较低水平技术进步，所有分位点处自回归系数取值均为正，技术进步在较低水平上没有积累，前期技术进步对当期有正向影响。但是，这种低技术水平下的技术进步具有较大波动性，滞后一期自变量作为门限变量，其系数先由 0.114 跨越到最高值 0.810，然后急剧下降为 0.075，再快速提升到 0.718，最后降低为 0.104，总体呈现倒 W 型变动轨迹，即技术进步在每个分位点上都出现较大波动。相应地，滞后二期自回归系数出现反方向变化，由 0.984 下降到 0.102，然后上升为 0.752，再下降为 0.532，最后上升为 0.964，即为 W 型变动趋势。对于阶段 2，即有 $0.071\leqslant w_t<0.418$，5 个分位点上门限变量系数发生较大波动，首先由 0.109 下降为 0.072，继而上升到 1.524，此时在这个较高技术水平时发生技术积累，下降到-0.209，最后上升为 0.944，技术进步总体呈现 W 型变动趋势。在低技术阶段上，在 0.75 分位点处自回归系数为-0.209，即在技术进步上升到较高水平后，创造性破坏引起技术积累。后一步技术水平上升受到技术瓶颈的制约，没有持续上升，技术水平出现短暂下降。而滞后二期自回归系数由 0.753 上升到 0.998，在较高水平上发生技术积累，然后快速下降为-0.028，再上升到 0.554，最后下降为 0.012，带来较大的随机不确定性，呈现倒 W 型

变动，与上阶段是相反方向的变动关系。对于阶段 3，即有 $0.418 \leq w_t < 0.926$，在高水平技术进步阶段上，此时技术进步跨越瓶颈制约，技术进步达到较高水平时，因为技术积累在 0.5 分位点处自回归系数取值均为负，所以技术积累达到一定程度后又实现技术水平快速上升。滞后一期自变量作为门限变量，其系数首先由 0.207 上升为 0.519，发生较大幅度技术积累，再下降到-0.924，然后上升为 0.427，最后达到 0.116，总体是倒 W 型变动趋势。滞后二期自回归系数由 0.977 大幅度下降到 0.014，然后快速上升到 0.854，再因技术积累下降到-0.928，最后上升为 0.994，与滞后一期自变量的变动趋势相反，上下变动幅度较大，表现出较为显著的异质性特征。技术进步由低阶段进入高阶段后，在分位点 0.5 上出现技术积累，较上阶段提前出现升级趋势，而且幅度较大。对于阶段 4，即有 $w_t \geq 0.926$，在较高水平技术进步阶段上，技术进步实现快速跨越，各分位点上滞后一期自变量作为门限变量，系数先由 0.839 连续下降到 0.216、0.144，然后迅速跨越到 0.724，发生显著的技术积累效应后达到-0.956。这一变动说明技术进步处于较高阶段时，技术进步速度面临新的调整，呈现出倒 N 型变动趋势。相应地，滞后二期自回归系数由 0.019 跨越上升到 0.868，再持续下降为 0.436、0.101，最后再上升到 0.242，呈现出 N 型变动趋势。这一结论表现，跨越式技术进步在较低技术水平时，技术升级时积累效应明显，创造性破坏强度在技术进步与积累中发挥着催化作用，技术替代日益加快，形成技术进步异质性特征；在较高技术水平时，企业完成技术积累，技术创新路径、人才、资金都具有一定基础，技术创新效率起很好的引导作用，具有明显的方向性，技术进步再一次进入快速上升通道，技术进步没有确定的方向和趋势，不同产业和不同技术阶段会有不同的技术进步路径。论证结果与假设 3 是一致的。

第二，就非线性趋势而言，跨越式技术进步在不同分位点处的门限值和自回归系数有着显著的非线性趋势，在 TQAR 实证分析中得到充分验证。这种技术进步方式在 0.071、0.418 和 0.926 三个门限值划分的 4 个阶段中，在 5 个分位点处均没有出现线性变动趋势，技术进步发生方向较大的转折。在 0.1、0.75 分位点上，滞后一期自回归系数首先分别由 0.114、0.718 下降到 0.109、-0.209，后持续上升到 0.207、0.427，最后上升到 0.839、0.724，技术进步路径呈现 V 型变化。相应地，滞后二期自回归系数变动有着不同的情况，技术进步非线性特征比较明显，在 0.1 分位点是由 0.984 下降为 0.753，再上升到 0.977，最后下降为 0.019，而在 0.75 分位点上却出现相反的变动趋势，由 0.532 略微上升为 0.544，由于技术积累快速下降到-0.928，最后上升到 0.101。在 0.25 分位点上，滞后一期自回归系数由 0.810 快速下降到 0.072，又迅速上升到 0.519，最后下降为 0.216，在 3 次技术变动中发生两次拐折，技术进步路径呈现出倒 N 型。而滞后二期自回归系数出现相反的变动趋势，由 0.102 大幅度跃升到 0.998，再下降到 0.014，最后快速上升为 0.868。在 0.5、0.9 分位点上，滞后一期自回归系数分别由 0.075、0.104 的较低水平上升到 1.524、0.944 的较高水平，随后因技术积累快速下降到-0.924、0.116，最后变动到 0.144、-0.956。而这两个分位点的滞后二期自回归系数均与滞后一期有着较大差异，分别由 0.725、0.964 大幅度下降为-0.028、0.012，再上升为 0.854、0.994，最后同时快速下降为 0.436、0.242。由上述实证结果可知，在跨越式技术进步中，滞后一期、滞后二期技术进步成果对现期技术水平起着不同作用，创造性破坏带来显著的技术积累效应，并在此基础上实现技术水平快速提升，技术进步路径非线性特征明显。假设 1、假设 3 得到论证。

本章要点：技术创新效率、创造性破坏在渐进式和跨越式技术进步中产生差异化作用，技术进步具有随机变动特征，构建 Bellman 方程分析其动态变化趋势和特征。研究认为，技术创新效率引导厂商充分利用既定创新资源，改善投入产出比例，使技术进步路径朝着厂商最优化效益目标逐渐收敛，总体是先易后难，拉动技术进步不显著。创造性破坏加快技术积累与进步，技术水平在较低阶段上快速提升，技术进步路径不是持续渐进升级的，而是跨越多个阶段推动技术进步，发生着较大幅度波动。两者共同作用使技术进步更加具有不确定性，呈现非线性趋势和异质性特征。本章在门限自回归和分位数自回归分析基础上，引入门限分位数自回归模型开展实证分析并验证相关结论。

第四章　渐进式和跨越式技术进步的差异性分析

第一节　问题提出与理论分析

一、问题提出

技术进步是优化要素配置、提高投入产出效率的主要动力源泉。技术进步表现为初级阶段升级到较高级阶段，存在渐进式和跨越式两种方式，而且受到多种因素影响，如R&D经费投入、产品加工制造程度、外部性和边干边学等。这些因素可能加快或延缓技术进步，使技术进步更加具有不确定性，不是一维线性变动的，而是表现出随机变动特征。R&D经费投入和产品加工制造程度在驱动力量、缩小技术距离、创新要素利用中形成不同作用，是技术进步不确定性的主要原因。

渐进式技术进步仅仅是由R&D经费投入引起的，技术水平在同一条U形价值链曲线中连续向上递增，整体技术水平没有出现跨越式升级。影响技术创新活动的其他因素，如产品加工制造程度、外部性和边干边学等没有引起技术进步。现阶段技术进步都是建立在前阶段基础上的，两阶段技术进步是连续的，差距相对较小，相应地，价值增值点由U形价值链曲线底部逐步升级到中高端水平。跨越式技术进步是由产品加工制造程度、外部性、边干边学等因素变化影响，没有投入 R&D 经费，技术水平跨越多个阶段，出现跳跃式提升。U 形价值链曲线整体向上移动，加工装配、技术创造、流程设计、技术咨询等生产服务环节得到优化。跨越式技术进步能够有机地整合各类创新资源，引导技术进步出现“攀崖式”上升，扩大要素优化配置的空间，加工制造程度日益深化，产出水平大幅度提高。

渐进式技术进步难以形成要素集约利用、边干边学等内生动力，只能依靠增加 R&D 经费投入实现技术进步，形成一维线性升级路径，外延扩展特征明显，投入产出效率有待于进一步优化，还可以获得更多技术附加值。跨越式技术进步依靠产品加工制造程度深化，挖掘技术进步内涵与潜力，技术创新要素渗透到生产过程中，技术进步呈现多元化变动方向。技术进步内涵拓展带来更高技术创新效率，优化投入产出比例不是走规模扩张的路子，而是遵循内生性增长路径，改进要素配置，实现要素集约高效利用，降低生产经营成本。深化产品加工制造程度，在相对较短的技术升级路径中迅速获得新技术，提高技术进步成功概率，加快技术成果扩散转化，一次性缩小技术差距将会显著提高技术创新效率。跨越式技术进步不再局限于现有的产品加工制造程度，初始技术发现、产品试制、成果转化等都有较大幅度改进；中间投入达到最优比例，产品加工制造程度加快深化，技术差距日益缩小。这种技术进步能够相对地减少 R&D 经费投入，有效规避技术风险，提高产品技术含量和产出水平。

本章以技术进步差异化实现方式为研究视角，R&D 经费投入带来渐进式技术进步，过程相对稳定，每阶段技术进步都是逐渐连续实现的。技术进步距离较小，优化要素配置存在较大难度，投入产出效率在阶段性技术进步中难以保持最优水平。产品加工制造程度深化导致跨越式技术进步，快速拓展技术进步空间，显著提高技术进步概率，提高新产品技术含量。本章重点是分析两种不同技术进步方式的内在动力、实现路径和效益目标，如何利用 R&D 经费投入和中间投入等要素，选择合适的技术进步方式，激发各类要素活力，优化投入产出效率。实证研究选取全国投入产出调查中6个产业研发与试验发展经费、固定资产折旧等指标，表示技术创新投入和产品加工制造程度，分析厂商技术创新产出发生的变化，并验证相关假设。

二、不同技术进步方式及其驱动力量

渐进式技术进步主要依靠持续增加R&D经费投入，以中间产品为加工制造环节，引进更多技术创新要素，融入实体形态要素。随着技术周期逐步缩短，渐进方式实现的技术成果加速淘汰落后，难以实现充分利用。在原材料、辅助材料、半成品生产过程中，倾向于吸纳更多技术成果，契合到产品加工制造环节中，技术创新要素得到一定程度利用。然而，渐进式技术进步具有随机变动特征，在最终产品形成之前，要素配置空间相对较小，投入产出效率不能长期保持最优状态。R&D经费投入越多，知识形态要素必须更有效地适应物质形态要素投入需要，持续优化要素配置比例，拉动技术水平递增升级。两种不同形态要素投入是同步进行的，技术进步以渐进方式实现，厂商根据实体形态要素性能、变动比例与替代程度等信息吸纳技术创新要素，渐进式技术进步可以优化要素配置比例，避免要素闲置冗余或短缺。但是，渐进式技术进步使中间投入保持在相对稳定的技术水平上，产品加工制造程度难以持续深化，必然导致R&D经费投入利用效率较低，要素配置比例失调使产出难以达到最优水平。中间投入对技术创新要素需求波动较大，而技术创新要素的供给需要提前实现，导致部分研发成果难以及时转化，技术进步贡献受到边界制约。当技术创新要素闲置浪费严重时，充分利用技术资源，持续增加中间投入，可以显著提高产出水平。

深化产品加工制造程度是跨越式技术进步的主要驱动力量，存在较大的技术进步空间，扩大技术距离可以充分利用技术创新要素，对技术进步形成牵引作用。知识形态的技术创新成果是一次性投资，可以反复使用，具有较强的扩散性能和调节适应性。这种内生增长动力将会引导厂商遵循技术创新投入优先的原则，表现出显著的创新要素投入偏好。这是因为技术进步需要产品加工制造程度不断深化，避免大量中间产品投入，而且提高中间产品加工制造精细化程度，逐步实现高效集约化目标。在产品加工制造程度深化过程中，集聚更多技术创新要素，技术进步可以超越多个渐进式技术进步阶段，从而形成更高层次的技术需求，路径和方向相对稳定。这种成果需求导向促进跨越式技术进步，加快知识形态要素的扩散与转化，技术性能得到充分发挥。深化产品加工制造程度能够更加有效地推进跨越式技术进步，知识形态要素能够迅速融入产品加工制造环节，并且得到充分利用，在产品加工制造程度的不同阶段上会产生有差异化的结果。

在产品加工制造程度第一阶段上，基础材料和初级产品经过简单加工，形成各类原材料、燃料、辅助材料以及机械设备组件。在原材料和初级产品生产中，物质形态要素是金属矿石、原油产品等直接来自自然资源的初级产品，知识形态要素的增值效应不明显，收益不高，更新换代慢。但是，原材料和初级产品加工制造业的技术进步，主要依靠基础研究成果，将会为整个产业技术进步产生乘数效应，引导创新要素和技术升级向价值链中高端顺次递延，产品附加值快速提升。在利用原材料、辅助材料、燃料制造中间产品时，即在产品加工制造程度第二阶段上，随着其深化程度逐步加大，厂商倾向于增加技术创新要素投入，逐步扩大技术创新要素在总体投入中的份额，技术创新要素对实体形态要素替代率迅速提高。知识形态要素更能够适应生产工艺更新与制造流程优化，得到广泛应用，改善投入产出效率。技术创新要素在原材料深加工的过程中发挥着催化、增值作用，可以提高原材料、辅助材料和燃料利用效率，改进设备技术功能，降低能耗，使实物要素的增值得到完全剥离，拓展产品加工制造过程中的增值空间，又为技术进步开辟新的渠道。中间产品制成产成品时，加工制造程度处于第三阶段，产品加工制造程度迅速得到深化，技术创新要素更加高级化，大量高精尖技术投入产品生产过程中，成为产品增值的源泉。技术增值效益还体现在能够减少能源消耗、提高原材料、能源利用率，优化中间产品与技术创新要素配置比例，加工制造新产品，拓展产品功效，改进产品性能，满足多样化消费需求。由此，提出以下研究假设。

假设1：产品加工制造程度深化推动跨越式技术进步，技术水平由低级阶段快速升级为更高级阶段，显著缩小技术进步距离。增加 R&D 经费投入使技术进步以渐进方式实现，技术进步速度逐步放缓。

三、渐进式与跨越式技术进步的差异性分析

如果技术进步是渐进式实现的，知识形态技术可以直接转化为专利权属类技术，再投入到生产过程中，构造新的工艺工法或应用软件，最后形成标准化技术。但是，渐进式技术进步受到较多因素的影响，各阶段技术进步能够实现跨越，取决于厂商持续细化分工以及不同阶段技术进步之间的替代效应。知识形态的技术成果，能够突破既定技术升级路径，跨越一个或多个技术阶段，在投入生产过程中，形成新工艺新工法，直接转化成为标准化规范类技术，显著改进技术功能与效果。技术跨越使厂商一次性消除多阶段技术差距，加快形成标准化技术，使技术得到迅速扩散，提高技术替代率，获得更先进技术效用，进而带动全产业加工制造程度深化。

跨越式技术进步是由产品加工制造程度、外部性以及边干边学等引起的，与 R&D 经费投入没有直接的技术经济联系。两阶段技术进步之间差距较大，为技术水平显著跃升提供可能，从而获得较大的技术创新增值份额。厂商不断提高自动化和信息化水平，缩短技术差距，各种核心技术在跨越初次试验、中间试验后，直接进入试生产阶段。由 R&D 经费投入引起的渐进式技术进步，具有一定调节适应特性，厂商需要快速提升产品加工制造程度，契合创新要素配置需求。吸纳利用的技术创新成果是以论文、实验报告、可行性研究文献等形式存在的知识形态技术，投入到实体形态的原材料、资本、劳动力等要素中，利用跨越式技术进步获得超额回报。

跨越式技术进步缩短研究试验周期，更加快速地抢占技术制高点，使前后两阶段技术差距拉大，技术替代率迅速提升。新技术转化存在较大空间，引导厂商尽快投入产品批量试制。厂商以跨越式技术进步为主要方式，能够迅速探索、发现、吸纳原始创新成果，沿着技术跨越轨迹深化产品加工制造程度，利用新配方、新原理、新装置，获得最先进的技术标准和操作规范，避免研发试验阶段中的初始试验和中间试验，节省了大量研发经费投入。跨越式技术进步通道明显缩短，外部性日渐弱化，专利权得到更加有效保护。跨越式技术进步主要是通过技术创新与其他要素优化组合，使加工制造程度更加精细化，提高各阶段新技术替代份额，加速淘汰落后技术，提高资产设备折旧率，使各类生产要素得到充分高效利用。由此，提出以下研究假设。

假设 2：随着产品加工制造程度深化，两阶段技术距离快速缩小，改变持续递增的渐进式技术进步方式，实现跨越式技术进步，技术要素替代率不断提高，技术要素产出份额显著增加。

四、跨越式技术进步的增值效应

跨越式技术进步外在表现为各阶段渐进式技术进步的“合成汇总”，其内涵在于创造更多的技术附加值。厂商在细分的技术进步阶段中可以选择更加适合生产需要的技术成果，从而实现更多技术积累，突破总体技术差距。跨越式技术进步不仅填补了既有技术差距，而且在技术扩散、技术创新成功概率以及技术要素边际报酬递增等作用下，实现了产出水平大幅度跃升，产生“1+1>2”效应。厂商无限细分产品加工制造程度，跨越式技术进步将会使厂商获得全部技术收益，减少技术成果外溢，各种要素足额转化为新产品，产出变化向着最高水平靠近。

跨越式技术进步比渐进式带来更大增值效应，主要有以下原因：第一，跨越式技术进步加剧技术扩散，在较大技术差距中实现技术进步，避免试错成本和要素无效率配置，产出水平具有倍增效应。与前沿技术相对应的投入产出效率达到最高水平，避免要素浪费现象，新技术替代旧技术带来更多新产品产值，技术差距减少量与产出水平呈正相关关系。而渐进式技术进步引起技术变动频繁、技术差距逐步缩小，投入资源将发生一定程度耗散，形成技术溢出现象。技术创新活动日益碎片化，集约化利用程度不足，效率提升缓慢，即使各阶段技术进步的产量加总，也难以实现规模化经营的产量水平。第二，跨越式技术进步是一次性完成的，其技术创新成功概率较高且没有阶段性技术进步局限，发明新产品的概率高于渐进式技术进步。渐进式技术进步是以连续多步、相对独立的阶段性技术进步为条件的，技术进步成功概率是相应的每个阶段技术进步成功概率的乘积，技术链条中任意一次技术进步都会对整体技术进步产生制约作用。第三，跨越式技术进步能够吸纳更多的技术创新要素，并在产出贡献中占有较高份额，创新要素的边际产量逐步上升，在较大的技术差距内自动调节资源配置比例，存在较大增值空间，投入产出效率日益逼近最优水平。而渐进式技术进步在每一次创新活动中，锁定相应阶段技术与其他要素的比例，要素配置比例关系保持相对稳定，仅仅发生小幅度波动，厂商技术创新活动自我调适的区间相对窄小，从而制约了新产品产值快速上升。

假设 3： 跨越式技术进步比渐进式拥有更大技术升级空间，较大幅度地推动技术进步，改善技术创新要素配置比例，创造更多新产品产值。渐进式技术进步导致创新收益耗散，缩小增值空间，放缓技术进步速度。

第二节 实证模型构建及估计方法

一、产业选择及指标说明

实证研究以 1990~2012 年全国投入产出调查中 6 个产业为研究对象，

比较分析 R&D 经费投入、产品加工制造程度在技术进步中的不同作用，引入中间产品投入、新产品产值等指标分析渐进式和跨越式技术进步之间的差异化程度。6 个产业及主要特征是：石油和天然气开采业、非金属矿采选业 2 个产业是以自然资源为劳动对象，加工制造程度最低；木材加工及家具制造业、化学工业 2 个产业的产业链前端联结着初级产品加工和原材料产业，而后端联结着更高产品加工制造程度的产业，处于产业链中间位置；通信设备、计算机及其他电子设备制造业、电气机械及器材制造业 2 个产业为高新技术产业，处于产品加工制造程度高端环节，技术创新要素投入份额最高。

实证分析中被解释变量是当期各产业新产品产值 PV_{it}，而解释变量为滞后一期、滞后二期新产品产值 PV_{it-1}、PV_{it-2}，表示相应时期的技术创新活动产出水平。当期和滞后两期的产品加工制造程度由中间投入变量 II_{it}、II_{it-1}、II_{it-2} 表示，其持续深化是由外部性、边干边学等因素引起的，带来跨越式技术进步。三个时期的 R&D 经费投入分别由 AD_{it}、AD_{it-1}、AD_{it-2} 表示，反映连续追加 R&D 经费投入所带来的渐进式技术进步。工具变量为滞后一期、滞后二期固定资产折旧 DI_{it-1}、DI_{it-2}，表示技术进步的变动速度，加快折旧意味着提前完成阶段性技术进步，固定资产及技术装备得到及时更新换代，技术周期迅速缩短；反之，技术进步速度缓慢，延长技术周期。数据来源于《中国统计年鉴》《中国高技术产业统计年鉴》以及中经网产业数据库。

实证研究首先对数化处理各项指标，消除可能存在的异方差。序列平稳性和协整关系检验结果显示，所选变量二阶差分在 1%显著性水平上都是平稳的。变量在含截距项、不含时间趋势项的条件下存在协整关系，回归结果与技术进步特征相一致。实证分析使用 STATA11.1 版本计量软件。

二、产品加工制造程度的影响分析

实证研究首先运用 OLS 方法对 6 个产业产品加工制造程度变动进行计

量分析，观察每个产业新产品产值与连续 3 个时期的产品加工制造程度之间的变动关系，相应的 OLS 计量分析模型为

$$PV_{it} = \beta_0 + \beta_1 II_{it} + \beta_2 II_{it-1} + \beta_3 II_{it-2} + \mu_{it} \tag{4-1}$$

式（4-1）中，II_{it}、II_{it-1}、II_{it-2} 为当期、滞后一期、滞后二期的中间投入，分别表示相应各时期产品加工制造程度。实证分析结果表明，石油天然气开采业、非金属矿采选业均属于资源型和原材料产业，连续 3 个时期的产品加工制造程度对新产品产值贡献份额保持相对稳定，分别为 0.7792、0.5108、0.3071，0.7461、0.6002、0.4911（见表 4-1）。这 2 个产业技术进步的初始水平较低，随着对原材料和初级产品加工制造程度深化，形成多样化的技术进步路径，技术附加值得到快速提升。初级产品和原材料供给数量大，技术水平不高，规模经营特征明显。产品加工制造程度存在较大的深化空间，技术含量有待于进一步提高。木材加工及家具制造业、化学工业 2 个产业，其产品加工制造程度随着中间投入加大而快速提升，不同阶段之间技术含量及技术附加值呈现波动式上升，分别为 0.9340、-0.2092、0.1475，1.0160、0.3071、0.0528。2 个产业均以下游产业提供的原材料、初级产品为对象，中间投入份额逐步增加，产品加工制造程度持续深化，对增加新产品产值发挥显著拉动作用。通信设备、计算机及其他电子设备制造业、电气机械及器材制造业 2 个产业技术集成化程度较高，产品加工制造程度均高于其他 4 个产业，带来更多的新产品产值，其贡献份额分别为 1.9101、0.6602、0.4922，1.9702、0.7029、0.5146。产品技术构成日益复杂，产品加工制造程度更加深化，技术含量高，技术进步快，扩散效应明显。

三、模型构建及估计方法

实证分析以上述 6 个产业为对象，既包括技术创新活动的生产厂商，又涵盖产业内研发部门，全面反映初始技术研发、技术转化、推广应用及其实现路径等情况。渐进式技术进步的 2SLS 动态面板分析模型如式（4-2）

表 4-1　基于 OLS 的产品加工制造程度分析

变量	石油和天然气开采业	非金属矿采选业	木材加工及家具制造业	化学工业	通信设备、计算机及其他电子设备制造业	电气机械及器材制造业
α_0	2.0437** (0.4672)	2.9347*** (1.3756)	1.4637* (1.4470)	2.8755** (1.0697)	3.9241* (0.9246)	3.0114*** (0.8613)
II_{it}	0.7792*** (0.4438)	0.7461** (0.9051)	0.9340*** (0.3704)	1.0160** (0.6110)	1.9101** (0.6102)	1.9702* (0.7358)
II_{it-1}	0.5108*** (0.5734)	0.6002* (0.5307)	−0.2092*** (0.6398)	0.3071** (0.6113)	0.6602*** (0.8003)	0.7029*** (0.4610)
II_{it-2}	0.3071** (0.9531)	0.4911* (0.8157)	0.1475*** (0.6442)	0.0528* (0.4861)	0.4922* (0.8510)	0.5146** (0.5988)
F	166	207	113	196	183	174
R^2	0.9155	0.8731	0.9051	0.8611	0.9164	0.8860
产品加工制造程度	初级阶段	初级阶段	中级阶段	中级阶段	高级阶段	高级阶段

注：①***、**、* 分别表示在 1%、5%、10%的显著性水平上是显著的；②当期新产品产值与当期、滞后一期、滞后二期的中间投入关系，反映产业中间投入动态变化对技术创新产出的影响，从而反映产品加工制造程度阶段性特征；③检验结果特征值表明，检验模型中各项变量之间相关关系显著，回归方程具有经济学意义。

所示。

$$PV_{it} = \alpha_0 + \alpha_1 PV_{it-1} + \alpha_2 PV_{it-2} + \alpha_3 AD_{it} + \alpha_4 AD_{it-1} + \alpha_5 AD_{it-2} + \mu_i + \delta_t + \varepsilon_{it} \tag{4-2}$$

该模型把连续 3 期的 R&D 经费投入 AD_{it}、AD_{it-1} 和 AD_{it-2} 作为因变量，μ_i、δ_t 分别表示产业个体变动效应和时间变动效应，ε_{it} 为扰动项。从 R&D 经费投入角度看，渐进式技术进步具有逐步递增的特征。跨越式技术进步与 R&D 经费投入无直接联系，以中间产品投入 II_{it}、II_{it-1} 和 II_{it-2} 代表产品加工制造程度，分析研究跨越式技术进步状况，相应的 2SLS 方法动态面板分析模型如下：

$$PV_{it} = \alpha_0 + \alpha_1 PV_{it-1} + \alpha_2 PV_{it-2} + \alpha_3 II_{it} + \alpha_4 II_{it-1} + \alpha_5 II_{it-2} + \mu_i + \delta_t + \varepsilon_{it} \tag{4-3}$$

但是，动态面板分析模型因变量与自变量可能存在时间趋势一致性问题，比如当期新产品产值与滞后一期、滞后二期之间具有自相关关系。选取的工具变量为滞后一期、滞后二期固定资产折旧 DI_{it-1}、DI_{it-2}，如果同时具备相关性和外生性，回归结果可以使用工具变量线性组合，更加准确地反映相关关系。2SLS 分析方法的原理是对上述关系进行两次回归分析，初次回归是用模型中自变量对工具变量回归，得到相应的拟合值；再次回归是因变量对该拟合值进行回归，从而得出所需要回归结果。2SLS 方法的优点是使用多个工具变量，有效解决模型中变量的内生性问题，消除变量中的衰减偏误。

实证模型分析的实质就是把内生解释变量 PV_{it-1}、PV_{it-2} 分解为两次回归。第一次回归是内生解释变量 PV_{it-1}、PV_{it-2} 对工具变量 DI_{it-1}、DI_{it-2} 进行回归，获得相应的拟合值 $\widehat{PV}_{it-1}$、$\widehat{PV}_{it-2}$。第二次回归是被解释变量 PV_{it} 对 PV_{it-1}、PV_{it-2} 的拟合值 $\widehat{PV}_{it-1}$、$\widehat{PV}_{it-2}$ 进行回归，两次回归分析结果满足一致性要求。

工具变量有效性检验结果表明，只有石油和天然气开采业、非金属矿采选业的检验统计量偏低，主要是由于 DI_{it-1}、DI_{it-2} 作为工具变量时，在原材料产业和资源密集型产业中的传导作用不明显，产业内设备和技术更新速度较慢，固定资产没有采用加速折旧法。但是，2SLS 回归模型均有 2 个以上内生解释变量，弱工具变量现象不会影响回归结果的有效性，2SLS 中工具变量线性组合能够切实提高实证结果的代表性。6 个产业工具变量外生性检验结果显示，在 R&D 经费投入引起的渐进式技术进步中，Wu-Hausman 值、p 值均低于由产品加工制造程度深化实现跨越式技术进步的相应值，即以滞后一期、滞后二期 R&D 经费投入所带来的产出增长没有深化产品加工制造程度所带来的产出增长显著（见表 4-2）。这是因为产品加工制造程度深化，遵循内涵式发展路径，而不是依靠规模化扩张经营，从而使新产品产值得到快速提升。特别地，通信设备、计算机及其他电子设备制造业、电气机械及器材制造业等技术密集型行业，深化产品加工制造程度与提高技术水平是同步的，能够较大幅度地提高产出水平。

表 4–2　运用 2SLS 方法的渐进式技术进步与跨越式技术进步的产出效应分析

	石油和天然气开采业		非金属矿采选业		木材加工及家具制造业		化学工业		通信设备、计算机及其他电子设备制造业		电气机械及器材制造业	
	渐进式	跨越式	渐进式	跨越式	渐进式	跨越式	渐进式	跨越式	渐进式	跨越式	渐进式	跨越式
α_0	1.2602** (0.8094)	1.4837* (0.9221)	1.4011*** (2.5121)	2.2602 (0.8094)	1.4837** (0.9221)	2.4011 (2.5121)	2.2013 (2.5961)	2.9105* (1.7024)	0.6480*** (1.9356)	2.2013 (2.5961)	0.9105 (1.7024)	1.6480*** (1.9356)
PV_{it-1}	0.4169* (0.1637)	0.7142** (0.2099)	0.5423** (0.2831)	0.9169*** (0.1637)	–0.2142* (0.2099)	0.5423 (0.2831)	0.2182*** (0.4172)	0.9348 (0.2811)	0.2152*** (0.6483)	0.9182 (0.4172)	0.3348*** (0.2811)	0.7152** (0.6483)
PV_{it-2}	0.6051*** (0.0720)	0.6955** (0.7100)	0.5597** (0.4697)	0.7051*** (0.0720)	0.3955* (0.7100)	0.5597 (0.4697)	0.3963*** (0.0781)	0.8199 (0.6422)	0.1044** (0.7200)	0.6963*** (0.0781)	0.1199 (0.6422)	0.6044 (0.7200)
AD_{it}	1.2571*** (0.0705)		1.1273 (0.0517)		0.7191** (0.2758)		0.6580* (0.4621)		0.8240*** (0.3911)		0.8171** (0.5201)	
AD_{it-1}	0.9300** (0.0937)		0.9094** (0.4742)		0.6007* (0.1042)		0.5943** (0.576)		0.7721* (0.5079)		0.7114* (0.2910)	
AD_{it-2}	0.7660** (0.1188)		0.5351* (0.5963)		0.4240** (0.0915)		0.4127*** (0.3583)		0.4541** (0.3790)		0.3962* (0.4151)	
II_{it}		0.5921 (0.2758)		0.6015*** (0.0705)		0.9921 (01429)		0.8703*** (0.0773)		1.2703*** (0.0773)		1.4240 (0.3911)
II_{it-1}		0.4127 (0.1042)		0.3984*** (0.0937)		0.6007 (0.6151)		0.5102** (0.4338)		0.7102* (0.4338)		0.8721** (0.5079)
II_{it-2}		0.2755*** (0.0915)		0.3017 (0.1188)		0.4755** (0.6153)		0.3685 (0.4338)		0.5685** (0.4338)		0.5541 (0.3790)
DI_{it-1}	0.4015*** (0.3166)	0.8155 (0.4176)	0.41144 (0.5682)	0.8142 (0.0244)	0.3071*** (0.3211)	0.8104 (0.5645)	0.3761 (0.6249)	0.8122** (0.8651)	0.4015* (0.3426)	0.8150 (0.5127)	0.3922 (0.4368)	0.9211*** (0.7463)

续表

	石油和天然气开采业		非金属矿采选业		木材加工及家具制造业		化学工业		通信设备、计算机及其他电子设备制造业		电气机械及器材制造业	
	渐进式	跨越式	渐进式	跨越式	渐进式	跨越式	渐进式	跨越式	渐进式	跨越式	渐进式	跨越式
DI_{it-2}	0.3659*** (0.2786)	0.7535 (0.5421)	0.3271*** (0.7270)	0.6331 (0.0198)	0.2752 (0.4633)	0.7276 (0.5264)	0.5264*** (0.5211)	0.7209* (0.3651)	0.5114 (0.7235)	0.7874*** (0.4155)	0.3051 (0.7005)	0.8354 (0.2815)
Wu-Hausman检验值	1.9362	1.872	0.1520	1.9362	1.872	0.1520	0.4807	1.3061	1.7458	0.4807	1.3061	1.7458
	0.7238	0.5470	0.1401	0.7238	0.5470	0.1401	0.0172	0.8533	0.4149	0.0172	0.8533	0.4149
Min Eigenvalue S.	27.593	25.481	39.502	27.593	25.481	39.502	42.116	10.461	9.235	42.116	10.461	9.235
Wald-Chi^2(5)	90.53	72.41	66.34	90.53	72.41	66.34	81.40	57.44	68.05	81.40	57.44	68.05
R^2	0.948	0.955	0.951	0.948	0.955	0.951	0.967	0.941	0.971	0.967	0.941	0.971

注：①***、**、* 分别表示在 1%、5%、10%的显著性水平上是显著的；②2SLS 回归方法选取当期和滞后一期的 R&D 经费支出作为工具变量；③工具变量的有效性检验既包括 Wu-Hausman 检验值，又包括对应的 p 值；④Wald-Chi^2(5)中的 5 为 GMM 估计方法的因变量个数，而 2SLS 估计方法的因变量和工具变量个数相应地为 7。

第三节　实证结果分析

一、产业间差异化技术进步方式

实证分析的产业有，2个原材料产业是石油和天然气开采业、非金属矿采选业，处于产业链中间位置的2个产业为木材加工及家具制造业、化学工业，2个高新技术产业是通信设备、计算机及其他电子设备制造业、电气机械及器材制造业。计量分析结果表明，6个产业滞后二期、滞后一期和当期中间产品投入对新产品产值的贡献是逐期增加的，分别为0.2755、0.4127、0.5921，0.3017、0.3984、0.6015，0.4755、0.6007、0.9921，0.3685、0.5102、0.8703，0.5685、0.7102、1.2703，0.5541、0.8721、1.4240（见表4-2）。产品加工制造程度对新产品产出水平贡献是逐期增加的，原材料产业各期贡献份额均低于初级产品加工业和高技术产业。在滞后二期的产品加工制造程度上，这种贡献份额均在0.2~0.6波动，原材料和初级产品具有较大的升值空间，厂商需要激发技术研发活力，逐步摆脱技术进步封闭循环和简单模仿。跨越式技术进步化解技术低端锁定，克服技术创新的路径依赖而促进技术研发和转化，新产品产值持续增加。产品加工制造程度滞后一期，贡献额度明显提高，但原材料等传统产业增长幅度均低于高技术产业。跨越式技术进步可以使创新厂商识别有效的知识来源，主动进行链接，吸收、扩散和创造知识，打破原有的大口径、粗放式技术引进方式，有选择地吸纳和引用知识密集型的高技术，其产出水平将会大幅度地提高。当期产品加工制造程度对新产品产值贡献迅速加大，在跨越式技术进步中，“边学习边创造”成为技术进步的重要动力，在较大技术差距中寻找适宜的技术进步途径。较大差距技术进步有利于专业化分工，技术进步将在升级过程中衍生出大量新的专业化生产部门，技术研发、扩散、吸收、转化、再研发呈现出一维线性变化趋势。技术创新切口小，分工细，市场渗透力更强，为高精尖技术提供了转化通道。这一结论与假设1、假设2观点一致。对于传统资源型产业，如石油和天然气开采业、非金属矿采选业，增加中间投入，深化产品加工制造程度，带来了较为显著的跨越式技术进步，产出水平相应地提高，伴随着产业升级，逐步抵消了R&D经费投入，存在着渐进式技术进步被跨越式技术进步替代的趋势。

二、产品加工制造程度的技术进步效应

表4-2还显示了渐进式技术进步的计量结果，6个代表性产业滞后二期、滞后一期和当期的R&D经费投入对新产品产值贡献分别为0.7660、0.9300、1.2571，0.5351、0.9094、1.1273，0.4240、0.6007、0.7191，0.4127、0.5943、0.6580，0.4541、0.7721、0.8240，0.3962、0.7114、0.8171。原材料产业、初级产品加工业具有明显的资本密集特征，资本支出对新产品产值贡献大于高技术产业。渐进式技术进步产生溢出效应，持续多阶段技术进步将与物质形态要素投入相融合。资本、劳动等要素具有边际产出递减特征，会拉动技术进步的边际产出递减，各期投入大幅度增加，资本依赖程度高，产出不明显。渐进式技术进步使技术壁垒逐步降低直至消失，引起厂商之间技术创新均衡发展，促进其他厂商跟踪、模仿到期的专利技术。小部分厂商技术创新活动使新产品产值迅速得到提高，而大多数厂商处于跟踪模仿地位，产出增长滞后，增值效应不明显。渐进式技术进步不仅会在产业内部完成，而且会由于其他产业具备相类似技术进步路径，超前完成技术进步。这种技术进步难以较快缩小技术差距，带动全产业技术进步还需要长期持续开展技术研发与试验。只有在其他厂商持续吸纳技术创新要素的基础上，技术模仿、转化和应用范围得到扩大，才能带动整个产业技术进步，提高全产业产出水平。结果验证假设3是正确的。

2SLS回归结果还显示，在上述6个产业中，跨越式技术进步的新产品

产值持续上升，明显高于渐进式技术进步的新产品产值，这种差距在高技术产业表现更为明显。在原材料产业、初级产品加工制造业，两种不同技术进步方式带来的产出波动变化相对集中，说明这些产业同时面临着资本和技术要素的双重需求，要素边际产出的上升空间相对狭小。而高技术产业主要依靠知识形态要素投入，而且可以多次反复利用，又不增加创新要素投入成本，为深化产品加工制造程度提供优质要素，一次投入连续收益，实现高效集约增长。形成这种区别的主要原因是不同产业之间产品加工制造程度存在差异。原材料和初级产品产业的产品加工制造程度深化不明显，从相对简单的技术创新活动开始，加快完成低端技术积累，引进或研发高端技术嵌入简单制造活动中，包括精加工、铸造、人机互动等高端技术。低端技术能够整体嵌入生产过程中，得到快速推广普及，技术差距逐步缩小，R&D 经费投入在产出中贡献份额持续上升。产品加工制造程度升级到更高阶段，知识来源较为成熟稳定，知识形态的技术成果逐步由碎片化朝着系统化、集成化方向发展，在要素配置的关键节点上得到充分利用。其间，跨越式技术进步具有不确定性，风险较大，形成多种要素配置方案，也能带来较高的技术创新产出。技术成果不仅能在现有升级轨道上实现转化，而且能拓宽创新要素的推广应用空间，还可以优化要素配置。同时，跨越式技术进步也为持续深化产品加工制造程度提供更大空间，新的技术进步过程比较复杂，不是简单依靠知识形态技术嵌入生产过程中，而是逐步积累形成深厚的技术基础，根据产业升级的技术需求，再衍生出新的知识形态技术，较大幅度地增加产出水平。跨越式技术进步在产业层面发挥着不可替代的作用，使新技术创造和转化更加具有适应性，避免渐进式技术进步中“节点对节点”式的技术进步，加快技术更新速度，提高创新产出水平。假设 3 得到证明。

深化产品加工制造程度的初始阶段上，跨越式技术进步使技术创新要素整体融入生产过程中，在转化推广环节激活对技术性能的需求，增强技术成果调节适应性，引导厂商自主开展技术研发和成果转化。产品加工制造程度持续深化后，高技术产业在关键核心技术推动下，走边缘技术转化的道路，改进技术路径设计，提高智能化程度，避免产品市场结构同化和恶性价格竞争，更加有针对性地提高技术创新效率，在技术创新基础上不仅显著增加新产品产量，而且实现产品品质提升和性能优化。假设3是正确的。

本章要点：深化产品加工制造程度可以推动跨越式技术进步，使技术水平快速提升，而增加R&D经费投入只能引导技术进步以渐进方式实现，技术进步速度平稳放缓。加工制造环节中间投入持续加大，知识形态的技术创新要素得到高效利用，优化要素配置比例，产出份额显著增加。这种内涵式发展促进技术进步发生跳跃式升级，获得更大的技术进步空间。渐进式技术进步使产出水平偏离最优的投入产出比例，出现一定程度耗散，降低技术创新效率，增值空间日益收窄。

第五章 步进式吸纳对技术存量水平的冲击及实证研究

第一节 理论模型分析

一、问题概述

在跨越式技术进步难以实现的情况下，厂商都是以 t 步技术升级到 t+1 步方式完成技术吸纳。在技术选择、效率提升、要素优化配置等因素驱动下，步进式技术吸纳将会使技术引进更加适应厂商需要，成果转化顺畅且富有效率。本章研究的重点是，步进式技术吸纳引起厂商技术存量水平变动规律及厂商和行业之间冲击效应差异，探索这种差异形成的主要原因，进而分析行业技术存量增长的实现条件。

步进式技术吸纳能够引导厂商在既定技术差距的基础上，有效调节技术进步阶数和技术存量水平之间的关系。当技术创新步数越多时，相邻两步技术差距越短，其应用条件、产出效率、功能作用、设施配套以及推广模式等非常接近，避免高昂的试错成本和迂回试验过程，技术升级路径较为稳定。当技术创新步数较少时，两步技术差距将会扩大，技术转化过程存在大量随机因素，技术吸纳具有不确定性。由于初始技术状况、行业规模、投入强度等原因，步进式技术吸纳对厂商和行业技术存量增长率产生异质性冲击。

技术进步是渐进式向前推进的，厂商获得第 t+1 步技术，加快第 t 步技术积累，技术存量水平发生相应的波动，厂商和行业技术存量变动的差异化更加明显。厂商在步进式技术吸纳活动中，不断细化技术投入流程，紧跟本企业要素配置的技术需求和科技发展前沿，使技术创新要素能够更有效率地融入生产过程。行业步进式技术吸纳可以突破“引进—落后—再引进—再落后”的低水平重复演进的封闭循环回路和路径依赖。通过“干中学”“专业分工深化”方式形成行业创新体系，持续开发、吸收、改进和利用第 t+1，t+2，……步技术，获得更高技术存量。

二、含有技术创新要素的时变生产函数

假设人力资源、资本等要素市场和产品市场都实现均衡，厂商选择合理的技术进步阶数，实现技术收益最大化。厂商吸纳和利用处于成长阶段的技术，技术存量水平逐步上升。厂商在吸纳新技术时，前一步技术将积淀成为永久性部分，技术寿命进入衰退期，随机冲击导致技术存量水平趋于下降。在技术吸纳与积累双重作用下，技术存量水平具有随机变动特征，致使厂商和行业技术存量变化也存在较大差异。

完全竞争厂商在持续经营条件下，由 j 表示生产相同产品的单个厂商，最终产品产出受到不变替代弹性系数影响，整个产业总产出函数为：

$$Y(t)=\left[\int_0^{M(t)} y(j,\ t)^{\frac{\varepsilon-1}{\varepsilon}} dt\right]^{\frac{\varepsilon-1}{\varepsilon}} \tag{5-1}$$

式（5-1）中，y（j，t）为单个厂商 j 在第 t 步技术条件下的产出，M（t）表示发生每一步技术变动的厂商数量，ε 是技术从第 t 步升级到第 t+1 步的边际替代弹性系数。各个厂商 CES 生产函数表示为：

$$y(j,\ t)=A(t)\left[\sum_{i\in T(j,t)}\left[\chi_i(t)\, l_i(j,\ t)\right]^{\frac{\varepsilon-1}{\varepsilon}}\right]^{\frac{\varepsilon}{\varepsilon-1}} \tag{5-2}$$

式（5-2）中，$\chi_i(t)$是厂商j吸纳第t步i种技术时的劳动生产率，$l_i(j, t)$为雇用的工人数量，$T(j, t)$表示厂商j吸纳第t步技术的集合，$A(t)$为行业各种技术条件下的平均生产效率水平。

假设$n(j, t)$表示厂商j在第t步技术时的技术存量水平，各种要素投入比例相对稳定，$l(j, t)$是厂商j在第t步技术时的人力资源雇用总量，则单位技术存量水平对应的人力资源投入量为$l_i(j, t) = l(j, t)/n(j, t)$。技术存量水平作为自变量，厂商以步进式吸纳技术创新要素，将会得出式（5-3）所示的生产函数

$$y(j, t) = A(t)\, l(j, t)\, n(j, t)^{\frac{\varepsilon}{\varepsilon-1}} \tag{5-3}$$

从上述时变生产函数可以得出，厂商产出与技术吸纳步数密切相关，其变化是离散的。由于技术创新要素吸纳和积淀具有不确定性，随机因素影响较大，厂商步进式技术吸纳活动符合Markov过程，即每一步技术吸纳只会影响到与之相邻的下一步技术引进和应用，而对以后各步技术吸纳的影响作用逐步削弱。

三、技术吸纳的离散变量随机过程及其动态变化

厂商吸纳新技术将会增加研发成本（Romer，1990；Grossman and Helpman，1991），人力资本投入能够提高生产效率（Arrow，1962；Romer，1986）。假设厂商规模报酬不变，增加$I(j)$单位中间投入用于吸纳新技术，自变量包含技术存量水平，则生产函数为$f[I(j)/L, n(j)]$。

单个厂商在不同技术存量水平$n(n = 1, 2, \cdots)$基础上，依次序分步吸纳新技术。技术在成长初期转化利用效率较高，随着技术逐步升级，技术附加值得到大幅度提高。领先厂商在技术存量水平提高到$n + 1$时，获得更多技术剩余，从而激发厂商持续吸纳先进技术。

$\lambda(n) = f[I(n)/L, n]/n$表示技术存量水平为n时厂商以产出衡量的技术吸纳强度，对应的中间投入函数是：

$$I(n)=g[\lambda(n)]Ln,\ n>0 \tag{5-4}$$

式（5-4）中，g（·）是 f（·，1）的反函数，是单调增加的凸函数。对于技术存量水平 n=0 的潜在进入者，其成本只有资本、劳动等要素投入，通过产出衡量的初始技术吸纳强度为 η。

不同技术存量水平 n（n=0，1，2，…）构成第 t 步技术吸纳时的厂商向量 $\{m_0(t),\ m_1(t),\ m_2(t),\ \cdots\}$，即 $m_n(t)$ 为第 t 步技术吸纳时技术存量水平 n 的厂商数量，S 表示技术存量水平 n 的厂商数量 m_n（t）分布构成的集合。当 t=0，1，2，…，t−1，t，t+1，…时，$M_n(t)$ 表示以吸纳第t步技术和 n 技术存量水平作为二维变量构成的厂商数量矩阵，$M_n(t)$ 涵盖步进式技术吸纳厂商技术存量水平、技术状态空间集合、技术动态变化等信息。第 t 步技术存量水平 n 的厂商数量矩阵 M_n（t）服从确定性趋势下的 Markov 动态过程，由此可以得到

$$dm_n=F_t(M)dt+\sum_{t=1}^{\infty}G_{tn}(M)dJ_t(\gamma t) \tag{5-5}$$

式（5-5）中，F_t（M）：S→R 表示技术存量水平 n=0，1，2，…的厂商数量 $m_n(t)$ 集合趋向全集时技术吸纳函数；$G_{tn}(M)$：S→R 为 $m_n(t)$ 集合趋向全集时，吸纳每一步技术的各种技术存量水平 n=0，1，2，…下厂商数量函数；$J_t(\gamma t)$ 表示厂商在受到技术吸纳冲击可能产生技术进步效应或阻滞效应时，如果这种冲击能够引起技术进步，式（5-5）右侧后一项即为正，反之则为负。

吸纳第 t 步技术变动时，不同技术存量水平 n 的厂商数量矩阵 $M_n(t)$ 构成一个离散变量随机过程，即符合 Markov 动态过程，通过求解式（5-5）均衡解，得到 $F_t(M)$ 和 $G_{tn}(M)$ 如式（5-6）和式（5-7）所示。

$$F_t(M)=\begin{cases}\lambda tm_t-\lambda(t-1)m_{t-1},\ t>1\\ \lambda m_t-\eta m_0,\ t=1\end{cases} \tag{5-6}$$

$$G_{tn}(M)=\begin{cases}m_t-m_{t-1},\ n\leqslant t\\ m_{t-1},\ n=t+1\\ 0,\ n>t+1\end{cases} \tag{5-7}$$

把技术进步阶数 t 看作“现在”，而把 t+1 与 t-1 看作“未来”和“过去”。由式（5-6）可以推导出，厂商未来技术存量水平只与现在有关，而与过去无关，具有 Markov 动态过程的无后效性特征。从单个厂商技术吸纳角度进行分析，厂商从初始技术水平起步进行技术吸纳，只有第 t 步技术吸纳和第 t-1 步技术积累影响现有技术存量水平。厂商第 t 步技术吸纳引起技术存量水平增加 $\lambda t m_t$，与此同时，厂商完成第 t-1 步技术积累，技术存量水平下降了 $\lambda(t-1)m_{t-1}$，产生了显著的抵消作用。显然，t 步技术存量水平与第 t-1 步之前的技术积累无关。

式（5-7）说明，单个厂商技术吸纳活动对行业技术存量水平的影响，取决于技术存量水平 n 与第 t 步技术吸纳效应之间的差异。如果单个厂商技术存量水平 n 低于第 t 步技术吸纳效应，行业内技术吸纳的厂商数量就会增加到 m_t，从而提高技术存量水平。同时，技术吸纳冲击加速第 t-1 步技术积累，减少厂商数量 m_{t-1}，抵消技术存量水平。当技术存量水平与第 t+1 步吸纳效应相当时，行业内吸纳技术的厂商数量趋于稳定，没有因为技术积淀而导致厂商数量减少。在每个厂商技术存量水平超过第 t+1 步技术吸纳效应时，第 t+1 步技术落后于各厂商现有技术存量水平，各厂商不再开展技术吸纳，行业内吸纳技术的厂商数目为 0。由此，可以提出以下假设。

假设 1：步进式技术吸纳时的厂商技术存量水平变化与 Markov 动态过程相一致，厂商吸纳第 t+1 步技术时的技术存量水平只与第 t 步技术吸纳活动有关，而与第 t 步之前各步技术吸纳活动无关。

单个厂商在技术存量水平 n 的基础上对新技术的吸纳效应为 $\mu(n)$，当 $n>0$，$\mu(n)=\lambda n$，特别地，$n=0$ 时，则有 $\mu(0)=\eta$，厂商技术存量水平由 1 逐步提升到 n。因此，由式（5-5）可得，单个厂商在技术存量水平 n 条件下的技术存量变动规律

$$dn = dJ[\mu(n)t] - \sum_{i=1}^{n} dJ_i(\gamma t) \tag{5-8}$$

其中，$dJ[\mu(n)t]$ 表示第 t 步技术升级到第 t+1 步时技术吸纳效应

μ (n) 的变动情况，且服从泊松分布。技术改进能够持续拓展，无限细分厂商技术吸纳步数，单个厂商每一步技术吸纳是相互独立的。由于风险因素，技术吸纳活动对技术存量增长率可能产生阻滞作用。在厂商技术吸纳由第 t 步转向 t+1 步，判断吸纳效应和阻滞效应的标准是，厂商增加吸纳一步技术引起的成本支出增量低于同步技术收益增量，意味着步进式技术吸纳有足够的盈利空间，值得进行投资，技术吸纳将会引起技术增长；否则，厂商将停止技术吸纳行为，产生阻滞效应。

四、技术吸纳对技术存量增长率的冲击

1. 单个厂商步进式技术吸纳的技术存量增长率冲击效应

单个厂商从第 t 步技术升级到第 t+1 步时，既存在正向冲击效应，引起技术存量水平上升，也有负向冲击效应，使技术存量水平下降。步进式技术吸纳对技术存量增长率的冲击是独立的，且服从泊松分布。通过式（5-8）计算获得，技术存量期望增长率等于技术吸纳强度与阻滞效应之差，即有：

$$\frac{E(dn/n)}{dt}=\lambda-\gamma \tag{5-9}$$

2. 全行业步进式技术吸纳的技术存量增长率的冲击效应

如果行业内全部厂商都独立开展步进式技术吸纳活动，行业技术存量水平 N（M）可以通过全部厂商每一步技术吸纳效应 $\mu(n)$ 求勒贝格积分得到。全行业每一步技术吸纳引起的技术存量增长率，可以表示为该行业技术吸纳强度与行业技术存量水平、初始技术进步发生率与初始厂商数量相乘积的和的变化量，如式（5-10）所示：

$$\int_M \mu(n)dMdt=\lambda N(M)dt+\eta m_0(M)dt \tag{5-10}$$

其经济意义是，在初始技术存量水平的基础上，各厂商每一步技术吸纳引起的行业技术存量变动。假设行业内各厂商之间技术吸纳产生的是外

部性影响，技术存量增长率还受到技术创新投入和初始技术水平等因素的影响。行业技术存量水平 N（M）符合给定 $M_n(t)$ 情况下的 Markov 动态过程。当技术存量水平 n 的厂商数量集合 s 趋向全集时，技术吸纳效应和阻滞效应都逐步稳定，对行业技术存量水平的两种冲击效应可以由式（5-11）计算得出：

$$dN = (\lambda N + \eta m_0)dt - \sum_{i=1}^{\infty} M_i dJ_i(\gamma t) \tag{5-11}$$

全行业步进式技术吸纳能够更加有效地提高技术存量增长率，因为各个厂商初始技术水平存在差异，较高技术水平的厂商带动其他厂商提高技术存量增长率。式（5-11）中（$\lambda N + \eta m_0$）dt 表示，在位厂商技术吸纳强度、技术存量水平、初始技术吸纳强度、初始厂商数量对行业技术存量增长率产生正向冲击。$\sum_{i=1}^{\infty} M_i dJ_i(\gamma t)$ 表示厂商技术吸纳时发生技术阻滞，对技术存量增长率产生负向冲击，存在抵消效应。由于这种冲击服从泊松分布，期望值和方差值为变量参数。对式（5-11）求均衡解，得出行业内厂商技术吸纳效应和阻滞效应 γ，全行业技术存量期望增长率表示为

$$\frac{E(dN/N)}{dt} = \lambda + \eta \frac{m_0}{N} - \gamma \tag{5-12}$$

如果行业内各厂商同时开展步进式技术吸纳，λdt 表示每一步技术吸纳对技术存量增长率的正向冲击可以无限分割，由于厂商面临不确定因素而产生阻滞效应 γdt，降低了技术存量水平。行业技术存量增长率由每个厂商技术吸纳强度 λ 和初始技术存量水平下厂商吸纳技术强度 $\eta\frac{m_0}{N}$ 构成，仅仅有技术阻滞效应 γ 对其产生抵消作用，与单个厂商相比，步进式技术吸纳将会给整个行业带来更高的技术存量增长率。由此，提出以下假设。

假设 2：行业内厂商步进式技术吸纳活动的冲击效应，对单个厂商技术存量增长率的正效应显著低于全行业，主要取决于行业内初始厂商数量和技术吸纳强度。

3. 行业技术扩散、步进式技术吸纳和技术存量增长率之间的内在联系

由式（5-11）、式（5-12）计算可得，行业技术存量增长率方差为：

$$\frac{Var(dN/N)}{dt}=\gamma\sum_{t=1}^{\infty}s_t^2 \tag{5-13}$$

其中，s_t 测度不同技术存量水平 n 的厂商每一步技术吸纳对技术存量增长率提升的集聚效应，各个厂商技术吸纳相互独立，每一步技术吸纳引起技术存量增长率的集聚效应加总，即为全行业技术存量增长率的集聚效应。行业技术存量增长率集聚效应平方和为 $\sum_{t=1}^{\infty}s_t^2$，也就是步进式技术吸纳过程中行业技术集聚程度，反映由此引起技术存量增长率变动的幅度。这种波动起源于技术外部性，技术集聚不仅依赖于全行业技术存量水平 N(t)，而且还受到技术进步初始条件和技术多样化扩散路径的影响。

在正向吸纳效应和负向阻滞效应共同的作用下，全行业技术存量变动随着技术转化和吸收积淀而渐趋平稳。技术扩散的覆盖范围小，技术集聚指数处于收敛状态，技术创新向其他行业的溢出效应相对较低，步进式技术吸纳会使行业技术存量增长率产生正向效应。而当技术吸纳存在制约因素时，厂商难以引进、转化和利用新技术，技术集聚明显削弱，产生阻滞效应。由此，提出以下假设。

假设 3： 当 $\left|\frac{s'_{t+1}}{s_t}\right|<1$，$\sum_{t=1}^{\infty}s_t^2<m_{n+1}-m_n$ 时，行业无限步技术吸纳引起的技术存量增长率集聚效应平方和呈收敛趋势，小于技术存量水平 n 时的厂商数量增加量，进而引起技术存量增长率提高；反之，技术存量增长率集聚效应平方和呈扩散趋势，技术存量增长率将会下降。

行业在 $\left|\frac{s_{t+1}}{s_t}\right|<1$，$\sum_{t=1}^{\infty}s_t^2<m_{n+1}-m_n$ 条件时[①]，步进式技术吸纳为厂商带

① m_n（t）表示第 t 步技术吸纳时技术存量水平 n 的厂商数量。为了易于表达，式（5-6）、式（5-7）以技术吸纳步数 t 作为下标变量，而此处以技术存量水平 n 作为下标变量，两者经济技术含义是一致的。

来多样化选择，技术应用范围和领域更宽，中间环节少，技术扩展路径稳定，技术利用效率得到大幅度提高，减少技术耗散，使厂商获得正向冲击。吸纳前沿技术由于其辐射能力强、增值效应明显而引起行业技术存量水平 N(t) 快速提升。在 $\left|\frac{s_{t+1}}{s_t}\right| \geq 1$，$\sum_{t=1}^{\infty} s_t^2 \geq m_{n+1} - m_n$ 条件下，步进式吸纳技术难以大幅度提升技术存量水平，技术存量增长率耗散随着技术存量水平 n 的厂商增加而扩大，对技术存量增长率产生扩散效应，行业间技术外溢也会引起技术在吸纳时增加消耗，技术存量水平下降。

第二节 数据、模型和研究方法

一、数据来源和模型设定

本章重点研究 31 个省、自治区和直辖市的专用设备制造业、通信和计算机制造业、交通运输装备制造业、化学工业和轻纺工业 5 个加工制造行业和重点高技术厂商，选取 2007~2012 年技术存量增长率、R&D 经费支出、R&D 人员全时当量和 R&D 投入项目数等相关指标进行计量分析。数据主要取自中经网、专业统计资料汇编、《中国统计年鉴》、《中国科技统计年鉴》以及研究报告数据。实证分析对各项指标进行对数化处理，消除可能存在的异方差，全部变量二阶差分单位根检验证明，在 1%的显著性水平上都是平稳的。协整关系检验结果表明，在含截距项、不含时间趋势项条件下存在协整关系，回归结果具有经济学含义。综合 F 检验和 Hausman 检验结果，实证分析确定个体固定效应模型，使用 STATA12.0 计量软件。

二、技术存量水平的面板分析

根据所选取的技术创新活动指标内在经济联系，R&D 投入项目数作为因变量表示现期技术存量水平，建立如下面板回归模型，反映与 R&D 经费支出、R&D 人员全时当量之间的内在经济联系：

$$Scale_{it} = \beta_0 + \beta_1 Exp_{it} + \beta_2 Hum_{it} + \beta_3 Hum_{it-1} + \beta_4 Hum_{it-2} + \mu_{it} \quad (5-14)$$

其中，i = 1，2，…，31；t = 2007，2008，…，2012。$Scale_{it}$ 是指以 R&D 发展项目数代表现期技术存量水平，Exp_{it} 代表 R&D 经费支出，Hum_{it}、Hum_{it-1} 和 Hum_{it-2} 分别代表现期、滞后一期和滞后二期 R&D 人员全时当量；β_0 代表初始技术存量水平，β_1 为技术存量水平关于 R&D 经费支出的回归系数，β_2、β_3 和 β_4 分别为技术存量水平关于现期、滞后一期和滞后二期 R&D 人员全时当量的回归系数；μ_{it} 为随机扰动项且独立同分布，i 代表不同的省、自治区和直辖市，t 代表年份。

R&D 人员全时当量是厂商步进式技术吸纳、推进技术创新活动的主要动力，其增加或减少直接引起技术存量水平发生变化。实证研究运用 OLS 方法对上述模型进行计量分析，表 5-1 的结果表明，专用机械制造业、通信和计算机制造业、交通运输装备制造业、化学工业以及轻纺工业 5 个行业现期 R&D 人员全时当量每增加 1 个单位，将会引起相应行业技术存量水平分别提升 0.6914 个、0.8891 个、0.9346 个、0.8854 个和 0.9263 个单位，而滞后一期 R&D 人员全时当量只能使技术存量水平分别提升 0.5610 个、0.5034 个、0.7830 个、0.8488 个和 0.6015 个单位，相关关系在 1%的显著性水平上均是显著的，变量之间存在较强相关性。滞后二期 R&D 人员全时当量与技术存量水平相关系数仅为 0.1417、0.2932、0.2602、0.2286 和 0.1025，只有通信和计算机制造业相关关系在 10%的显著性水平上是显著的，其他 4 个行业变量之间的相关关系不显著。5 个行业统计特征值 F 分别为 104.99、115.21、110.27、113.92 和 139.05，R^2 值分别为 0.6526、0.7180、0.7090、0.7157 和 0.7545，说明回归结果具有较高可靠性，相关关系能够有效解释技术活动之间的内在经济联系。5 个行业步进式技术吸纳使技术存量水平持续变化符合 Markov 动态特征，即持续增加 R&D 人员全时当量，开展步进式技术吸纳，行业技术存量水平与现期、滞后一期 R&D 人员全时当量投入呈现高度正相关关系，而与滞后二期投入无显著相关关系。结果与假设 1 是一致的。

步进式技术吸纳只能在现期技术存量水平的基础上，通过技术逐步积淀实现关键技术重大突破。这一持续过程使技术创新具有累加性和无后效性，前一步技术在吸纳新一代技术后逐渐积累下来。厂商技术由成长期逐步发展到成熟期，进而进入到衰退期，最后为新技术所替代，原有技术将失去功效，导致技术存量水平下降。新技术成功代替了前一步技术后得到广泛应用，技术附加值更高，引起技术存量水平上升。

表 5-1　R&D 研究经费及人员全时投入当量与技术存量水平实证结果分析

	专用机械制造业	通信和计算机制造业	交通运输装备制造业	化学工业	轻纺工业
Exp_{it}	0.4297*** (0.0688)	0.2272*** (0.0758)	0.3251*** (0.0719)	0.3257*** (0.0736)	0.2713*** (0.0713)
Hum_{it}	0.6914*** (0.1941)	0.8891*** (0.0759)	0.9346*** (0.0653)	0.8854*** (0.0746)	0.9263*** (0.6803)
Hum_{it-1}	0.5610*** (0.1081)	0.5034*** (0.0738)	0.7830*** (0.0683)	0.8488 (0.0745)	0.6015*** (0.0671)
Hum_{it-2}	0.1417 (0.1531)	0.2932* (0.0767)	0.2602 (0.0720)	0.2286 (0.0695)	0.1025 (0.0353)
_cons	−1.9492*** −0.4731	−2.2966*** (0.4700)	−2.3404** (0.4718)	−2.2766*** (0.4517)	−2.6982*** (0.4174)
F（4，181）	104.99	115.21	110.27	113.92	139.05
P	0.0000	0.0000	0.0000	0.0000	0.0000
R^2	0.6526	0.7180	0.7090	0.7157	0.7545
Adj_R^2	0.6449	0.7118	0.7026	0.7094	0.7490
N	186	186	186	186	186

注：①***、**、* 分别表示 1%、5%、10%的显著性水平；②括号内数值为标准误差。

三、步进式技术吸纳冲击技术存量增长率的分析

运用门限回归方法分析步进式技术吸纳对技术存量增长率的冲击，揭示出这种效应在全行业和重点高技术厂商之间有着明显区别。实证分析包括门限效应、门限变量个数检验及模型构建与门限回归两个阶段。

1. 门限效应、门限变量个数检验及模型构建

门限效应、门限变量个数假设检验分两步进行。第一步，原假设为0个门限变量，即不存在门限效应，备择假设为1个门限变量。上述5个行业检验结果表明，统计特征值F均大于相应5%或1%显著性水平上的临界值，重点高技术厂商检验结果也与之相同（见表5-2）。因此，拒绝原假设，接受备择假设，5个行业和重点高技术厂商 Hum_{it} 变量存在门限效应。第二步，研究技术吸纳是否以多阶段、分步式进行的，还需要检验门限变量是否存在双门限效应。表5-2显示，交通运输装备制造业、化学工业和轻纺工业3个行业统计特征值F大于1%显著性水平上的临界值，专用机械制造业、通信和计算机制造业2个行业统计特征值F大于5%显著性水平上的临界值，因此拒绝原假设，接受备择假设。表5-2还显示，专用机械制造业和交通运输装备制造业2个行业重点高技术厂商统计特征值F大于1%显著性水平上的临界值，通信和计算机制造业、化学工业和轻纺工业3个行业重点高技术厂商统计特征值F大于5%显著性水平上的临界值，因此拒绝原假设，接受备择假设。

检验结果表明，5个行业及重点高技术厂商均存在双门限效应。变量 Hum_{it} 的两个门限值将步进式技术吸纳过程分为较低、中等、较高三个阶段和两个步骤，以此分析技术存量增长率的冲击效应，契合技术吸纳过程的步进式特征。

据此，构建模型进行门限变量回归分析：

$$Eff_{it} = \beta_0 + \beta_1 Exp_{it} + \beta_2 Hum_{it-1} + \beta_3 Hum_{it-2} + \beta_4 Hum_{it} \cdot I(Hum_{it-1} < \gamma_1) + \beta_5 Hum_{it} \cdot I(\gamma_1 \leqslant Hum_{it} < \gamma_2) + \beta_6 Hum_{it} \cdot I(Hum_{it} \geqslant \gamma_2) + \mu_{it} \quad (5-15)$$

表 5-2　全行业及行业重点高技术厂商门限变量个数检验结果

假设检验及检验值		门限变量个数：原假设 0，备择假设 1					门限变量个数：原假设 1，备择假设 2					检验结果
		统计特征值		临界值			统计特征值		临界值			
		F 值	P 值	10%	5%	1%	F 值	P 值	10%	5%	1%	
全行业检验结果	专用机械制造业	4.8458**	0.0733	3.3897	4.5296	6.3681	5.9156**	0.1800	2.9027	4.5680	8.1116	双门限
	通信和计算机制造业	7.6223***	0.0100	3.0764	4.1684	7.566	4.1895**	0.0633	2.4810	3.5455	4.9814	双门限
	交通运输装备制造业	5.3979**	0.0233	2.7946	4.1073	7.5255	7.8883***	0.0100	2.8463	3.8869	6.3340	双门限
	化学工业	5.1400**	0.1667	2.8926	4.3313	7.1977	8.7952***	0.0200	2.9549	4.1569	7.8079	双门限
	轻纺工业	5.6301**	0.0167	2.6309	3.9431	5.9141	7.8117***	0.0567	1.6708	3.8164	6.9153	双门限
重点高技术厂商检验结果	专用机械制造业	5.0772**	0.0433	3.2275	4.7095	7.4105	5.9861***	0.0100	2.3831	3.0447	5.695	双门限
	通信和计算机制造业	4.1874**	0.0300	2.8543	3.5227	5.6951	5.7083**	0.0567	3.2960	4.9677	6.8664	双门限
	交通运输装备制造业	7.2994***	0.0067	2.7465	4.1632	7.0743	5.4478***	0.0067	1.6448	4.4583	5.2293	双门限
	化学工业	4.8646**	0.0800	2.3644	3.5914	6.2576	7.3851**	0.0267	1.8778	3.2359	8.438	双门限
	轻纺工业	5.9358**	0.0933	2.8505	4.0146	7.4093	5.8754**	0.0167	3.2564	4.0907	7.0718	双门限

注：①***、**、* 分别表示回归系数 1%、5%、10%的显著性水平；②利用格点搜寻法使残差平方和最小的门限值；③统计特征 F 值是通过自举法（Bootstrap）计算获得，自举次数为 300 次。

式（5-15）中，i = 1，2，…，31；t = 2007，2008，…，2012。变量 Eff_{it} 代表技术存量增长率，μ_{it} 为随机扰动项且独立同分布，包含影响厂商技术存量增长率的其他因素。该模型确定现期 R&D 人员全时当量 Hum_{it} 为门限变量，γ_1、γ_2 为待估计门限值，且有 $\gamma_1 < \gamma_2$，通过 Hum_{it} 按照某种次序排列后以残差平方和最小化原则获得解。模型中 I(·) 为指示函数，当括号里的不等式成立时取 1，否则取 0，回归系数可能是不相同的。基本原理是，对于每一个观察值做组内均值差分处理，消除个体效应后，经估计可以得到使残差平方和最小化条件下的系数估计值 $\hat{\beta}(\hat{\gamma})$ 以及残差平方和估计值 $\hat{\varepsilon}(\hat{\gamma})$。比较无约束下的残差平方和 $\varepsilon(\hat{\gamma})$，构造似然统计比，对具体的门限值进行检验。

进一步计量分析，得出全行业和重点高技术厂商门限值及其 95%置信区间。表 5-3 的计量结果表明，各行业和重点高技术厂商门限值均位于 95%的置信区间内。除轻纺工业外，其余 4 个行业门限值均高于相应行业内重点高技术厂商门限值。这种情况说明，对于重点高技术厂商投入 R&D 人员全时当量而言，步进式技术吸纳要明显快于全行业。与全行业相比，技术创新环境、资源配置与利用方式在厂商之间存在较大差异，技术寿命周期日益缩短，门限变量所在区间即两步技术之间的差距，在厂商

表 5-3　全行业及重点高技术厂商门限变量及其置信区间

门限值及其置信区间	全行业门限变量				重点高技术厂商门限变量			
	双门限变量估计值		95%置信区间		双门限变量估计值		95%置信区间	
	γ_1	γ_2	下限	上限	γ_1	γ_2	下限	上限
专用机械制造业	7.3797	7.9470	7.1900	8.6952	5.4762	6.1066	5.3899	6.9252
通信和计算机制造业	7.7296	7.8688	7.7296	8.1623	7.3777	7.5866	6.5588	8.2216
交通运输装备制造业	7.6933	7.7889	7.1813	7.8869	5.7410	5.8297	5.6967	5.9410
化学工业	7.9809	8.0649	7.9473	8.9809	6.2610	6.4020	5.5823	7.3362
轻纺工业	6.9350	7.2664	5.9168	7.5250	8.6890	8.7909	8.1909	8.9438

层面上明显收窄，高新技术加速衰退和积淀，容易造成技术资源闲置浪费，技术存量增长率低于全行业水平。这与假设 2 是一致的。

2. 门限回归结果分析

行业和重点高技术厂商步进式技术吸纳的两个门限值将 R&D 人员全时当量划分为较低、中等和较高三个阶段。计量分析按照步进式技术吸纳过程三个阶段、两个步骤依次进行，以此研究步进式技术吸纳对技术存量增长率的冲击效应。实证分析采用面板门限回归模型，重点研究解释变量 Hum_{it} 对被解释变量 Eff_{it} 的计量结果，其余解释变量的估计系数波动较小，本书认为是合理稳健的。

由表 5-4 可得，5 个行业和重点高技术厂商在技术吸纳 3 个阶段中分别增加 1 单位 R&D 人员全时当量投入，步进式技术吸纳将会引起技术存量增长率发生相应的变动：专用机械制造业技术存量增长率分别提高 0.0486 个、0.1510 个和 0.0394 个单位，重点高技术厂商对应提高 0.0018 个、0.0146 个和-0.0138 个单位；通信和计算机制造业分别提高 0.2972 个、0.3585 个和 0.1088 个单位，重点高技术厂商对应提高 0.1009 个、0.1658 个和-0.3152 个单位；交通运输装备制造业分别提高 0.4369 个、0.2473 个和 0.8279 个单位，重点高技术厂商对应提高 0.3520 个、-0.0118 个和 0.4334 个单位；化学工业分别提高-0.0451 个、0.3975 个和-0.0018 个单位，重点高技术厂商对应提高-0.0713 个、0.1050 个和-0.0877 个单位；轻纺工业分别提高 0.0583 个、0.2234 个和 0.1554 个单位，重点高技术厂商对应提高-0.1181 个、0.1367 个和-0.1534 个单位。上述 5 个行业除了交通运输装备制造业及其重点高技术厂商步进式技术吸纳对技术存量增长率冲击是先降后升之外，其余 4 个行业的这种冲击都是先升后降，且行业正向冲击效果显著强于高技术厂商。

从厂商层面分析：第一步，技术吸纳活动随着 R&D 人员全时当量由较低投入水平提高到中等水平时，仅有交通运输装备制造业及其重点高技术厂商对技术存量增长率产生负向冲击，步进式技术吸纳使技术存量增长率下降，其余 4 个行业及其重点高技术厂商冲击为正向冲击，步进式技术

表 5-4 全行业及重点高技术厂商门限回归结果

	双门限变量回归结果	专用机械制造业	通信和计算机制造业	交通运输装备制造业	化学工业	轻纺工业
全行业回归结果	Hum < 7.3797	0.0486^{**} (0.1585)				
	7.3797 ≤ Hum < 7.7940	0.1510^{**} (0.1408)				
	Hum ≥ 7.7940	0.0394^{***} (0.1459)				
	Hum < 7.7296		0.2972^{*} (0.1820)			
	7.7296 ≤ Hum < 7.8683		0.3585^{***} (0.1748)			
	Hum ≥ 7.8688		0.1088^{**} (0.1480)			
	Hum < 7.6933			0.4369 (0.2054)		
	7.6933 ≤ Hum < 7.9789			0.2473^{**} (0.2176)		
	Hum ≥ 7.9789			0.8279^{*} (0.1953)		
	Hum < 7.9809				-0.0451^{***} (0.2470)	
重点高技术厂商回归结果	Hum < 5.4762	0.0018^{*} (0.1657)				
	5.4762 ≤ Hum < 6.1066	0.0146 (0.1401)				
	Hum ≥ 6.1066	-0.0138^{*} (0.1361)				
	Hum < 7.3777		0.1009^{*} (0.1378)			
	7.3777 ≤ Hum < 7.5866		0.1658^{**} (0.1435)			
	Hum ≥ 7.5866		-0.3152^{**} (0.1430)			
	Hum < 5.7410			0.3520^{*} (0.1689)		
	5.7410 ≤ Hum < 5.8297			-0.0118^{*} (0.2131)		
	Hum ≥ 5.8297			0.4334^{*} (0.1715)		
	Hum < 6.2610				-0.0713^{*} (0.1781)	

续表

	双门限变量回归结果	专用机械制造业	通信和计算机制造业	交通运输装备制造业	化学工业	轻纺工业		双门限变量回归结果	专用机械制造业	通信和计算机制造业	交通运输装备制造业	化学工业	轻纺工业
全行业回归结果	7.9809≤Hum<8.0649				0.3975* (0.2544)		重点高技术厂商回归结果	6.2610≤Hum<6.4020				0.1050* (0.1635)	
	Hum≥8.0649				-0.0018** (0.2321)			Hum≥6.4020				-0.0877** (0.1698)	
	Hum<6.9350					0.0583** (0.2126)		Hum<8.6890					-0.1181** (0.1647)
	6.9350≤Hum<7.2664					0.2234** (0.1964)		8.6890≤Hum<8.7909					0.1367* (0.1912)
	Hum≥7.2664					0.1554*** (0.2030)		Hum≥8.7909					-0.1534** (0.1687)

注：①***、**、*分别表示回归系数1%、5%、10%的显著性水平；②括号内数值为稳健标准误差（Robust S.E.）；③限于篇幅，上表只列出各行业和重点高技术厂商门限回归变量的回归结果，各项统计量显示回归是有效的，具有较高的可靠性和解释能力。

吸纳使技术存量增长率上升；第二步，厂商持续增加 R&D 人员全时当量，由中等水平提高到更高水平，只有交通运输装备制造业及其重点高技术厂商的技术存量增长率是上升的，其余 4 个行业及其重点高技术厂商却是下降的。两步技术吸纳过程对技术存量增长率的冲击，在大多数行业呈现倒 U 形曲线。

从全行业角度观察，步进式技术吸纳使技术逐渐扩散，初始技术阶段各厂商步进式技术吸纳使技术资源配置在三阶段中优势互补，技术创新资源得到充分利用，领先技术迅速得到推广运用，提高全行业技术存量增长率。行业内多步骤技术和各种创新要素在技术衍生过程中形成阶梯式技术成长体系，重点高技术厂商不断发现新技术。每一步新技术经过改进，都能够延长其生命周期。技术从当前一步更新为下一步新技术时，行业内全部厂商能够共享技术资源，优化技术组合，提高全行业技术存量增长率。假设 2 得到证明。

第三节　基于分位数回归的实证分析

一、分位数回归分析模型

双门限回归把技术吸纳过程分为三个阶段、两个步骤进行计量分析，为了克服这种方法可能带来的分析偏误，提高计量结果的精准性和有效性，需要把两步技术之间的差距细化、分割为更多步的高精尖技术，本章运用分位数回归方法研究步进式技术吸纳对技术存量增长率的冲击。

Koenker 和 Bassett 于 1978 年提出了分位数回归方法。与大多数 OLS 回归模型只关注被解释变量条件均值相比，分位数回归对条件分布的刻画更加细致，将不同分位点回归集中起来就能提供一个关于条件分布更为完整的变动特征描述。分位数回归对变量分布假设不需要过高要求，在扰动项非正态的情形下，分位数估计量可能比 OLS 估计量更为有效。这种回归方法假设加权误差绝对值之和最小，从而获得参数估计，使估计更加稳健。随后的实证部分运用这种回归方法分析解释变量 Hum_{it}、Hum_{it-1}、Hum_{it-2} 和被解释变量 Eff_{it} 分位数之间的线性关系，并构建如下固定效应的面板模型：

$$Eff_{it} = \beta_0 + \beta_1 Exp_{it} + \beta_2 Hum_{it} + \beta_3 Hum_{it-1} + \beta_4 Hum_{it-2} + \mu_{it} \tag{5-16}$$

其中，i = 1，2，…，31；t = 2007，2008，…，2012。分两个步骤进行分位数回归。第一步，消除因变量中的个体差异影响。这需要事先估计出个体固定效应，并将其从因变量中剔除。例如，个体固定效应为$\hat{\beta}_i$，那么计算 $Eff_{it}^* = Eff_{it} - \hat{\beta}_i$。第二步，用修正后的因变量 Eff_{it}^* 对 Exp_{it}、Hum_{it}、Hum_{it-1} 和 Hum_{it-2} 进行分位数回归，回归方程为

$$Eff_{it}^* = \beta_0 + \beta_1^* Exp_{it} + \beta_2^* Hum_{it} + \beta_3^* Hum_{it-1} + \beta_4^* Hum_{it-2} + \mu_{it} \tag{5-17}$$

其中，i = 1，2，…，31；t = 2007，2008，…，2012。

二、分位数回归结果分析

运用分位数回归方法对式（5-16）进行参数估计，细致刻画 5 个行业技术存量增长率各个分位点上的回归系数，精确表达步进式技术吸纳对技术存量增长率的冲击效应。表 5-5 中的回归系数表明，在 0.1~0.9 分位数回归中，专用机械制造业、通信和计算机设备制造业、化学工业和轻纺工业 4 个行业及其重点高技术厂商解释变量 Hum_{it} 对被解释变量 Eff_{it} 的回归系数呈先上升后下降的倒 U 形变动趋势，交通和运输设备制造业及其重点高技术厂商的回归系数呈先下降后上升的 U 形变动趋势。显著性检验结果表明，5 个行业技术存量增长率变化的显著性水平明显高于相应重点高技术厂商的。假设 2 得到更加精准验证。

局限于数据采集内容和范围，5 个行业技术吸纳集聚指数难以直接获得。本章引用邹鲜红、杨涛等学者的测算结果，专用机械制造业、通信和

计算机设备制造业、交通和运输装备制造业 3 个高新技术产业空间集聚 β 指数为 0.1192、0.1277、0.0201，年均增长速度分别为 37.32%、86.97%、9.79%（邹鲜红、杨涛，2009）；引用罗勇、曹丽莉等学者的成果，化学工业、纺织工业的产业地理集中指数为 0.0134、0.3237，年均增长速度分别为 27.78%、98.69%（罗勇、曹丽莉，2005）。本书运用上述数据推算出 5 个行业的相应阶段技术集聚指数平方和，分别为 0.1726、0.0409、0.0586、0.0294 和 0.0325。[①] 结合表 5-5 中的技术增量情况，推算出 5 个行业的技术集聚指数平方和小于技术存量上升阶段中多数项的技术增量，大部分技术集聚指数为负增长。在技术存量下降阶段，技术集聚指数平方和高于大多数技术增量，且技术集聚指数为正增长。因此，经过证明假设 3 是成立的。

表 5-5 全行业及重点高技术厂商 R&D 人员全时当量分位数回归系数

	分位点	0.1	0.2	0.3	0.4	0.5	0.6	0.7	0.8	0.9
全行业检验结果	专用机械制造业	0.0111*** (0.919)	0.0551*** (0.721)	0.2587** (0.205)	0.2596*** (0.184)	0.1613*** (0.339)	0.1156** (0.326)	0.1523*** (0.14)	0.1493** (0.152)	0.1560** (0.06)
	通信和计算机制造业	−0.0291* (0.904)	0.0175** (0.713)	0.0145* (0.76)	0.0073** (0.882)	−0.029*** (0.593)	−0.041** (0.383)	−0.037* (0.361)	0.0014*** (0.978)	0.0114** (0.819)
	交通运输装备制造业	−0.0190** (0.784)	0.0216*** (0.492)	0.0102** (0.081)	0.0270** (0.02)	−0.0547** (0.171)	−0.0459*** (0.347)	0.0240** (0.661)	0.0164** (0.676)	0.0229* (0.543)
	化学工业	−0.0340* (0.949)	−0.046*** (0.399)	0.0203*** (0.692)	−0.009* (0.796)	−0.031** (0.255)	−0.036** (0.195)	−0.023*** (0.483)	−0.027* (0.43)	−0.0394** (0.321)
	轻纺工业	−0.081** (0.006)	−0.043* (0.25)	−0.008** (0.838)	0.0025*** (0.95)	0.0368** (0.338)	0.0426** (0.306)	0.0222** (0.587)	−0.004*** (0.935)	0.0313*** (0.377)
重点高技术厂商检验结果	专用机械制造业	0.0293* (0.723)	0.0805* (0.289)	0.1503** (0.041)	0.1415* (0.034)	0.1313** (0.031)	0.1568 (0.004)	0.1262* (0.003)	0.1037* (0.006)	0.0632* (0.058)
	通信和计算机制造业	−0.094* (0.206)	−0.124*** (0.021)	−0.072* (0.303)	−0.0500* (0.56)	0.0192** (0.829)	−0.033* (0.628)	−0.0150* (0.777)	−0.0179** (0.791)	−0.0401* (0.281)
	交通运输装备制造业	0.0386* (0.448)	0.0256** (0.641)	−0.042* (0.949)	−0.044*** (0.99)	−0.045*** (0.386)	−0.0670* (0.168)	−0.099*** (0.028)	−0.095* (0.006)	−0.071* (0.084)

① 罗勇、曹丽莉等测算的是产业地理集中指数，笔者据此计算化学工业、轻纺工业的技术集聚指数平方和时，对两个产业地理集中指数进行了一定比例折扣。

续表

分位点		0.1	0.2	0.3	0.4	0.5	0.6	0.7	0.8	0.9
重点高技术厂商检验结果	化学工业	0.0267 (0.695)	0.0586* (0.39)	0.0068 (0.895)	-0.0190* (0.649)	-0.0170* (0.588)	-0.0130 (0.714)	-0.0100* (0.851)	-0.0070* (0.856)	-0.0450* (0.463)
	轻纺工业	-0.005* (0.825)	-0.005 (0.854)	-0.013** (0.712)	-0.027* (0.501)	-0.034*** (0.339)	-0.024** (0.399)	-0.014* (0.648)	-0.014** (0.68)	-0.006 (0.829)

注：①***、**、* 分别表示 1%、5%、10%的显著性水平；②括号内数值为稳健标准误差（Robust S. E.）；③因限于篇幅，上表只列出各行业和重点高技术厂商解释变量 Hum_{it} 对被解释变量 Eff_{it} 的分位数回归结果。

本章要点：厂商步进式技术吸纳能够引起厂商技术存量水平发生规律性变化，技术积累与技术吸纳之间交替进行，技术存量水平变动具有无后效性特征，即当前技术存量水平仅与前一步技术吸纳活动有关，而与更早期技术吸纳效应无关。步进式技术吸纳使全行业技术存量增长明显高于单个厂商，这是因为行业内各厂商初始技术水平和技术吸纳强度不同，对技术存量水平产生差异化作用，厂商之间技术吸纳具有互补性。每一步技术吸纳引起行业技术存量变化大于技术积聚效应平方和，技术存量水平逐步上升；否则，技术存量水平将会下降。

第六章 基于贝叶斯网络的关联性技术进步理性预测与路径优化

第一节 研究假设与重点内容、思路

一、技术进步关联性假设

技术进步不是独立封闭实现的，没有既定的必然趋势，两次技术进步边界也不是完全清晰的，随机变动特征比较明显。本章利用贝叶斯网络模型等概率分析工具，依据相邻两个阶段技术进步之间的技术经济联系，研究各阶段技术进步节点的可能性变化，分析当前阶段与下阶段技术进步密切相关的信息，挖掘两者内在关联程度，推理预测下阶段技术进步概率，实现技术进步路径选择最优化。

本章以技术进步关联性为研究起点，调整修正前验概率，预测下阶段技术进步趋势和方向。假设技术进步是连续的，构建技术进步可能性空间，使缺省的信息空间逐步完整。分析其是否满足集合动态分配律，寻找前后两阶段技术进步可能性最大交集，根据两者公共覆盖面推算其关联程度，获得技术进步预测准确信息。运用集合动态分配律进行推理判断，技术进步由不完全理性预测逐步形成比较理性预测，直到完全理性预测，深化对其内在特征和变动趋势的认识。距离不同的技术进步路径只有在其结构和方向呈现一维线性变化时才具有可比性，借助技术进步关联性程度计算其期望收益，理性预测技术进步具有可操作性。优化技术进步路径是根据其理性预测结果实现的。本章研究成果可以引导创新主体有重点地开展技术攻关，选择正确的技术进步方向。

技术进步在阶段性升级过程中是不确定的，具有随机变动特征。技术进步过程包含着大量内生性因素，如技术方向选择、实验设计与功能识别、技术改造与吸纳、流程优化等，形成异变多样的技术进步结果。厂商以最大化收益为目标，有意识地预测技术进步概率，优化选择其实现路径，对技术进步可能结果的预测是理性的，而不是随机选择的。然而，这种预测需要充分信息为支撑，需要从理论层面回答这些问题。厂商运用上阶段和当前阶段技术进步有限信息，能否理性预测下阶段技术进步概率，预测结果是否具有技术经济含义，依据前阶段技术进步信息，如何运用贝叶斯网络模型理性预测技术进步，优化其路径选择，研究这些问题可以更加有效地引导厂商优化选择，获得最佳技术进步路径。

每次技术进步总是与前后两阶段技术进步有着一定程度的内在关联，据此构建阶段性技术进步概率空间，分析集合之间关系，理性预测下阶段技术进步概率。厂商有意识地选择不确定的技术进步，其实现概率是可以预测的。这是因为前阶段技术进步为后阶段提供基础信息，在后阶段技术进步完成时，也可运用贝叶斯网络模型诊断推理前阶段技术信息。本章的创新点是运用贝叶斯网络模型分析技术进步概率集合以及各阶段之间的集合关系，依据两阶段技术进步之间关联程度，选取预测分析指标，开展因果推理和诊断推理，逐步提高技术进步预测的精细化水平。研究的学术贡献在于，构建阶段性技术进步预测模型，以贝叶斯网络为分析工具，调整修正各阶段技术进步前验概率，获得相应的后验概率，并随着技术进步概率集合大小而提高预测精准性。预测结果对优化技术进步路径选择具有引导性作用，可以化解不确定性因素，把技术进步风险控制在一个合理范围内。相关成果在技术研发领域具有较大的应用前景，可以探索技术进步路径形成与选择，引导厂商更加理性地选择最优技术进步路径。

本章研究方法上具有一定新颖性，充分体现了技术进步特征及其概率分布情况，合理确定技术进步节点，挖掘国内专利文献引证统计数据，为各技术进步节点进行赋值，进而运用贝叶斯网络模型预测技术进步概率，优化技术进步路径选择。

二、研究的重点内容与思路

本章研究的重点内容有三个方面。

（1）分析相邻两次技术进步关联性，构建技术进步可能性空间，运用贝叶斯网络模型，预测技术进步实现概率。忽略技术进步中要素配置比例、人力资本和研发经费投入以及知识产权保护等外生变量。相邻两次技术进步关联性是预测基础，技术进步阶段是预测的基本单元。技术进步理性预测成果，能够化解不确定性因素和风险抑制对创新主体技术进步的阻碍作用，把技术进步风险控制在一个合理范围内。运用贝叶斯网络模型预测技术进步，契合技术创新活动过程。但是，如何获得两次技术进步关联性的详细信息，提高预测精细化水平，还需要做深入研究。

（2）每次技术进步概率依其大小排序，符合集合动态分配律。两次技术进步可能性集合交集越大，关联程度越高，技术向着更高阶段升级概率就越大，技术进步得到持续深化；否则，每次技术进步相互独立，技术进步预测将会终止。

（3）技术进步预测结果引导创新主体优化其路径选择，技术距离不同的技术进步路径存在差异化结构与方向。较小距离技术进步能够获得比较准确的预测结果，技术进步预测更加符合完全理性，优化技术进步路径选择。

研究遵循以下思路。

（1）构建理论分析模型，论证预测可行性。构建贝叶斯网络模型预测技术进步，揭示相邻两次技术进步内在关联性，依据其变化特征，从技术进步关联性、完全信息和理性预测这三个方面论证其可行性。在科学方法基础上，其预测结果具有较高的可靠性，优化技术进步路径选择，为预测技术进步特征和趋势提供理论分析工具。

（2）细化技术进步路径，增强预测可操作性。连续多次技术进步构成具有一定结构和方向的路径。每个阶段技术进步包含大量内生因素，如技术特征选择、设计实验与功能识别、技术改造与吸纳、设备配套、流程组织、要素匹配等。每次技术升级具有关联性，不是相互独立的。技术进步可能性集合不同，预测获得的后验概率也不同，对优化其路径选择具有引导性作用。不确定性技术进步是可以理性预测的，依据其可能性大小排序，相邻两次技术进步可能性空间符合集合动态分配律，由其最大覆盖面推导出关联性程度，运用贝叶斯网络模型预测技术进步，计算其前验概率和后验概率，选择最优技术进步路径。

（3）开展实证研究，验证相关结论。数据来自《专利文献引证统计分析报告》，基于报告中 2008~2013 年全国发明专利的引文数据，阶段性技术进步分别以发明专利公开量、技术强度、发明专利被引次数、高被引专利件数、发明专利 h 指数、非专利文献引文量、发明专利引文数量等指标表示。测算不同阶段技术进步可能性大小，预测全国重点高技术产业技术进步趋势和方向；对比分析前验概率与后验概率差异及其原因，从而为持续技术进步提供精准预测。

第二节　贝叶斯网络模型在技术进步预测中的应用

一、基于贝叶斯网络模型的关联性技术进步理性预测

在技术进步概率空间 $N=\{x_0, x_1, \cdots, x_{n-1}, x_n, x_{n+1}, \cdots\}$ 和子集 S =

$\{\cdots, x_{n-1}, x_n, x_{n+1}, \cdots\}$ 中，重复随机抽样构成无穷多个样本 S^0，…，S^k，而 B^0，…，B^k 表示 N 中相应 0，…，k 阶段技术进步概率子集，$p^k(x_S)$、$p^k(x_B)$ 表示相应子集中 k 阶段技术进步概率。较高阶段技术进步是在前阶段技术积累基础上逐步实现的，两阶段技术进步具有一定关联程度。在技术进步概率子集 S 中，技术进步由 k-1 阶段升级到 k 阶段的预测过程如下。

步骤 1： 设定技术进步概率子集及技术经济含义。第 k 阶段技术进步是以第 k-1 阶段技术进步子集及其概率（B^{k-1}，p^{k-1}）为基础的。这里，第 k-1 阶段技术进步概率子集 B^{k-1} 包括在技术进步概率空间 N 中，即 $B^{k-1} \subset N$。相应地，第 k-1 阶段技术进步概率 $p^{k-1} \in B^{k-1}$，即 k-1 阶段技术进步概率 p^{k-1} 位于子集 B^{k-1} 中。两阶段技术进步概率子集 S、B 均包含在技术进步概率空间 N 中，有且仅有三种关系，即相互独立、相切和相交。本章研究两阶段技术进步关联程度是建立在两子集相交的基础上。前阶段技术进步中有部分知识技能应用转移到下阶段技术进步中，还有部分知识技能需要识别、改进、吸纳等，转化为自身的技术能力。后阶段技术进步来源于前阶段技术进步溢出，归集“边干边学”效应，形成富有效率的技术进步路径。

步骤 2： 构建前后两阶段技术进步概率子集运算关系。第 k 阶段、k-1 阶段技术进步概率集合 S 和集合 B 均为技术进步概率空间 N 的子集，具有以下关系：

$$S^k \in \arg \max_{s \in s-\{B^0,\cdots,S^{k-1}\}} |S \cap B^{k-1}| \tag{6-1}$$

由摩尔定律推理可得：

$$B^k = S^k \cup B^{k-1} \tag{6-2}$$

式（6-2）表明，第 k 阶段技术进步概率集合 S 与第 k-1 阶段概率集合 B 的并集，等于第 k 阶段技术进步概率集合 B。k 阶段技术进步概率集合 B^k 中，每次技术进步概率均位于 k-1 阶段集合 B^{k-1} 和 k 阶段概率集合的 S^k 并集内。由集合运算律可知，第 k-1 阶段、k 阶段技术进步发生在集合 B 与 S 之间公共覆盖面，两者交集越大，两阶段技术进步关联程度越高。

步骤 3：分析两阶段技术进步概率预测的推导模型。由概率乘法和条件概率法则可得，第 k 阶段技术进步 x_{B^k} 的两个概率分布为

$$p_1^k(x_{B^k}) = p^k(x_{B^{k-1}})\,p(x_{S^k} | x_{S^k \cap B^{k-1}}) \tag{6-3}$$

$$p_2^k(x_{B^k}) = p(x_{S^k})\,p^{k-1}(x_{B^{k-1}} | x_{S^k \cap B^{k-1}}) \tag{6-4}$$

由式（6-3）、式（6-4）可知，第 k 阶段技术进步概率集合 S 与第 k-1 阶段技术进步概率集合 B 存在公共交集。在 k-1 阶段技术进步完成前，厂商预测 k 阶段技术进步概率时，先由已知技术进步概率集合 B^0，S^1，…，S^k 推断技术进步 $x_{B^{k-1}}$ 概率①。依据 $S^k \cap B^{k-1}$ 交集计算两阶段技术进步关联程度，预测以 $x_{S^k \cap B^{k-1}}$ 为条件的 x_{S^k} 和 $x_{B^{k-1}}$ 技术进步概率，分别与 B 集合中 k-1 阶段技术进步升级到 k 阶段概率 $p^k(x_{B^{k-1}})$ 相乘获得概率 $p_1^k(x_{B^k})$，与 S 集合中技术进步升级到 k 阶段概率 $p(x_{S^k})$ 相乘获得概率 $p_2^k(x_{B^k})$。由步骤 2 形成的“最大公共覆盖面”，表示两次技术进步之间最大程度关联性，由贝叶斯原理可知，两阶段技术进步概率相等，即 $p^k \equiv p_1^k \equiv p_2^k$，在此基础上理性预测下一阶段技术进步。

步骤 4：完善技术进步概率预测的条件。如果技术进步到 $k = n - 1$ 阶段，那么技术进步将终止，p^{k-1} 达到子集 B^{k-1} 中预测技术进步的最高阶段；在 $k < n - 1$ 时，技术进步达到 k+1 阶段后，又循环回到步骤 1。运用贝叶斯网络模型，综合因果分析与逆向推理两种分析方法，将这一预测过程不断地重复下去，直至找到技术进步不确定性的根源。于是，归纳得出以下研究假设。

假设 1：如果两阶段技术进步具有相关性，可以借助贝叶斯网络模型预测技术进步概率。阶段性技术进步关联程度是推理测算技术进步概率的主要依据，从而准确预测技术进步趋势和方向，使技术进步概率空间逐渐完备。技术进步预测是一个由不完全理性预测逐步实现比较理性，直至完

① 这组技术进步概率集合 B^0，S^1，…，S^k 由两部分组成，B^0 是技术进步处于初始阶段，即尚未实现技术进步的状态下概率集合，S^1，…，S^k 是在 1，…，k 阶段上重复随机抽样构成无穷多个样本的概率集合，包含技术进步各个阶段的概率分布情况。

全理性预测的过程。

二、运用集合动态分配律分析技术进步关联程度

技术进步概率子集 S 中各元素依其大小排序，其他任意一个子集和它前面集合的交集不可能包含在其后集合中，只会包含在其之前的集合中，即符合集合动态分配律。技术进步概率空间 $N=\{x_0, x_1, \cdots, x_{n-1}, x_n, x_{n+1}, \cdots\}$ 中 n 个子集 $S_1, \cdots, S_n$ 序列满足集合动态分配律，那么对于 $k=2, \cdots, n$，当 $j<k$ 时有：

$$S_k \cap (\cup_{i<k} S_i) \subseteq S_j \tag{6-5}$$

这个特征表明，第 k 阶段技术进步概率子集 S_k 分别与之前各阶段子集相交时，一定有公共交集，而且仅仅包含在第 k 阶段之前的技术进步概率集合中，与第 k 阶段之后的技术进步概率集合相互独立。两阶段技术进步具有关联性，而且每次技术进步只能与之前实现的技术进步有内在关联性。

技术进步概率子集 S 满足集合动态分配律，厂商在既定技术进步空间内深化技术创新，不间断地进行研发试验。利用技术进步集合动态分配律，可以量化分析不同阶段技术进步概率交集，据此测算技术进步之间动态相关关系，运用贝叶斯网络模型预测技术进步概率，直到全部未知变量预测完成为止。

这个特征还可以使技术进步预测跨越多个阶段，子集 S 中相邻两阶段技术进步相关关系是信息完全的。技术进步满足 RIP 充分必要条件是，每次技术进步概率在子集 S 中是依大小排序。技术进步在子集 S 中达到 n 阶段后，在第 n+1 阶段将跨越子集 S 的范围，仍然包括在技术进步概率空间 N 中，技术进步将向着更高阶段持续深化。此时，技术进步逐渐升级，没有出现技术积累等逆方向变化。相反地，如果技术进步子集 S 违反 RIP，两阶段技术进步之间没有交集，相互独立，技术进步预测过程将会终止。由此可以概括得出以下研究假设。

假设 2：两阶段技术进步之间概率集合交集越大，两者关联程度越

高，技术向着更高阶段升级的概率就越大，技术进步预测更加准确。如果两阶段技术进步相互严格独立，技术进步预测将会终止。

三、关联性技术进步路径的优化选择

技术进步概率空间 $N=\{x_0, x_1, \cdots, x_{n-1}, x_n, x_{n+1}, \cdots\}$ 及其子集 $S=\{\cdots, x_{n-1}, x_n, x_{n+1}, \cdots\}$，技术进步 i 后验概率分别为 $p_N(x_i|N)$、$p_S(x_i|S)$，由于技术进步距离不同，两者是不相等的。当技术进步距离越小时，其预测更加精细化，结果越准确；当距离逐渐扩大时，预测结果可能存在较大偏差。同一次技术进步预测结果随着技术进步距离变化而变化，存在明显差异。假设其技术进步收益函数分别为 $r(x_i, N)$、$r(x_i, S)$，构成以下技术进步路径期望收益不等式组。

$$\begin{cases}\sum\limits_{S} p_S(x_i|S)\, r(x_{i+1}, S) > \sum\limits_{S} p_S(x_i|S)\, r(x_i, S) \\ \sum\limits_{N} p_N(x_i|N)\, r(x_i, N) > \sum\limits_{N} p_N(x_i|N)\, r(x_{i+1}, N)\end{cases} \tag{6-6}$$

这意味着，式（6-6）中：

$$\sum_{S} p_S(x_i|S)\, r(x_{i+1}, S) > \sum_{S} p_S(x_i|S)\, r(x_i, S) \tag{6-7}$$

该式表示的技术进步路径达到最优状态。由式（6-7）可知，路径 S 中概率为 x_{i+1} 的技术进步收益优于 x_i，而 N 中技术进步路径较长，技术进步与积累并存，概率为 x_i 的技术进步收益优于 x_{i+1}，期望收益难以随着技术进步路径延长而增加。由此，归纳形成以下研究假设。

假设 3： 两个距离不等的技术进步路径，具有不同的技术进步结构和方向。技术进步预测结果差异性是厂商实现技术进步路径优化选择的必要条件。较短距离技术进步路径预测结果更加准确，契合技术进步变化趋势。

第三节 基于技术进步预测的贝叶斯网络模型构建

实证分析运用贝叶斯网络模型预测技术进步实现概率，绘制有向无环图（DAG），构建技术进步概率变动的拓扑结构，由节点、路径和赋值等要素构成，反映技术进步阶段性变化特征。依据两阶段技术进步关联性，利用分阶段技术进步概率集合信息开展预测与路径优化选择，并进行因素影响分析。预测过程概括为四步：识别节点、确定网络结构、节点赋值和技术进步理性预测。

一、技术进步节点识别

首先，分析技术进步需求触发、技术进步概率集合、阶段性关联程度以及技术进步理性预测等主要节点，准确识别其中不确定因素及其影响程度。技术进步预测流程，本章参照杨琦峰、宋平（2016）研究方法和思路，依据技术进步先后顺序确定四个节点，即技术需求触发、技术进步概率集合、阶段性关联程度和技术进步理性预测，从技术创新活动、支持因素、不确定因素及其原因等多角度描述其技术经济含义。详细信息分析如表 6-1 所示。

表 6-1 阶段性技术进步节点的技术经济含义及不确定因素识别

	技术需求触发	技术进步可能性集合	阶段性关联程度	技术进步理性预测
技术创新活动	确定技术进步起点和初始路径，生产设备专用性，技术要素投入方向，发明专利公开和被引情况，技术进步可能性空间缺省	技术进步数量和质量信息，技术偏向性选择及概率，技术性能形成及评判，样品试制，新产品批量生产	两阶段技术进步因果判断与诊断推理，技术融合，技术扩散程度与范围，技术进步空间以及可能性交集	量化技术距离，知识内部化，实验设计，技术参数设置，有意识地选择技术进步，新产品复杂程度

续表

	技术需求触发	技术进步可能性集合	阶段性关联程度	技术进步理性预测
支持因素	优化要素配置，提高研发水平，搭建共性技术平台，知识形态创新系统，前阶段技术进步信息	知识技能积累，跨阶段技术进步，实验设计，新技术功能，要素替代弹性，非专利文献引用	技术进步连续性和集成化水平，技术创新深化，前后阶段技术进步依赖程度高，专利成果被引数量及次数	技术优势，现有技术创新条件，技术跨越可能性程度
不确定因素	目标不清晰，实验设计不合理，要素配置错位，技术特征难掌握	知识技能不稳定，技术升级滞后，知识势差释放缓慢，新技术功效不能发挥，技术进步概率难测度	技术进步脱节，阶段性分离，技术滞后与突变，技术难嵌入	技术距离不能精确测度，路径差异，生产组织柔性化和开放性，判断偏误
技术进步不确定原因	技术进步随机变动，缺少创新规划，资本设备利用不充分，信息不完全，自动化程度低	干中学不可持续，技术进步边界随机变化，无技术经济联系，实验成功概率波动大，样品试制难	可能性集合相互独立，技术难融合，创新协同性差	研发方向偏误，技术进步分散，没有形成既定路径，不系统、不完整

技术进步理性预测主要影响因素是相邻两阶段技术脱节和关联程度，技术脱节还受到实验设计、协同和嵌入式技术进步、技术性能形成三个方面的作用。判断技术进步阶段性关联，主要依据前阶段技术进步信息。每阶段技术进步完成后，技术转化过程最容易引发预测误差，技术进步预测结果用于引导技术进步路径选择。

二、网络结构确定

技术进步按照其实现形态，可以分为初始形成、逐步升级、成熟技术、前沿技术和尖端技术等阶段，相应的专利成果形式有发明专利公开量、非专利文献引文量、发明专利高被引次数及 h 指数、技术强度等。各阶段技术进步存在“技术脱节”和“阶段性关联”两种情形，均与“理性预测”节点连接着一条有向弧。阶段性关联是由技术进步势差引起的，知识与技术从高阶段到低阶段传递的过程中，知识转移动态特征明显。技术脱节是两阶段技术进步没有内在联系，相互独立，知识流动停滞。技术脱节受到实验设计、协同和嵌入式技术进步、技术性能形成三个因素影响。

实验设计反映发明成果与应用技术之间的知识技能差距，后阶段技术进步目标就是知识形态成果转化为应用技能，提高技术扩散程度，增强技术适应性。协同和嵌入式技术进步，势能较大的知识技能由高被引专利成果渗透、转化到生产制造环节，成为应用型技术进步再创新的基础和参考，改善对关键核心技术的吸收利用方式，促进前阶段技术催生临界技术或应用技术。所以从“实验设计”“协同和嵌入式技术进步”和“技术性能形成”三个节点到“技术脱节”节点各有一条有向弧。“阶段性关联”是扩大技术进步预测信息量的主要渠道，获得更多信息，依据现有两阶段技术进步概率集合之间内在联系，分析、判断当前阶段与后阶段技术进步之间的技术经济联系。因此，从“技术性能形成”节点到“阶段性关联”节点有一条有向弧。充分掌握两阶段技术进步关联信息以及需要满足的多方面条件，主要是通过推理和判断，获得技术进步更多信息。从“前阶段技术进步信息”节点到“技术性能形成”节点有一条有向弧。前阶段技术进步信息包含技术扩散、迁移、知识流动方向和技术强度等信息，是隐性知识流动的显性镜像，包括技术知识测度、引证方向与强度、被引证关系等。技术进步影响范围越大，新技术适应性越强。

三、技术进步节点在网络图中赋值

1. 数据来源及说明

本章实证分析数据来自《专利文献引证统计分析报告》[1]，基于报告中2008~2013年全国发明专利的引文数据，阶段性技术进步分别以发明专利

---

[1] 该报告是由国家知识产权局规划发展司、中国专利技术开发公司于2014年12月共同完成的，网址是http：//www.sipo.gov.cn/tjxx/index.htm。课题负责人为徐健、武伟，数据库建设人员为戴晓宇、李建宏。

公开量、技术强度、发明专利被引次数、高被引专利件数、发明专利 h 指数、非专利文献引文量、发明专利引文数量等指标表示。从专利被引角度研究后阶段技术在前阶段基础上实现的渐进式技术升级状况，在承前启后的技术进步链条中为分析技术进步关联程度和优化路径选择提供更加客观的视角。数据刻画关键核心技术如何实现阶段性技术进步和技术扩散，从而分析不同阶段技术进步关联程度，反映知识形态技术从高位势到低位势的扩散、应用情况。

2. 数据处理及技术进步节点赋值

数据处理首先根据已经获得的数据，计算当前阶段已知的先验概率，是前阶段技术进步相应参数为基础的条件概率，为已知变量。需要预测的未知变量是以当前阶段技术进步为条件的下阶段技术进步后验概率。数据处理运用贝叶斯计算方法，即后验概率 = 先验概率 × 调整因子，充分利用之前技术进步各节点所包含的内在信息预测其变动概率。贝叶斯网络模型能够根据已知信息进行因果推理和诊断推理，预测后验概率信息。这种预测方法能够有效地处理数据不足问题，减少单纯依靠先验概率进行判断产生的主观干扰因素。数据处理结果为各阶段技术进步节点进行赋值，在程序中计算获得预测结果（见表 6-2）。指标选择与解释如下。

表 6-2　技术进步理性预测节点及相应状态先验概率计算

技术进步节点	主要评价指标	2008 年	2009 年	2010 年	2011 年	2012 年	2013 年	累计	先验概率（描述状态）
前阶段技术进步信息	技术强度	142930	171787	221206	259216	413052	517622	1725825	0.7244（高）
技术性能形成	发明专利被引次数（次）	331113	314744	304766	231351	162279	47664	1391917	0.5843（好）
协同和嵌入式技术进步	发明专利 h 指数	502	462	413	360	283	196	2216	0.2478（高）

续表

技术进步节点	主要评价指标	2008年	2009年	2010年	2011年	2012年	2013年	累计	先验概率（描述状态）
实验设计	发明专利的非专利文献引文量（篇）	36990	39786	49393	54149	55499	69664	305481	0.1282（优）
技术脱节	技术扩散指数	820100	2420195	1377615	345752	272103	272654	5458417	0.8489（否）
阶段性关联	发明专利即时影响指数	0.7244	0.8335	0.8823	0.9194	0.9339	0.9994	1.1626	0.8387（高）

注：①前阶段技术进步信息、技术性能形成、实验设计3个节点赋值均以2008~2013年专利公开量为条件，运用技术强度、专利被引次数、非专利文献被引数量的先验概率表示；②协同和嵌入式技术进步节点赋值是以高被引次数为条件的专利h指数先验概率；③技术脱节可能性赋值是由技术扩散指数表示，根据2008~2013年专利被引数量在各技术领域的比重，计算各领域专利被引数量份额的平方值，汇总后与1的差即为技术扩散指数；④2008~2013年发明专利各领域引文数量，因限于篇幅只列出相应年份汇总引文数量，相应的技术扩散指数根据各年份汇总数据计算获得；⑤技术进步阶段性关联，以专利即时影响指数来表示，用即时影响指数大于1的省市区所占份额来表示。

（1）前阶段技术进步信息。在《专利文献引证统计分析报告》中，以2008~2013年技术强度指数在发明专利公开量所占份额表示，是由前阶段技术进步中公开发明专利，阶段性升级为一定技术强度的技术成果，从而获得先验概率。反映前阶段技术进步信息状态为“高”的概率为72.44%。技术强度指标综合概括两阶段技术进步数量信息和质量信息，体现技术进步组合规模和创新成果的实际价值。包含的信息综合反映知识流动方向和频率、公开专利被引情况、技术成果转移等内容，反映技术进步中信息量及其引导作用。专利成果阶段性流向包括实用技术、成熟技术、前沿技术和尖端技术，反映专利引证方向、密度等质量信息，也包含专利被引次数等数量信息。

（2）技术性能形成。其先验概率是专利被引数量在发明专利公开量中的比重，状态为“好”的概率为58.43%。发明专利公开量是前阶段知识形态技术，经过阶段性技术进步，升级为性能成熟稳定的后阶段技术创新成果。随着专利引证数量增加，技术影响力大幅度提升。

（3）协同和嵌入式技术进步。前阶段技术进步为高被引专利件数，而后阶段技术成果为相应的专利 h 指数，是以基础专利、核心专利为代表的高技术。报告对 2008~2013 年各省、自治区、直辖市专利 h 指数分类加总，计算在高被引专利件数中所占份额，相应的先验概率为 24.78%。

（4）实验设计。指尚未实现的专利，处于后阶段技术进步中的实验设计是以非专利文献引用量表示，各省、自治区、直辖市 2008~2013 年发明专利公开量代表前阶段知识形态技术，状态为“优”的先验概率为 12.82%。该指标越大，表示实验设计越富有成效，越有利于深化研发活动；反之，两者相互分离。

（5）技术脱节。专利成果仅在其所属技术领域内推广应用，技术辐射范围集中，其逆向指标是技术扩散指数。该指标反映技术成果在不同领域的传播、扩散程度，与技术脱节是反方向变动的，取值范围为（0,1）。在接近于 1 时，技术关联度越高，技术脱节可能性小；其取值小，技术关联度越低，技术脱节可能性大。2008~2013 年发明专利引文数量为前阶段知识形态技术，技术扩散指数反映阶段性技术进步成果，测算国内技术扩散指数为 84.89%，相应的技术脱节先验概率为 15.11%。这说明技术进步之间阶段性关联程度较大，技术脱节可能性较小。

（6）阶段性关联。相应指标是技术进步即时影响指数，前五年专利在当年被引用情况用于评价技术影响力，即时影响指数 >1，专利影响力较高，阶段性关联程度强；反之，专利影响力低，阶段性关联程度低。技术进步阶段性影响指数大于 1 的省市区有 26 个，在 31 个省、自治区、直辖市中比重为 83.87%，技术进步阶段性关联程度为“高”的先验概率是 83.87%。阶段性关联主要取决于两阶段技术进步之间信息传递和技术势差。知识势差所带来的技术进步是分阶段实现的，两阶段技术进步可能性集合关系反映两者关联程度，这种关联程度越高，信息流动量越大。

第四节 技术进步理性预测结果分析

技术进步预测各节点获得相应赋值后，根据表 6-2 的先验概率运用 Hugin8.5 软件计算得出其后验概率，技术进步理性预测的后验概率为 62.14%。技术进步各节点赋值及其预测结果如图 6-1 所示。

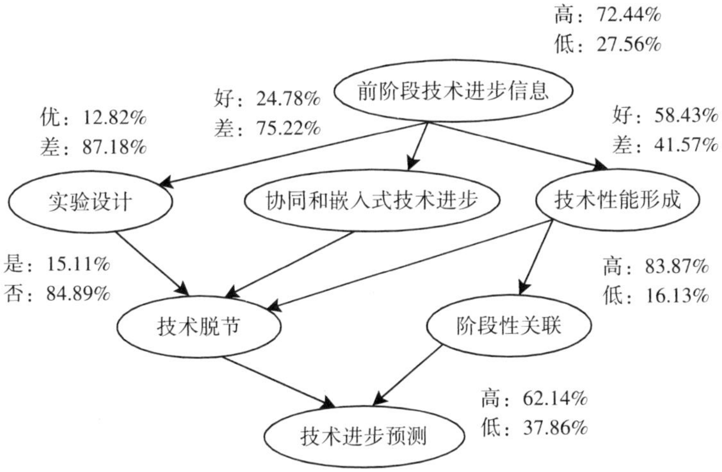

图 6-1 技术进步理性预测模型各节点先验概率分析

一、因果推理

在因果推理中，前阶段技术进步信息是原因，以此推断、预测后阶段技术进步概率，是一种自前向后的推理。在技术进步理性预测各个节点增加新的推断信息，可以更加准确地预测下阶段技术进步概率。厂商获得更多技术进步信息，两阶段技术进步可能性集合相互交叉，技术进步概率集合交集的信息越多，技术进步理性预测结果越准确。以图 6-2 为例，“前阶段技术进步信息”状态“高”的概率为 100%。这是因为，两阶段技术进步公共集合不断扩大，技术融合日益加深，“技术性能形成”状态“好”的概率明显提升，达到 67.24%，较初始水平提高 8.81 个百分点，信息共享范围不断扩大。两阶段之间技术升级顺畅可行，技术性能得到快速形成，技术信息传递充分完全。“协同和嵌入式技术进步”状态“好”的概率提升 39.21%，较初始水平增加了 14.43 个百分点，技术进步不同方式组合更加优化，两阶段技术进步之间有着更加完善的信息形成与共享机制，创新主体选择更加适合生产需要的技术进步方式。“实验设计”状态“优”的概率由 12.82%上升到 28.51%，提高 15.69 个百分点，实验目标清晰，设计科学可行。技术脱节概率下降，从 15.11%减少到 10.17%，下降 4.94 个百分点，两阶段技术进步可能性交集逐步扩大，更加全面地掌握技术进步各环节信息。“阶段性关联”状态“高”的概率为 87.63%，比初始水平 83.87%提高了 3.76 个百分点，当前阶段技术进步具有完全信息时，加快技术性能形成，技术进步两阶段重叠并行，各阶段关联程度显著提高。特别地，高技术进步由不充分信息逐步改进到完全信息时，技术进步预测各个节点状态都得到优化，使预测结果更加准确，由初始水平 62.14%上升到 73.52%，提高了 11.38 个百分点，阶段性技术进步信息是准确预测其实现概率的主要依据。由此可得，增加技术进步关联程度，选择比较稳定的

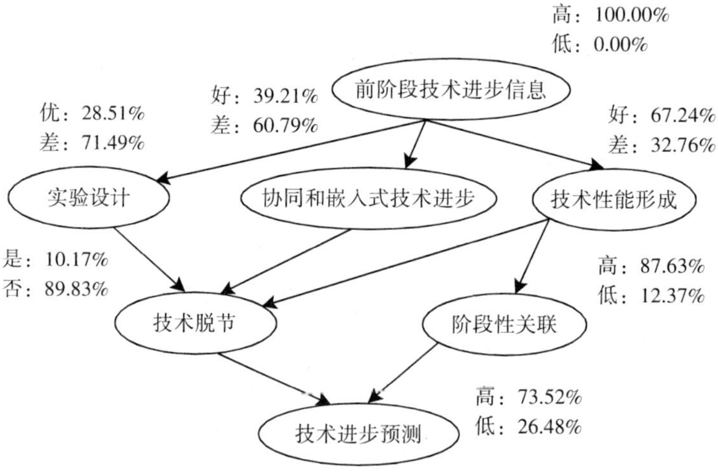

图 6–2　前阶段技术进步完全信息时技术进步理性预测

技术实验路径，提高技术进步预测前瞻性，有助于降低厂商的技术风险，保持预测结果的稳健、可靠。

综上所述，各阶段技术进步信息更加充分，信息不对称问题得到有效缓解，技术进步阶段性升级、人力资源配置以及技术进步路径形成均需要依赖更加充分的技术进步信息，干扰因素逐步退化。研发人员精心设计实验方案，初始技术进步处于创新活动前端。知识技能、专用设备都需要相应研发人员掌握一定技术信息，促进工艺流程不断优化，使技术快速升级。在嵌入式技术进步中，技术进步信息融合到创新活动中，在技术进步各环节中得到充分吸纳和转化利用，技术进步在既定路径中加快升级，其变动趋势和方向更加清晰。厂商首先是识别、选择、分析、吸纳技术信息，然后是知识技能日益内部化。技术进步无论是协同创新，还是嵌入式创新，其实现路径没有大幅度波动，可以推断、预测其变动趋势。各阶段技术进步概率逐步达到真实值，理性预测结果更加准确。假设 1 得到论证。

二、诊断推理

这种推理方式根据后阶段技术进步确定性结果，逆向推理、分析前阶段各种因素及其影响程度。以现有技术进步预测成果，逆向推理、判断引起这种技术进步的形成原因，逐步改善当前技术状况。自后向前推理是贝叶斯网络模型特有的分析功能。借助两阶段技术进步关联程度，运用下阶段技术进步信息，逐个阶段预测相关因素在总体变动中的份额（见图 6-3）。

如图 6-3 所示，技术进步预测是确定的，即 100%概率。“阶段性关联”“技术脱节”两个因素对技术进步理性预测结果的影响一个是正向的，另一个是负向的。在技术进步确定性的情况下，“阶段性关联”“高”的概率由初始水平 83.87%上升到 91.56%，提高了 7.69 个百分点，是技术进步确定发生的主导因素。而“技术脱节”在确定性技术进步条件下大幅度下降，由初始水平 15.11%下降到 9.07%，回落了 6.04 个百分点。各阶段技术进步不脱节是保证持续性技术创新的必要条件。技术脱节概率越低，技

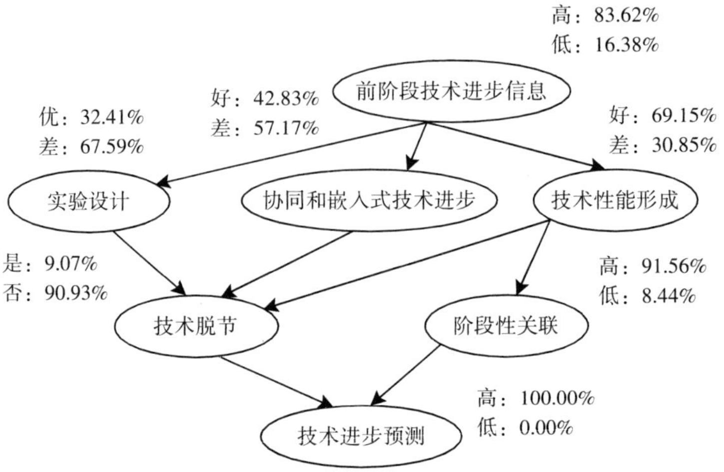

图 6–3　技术进步理性预测确定性结果的诊断推理

术进步可能性就越大。由此可得，技术进步概率能否得到准确预测，与各阶段技术进步关联程度是高度相关的。技术进步理性预测概率更高时，契合技术进步实际情况，可以避免技术脱节带来的信息断档，使技术活动持续深化。同时，在既定的技术进步理性预测结果下，从其中内在的技术进步关联程度上挖掘、汇集信息，厂商促进各阶段技术进步相互融合，技术进步协同性普遍增强。“技术性能形成”状态“好”的概率在技术关联程度大幅度提升的基础上，实现较大跨越，由初始水平 58.43%上升到 69.15%，提高 10.72 个百分点。而“前阶段技术进步信息”状态“高”的概率是 83.62%，初始水平下的概率为 72.44%，提高 11.18 个百分点，与技术进步有着密切关联的环节都有着较高概率。各阶段技术进步关联性大幅度提高，有效地保证了技术进步预测的精细化、准确化水平。

预测结果为确定性技术进步的条件下，“技术进步预测”状态“高”的概率为 100%，各阶段技术进步关联程度大幅度提高，较少出现技术进步阶段性分离，“技术脱节”状态“是”的概率进一步下降为 9.07%，由初始水平 15.51%减少了 6.04 个百分点，各阶段技术进步的协同性大大增强。“协同和嵌入式技术进步”状态“高”的概率为 42.83%，较初始水平 24.78%提高 18.05 个百分点，而“实验设计”状态“优”的概率为 32.41%，初始水平为12.82%，增加19.59个百分点，两个因素是保证不同阶段技术进步连续性的基础。因此，厂商应当努力改进技术进步方式，扩大协同和嵌入式技术进步途径，提升各阶段技术进步之间信息共享水平，优化实验设计，避免技术脱节，提高技术进步关联程度，使预测结果更加准确。假设2得到论证。

诊断推理依靠中间环节的可靠性，为技术进步理性预测提供更加精细化分析。例如，研究通过技术试验发现，把“技术脱节”状态“低”确定为100%，即不存在技术脱节问题，每次技术进步的阶段性关联比较紧密，技术进步是接连持续实现的。此时，与正常情况相比，“实验设计”“协同和嵌入式技术进步”是概率变化较大的两个节点，其状态为“优”和“好”的概率由12.82%、24.78%分别上升到35.07%、43.69%，上升幅度分别达到22.25个百分点和18.91个百分点（见图6-4）。在完全没有技术脱节的情况下，“技术进步预测”状态“高”的概率为100%时，技术进步阶段性关联得到明显增强，“阶段性关联”状态“高”的概率由初始水平83.87%上升到93.56%，提高9.69个百分点。各阶段技术进步关联程度显著增强，为优化技术进步路径创造条件，有助于使知识形态的技术加快形成可实用的技术性能，“技术性能形成”状态“好”的概率由初始水平

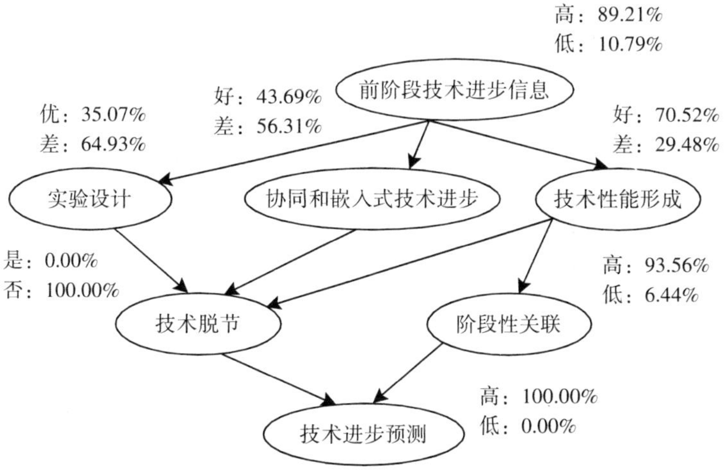

图6-4 减少干扰因素时技术进步理性预测的诊断推理

58.43%上升到70.52%，增加12.09个百分点。阶段性关联使技术进步路径遵循着相对稳定的变动趋势，技术信息在各个阶段得到完整传递。“前阶段技术进步信息”状态“高”的概率为89.21%，比初始水平72.44%提高16.77个百分点。充分的技术信息能够较为准确地反映技术进步路径及其变动趋势，更加精准的技术进步预测结果能够在优化技术路径选择中起到很好作用。

可见，提高技术进步理性预测准确性的着力点是优化技术进步路径设计，形成知识成果向应用技术转化的最佳渠道，选择适合加工制造流程和知识创新的技术进步方式，逐步向关键核心技术聚集，避免技术进步路径过长而难以预测技术进步趋势。技术进步实现还需要依靠前后两阶段的内在关联性，前阶段技术进步信息是预测后阶段技术进步概率的基础和前提。在技术进步持续升级过程中，其趋势是实现创新要素集聚利用，技术链相对集中在特定阶段上，形成较为平稳的技术进步路径。实证分析结果与假设3相一致。

本章要点：运用贝叶斯网络模型理性预测技术进步概率，既与技术创新流程相契合，又反映技术进步内在变动特征。首先分析各阶段技术进步概率集合以及集合之间相互关系，分析推理上阶段技术进步与当前阶段、当前阶段技术进步与下阶段之间的关联程度，据此理性预测技术进步概率。研究认为，厂商有意识地选择技术进步方向，理性预测其变动结果是可行的，是一个由不完全理性预测到比较理性预测，最后实现完全理性预测的循序渐进过程。技术进步概率集合符合集合动态分配律，两阶段技术进步之间概率集合交集越大，两者关联程度越高，技术向着更高阶段升级的概率就越大，技术进步预测就更加准确。差异化的预测结果是厂商实现技术进步路径优化选择的必要条件，较短距离的技术进步预测结果更加准确。实证分析运用国内专利被引用次数、技术强度、科学与技术关联性等数据，绘制有向无环图，运用BNM进行因果分析和诊断推理，验证相关结论。

第七章　技术创新效率内生性与随机变动分析

第一节　问题提出

一、研究背景

党的十九大报告指出，我国经济已经由高速增长阶段转向高质量发展阶段，必须推动经济发展质量变革、效率变革、动力变革。技术创新效率变革是促进经济发展转型的主要力量。技术创新效率是技术创新活动中投入产出比例关系，具有显著的内生性特征，表现为变动趋势受到要素投入和产出两个变量影响，通过优化两者比例关系提高技术创新效率，延伸经济增长内涵，提高发展质量和效益可以不通过增加物质要素消耗等外延生产方式实现。然而，技术创新效率在理论层面中还存在大量需要回答的问题：技术创新效率能否纳入知识生产函数中，知识资本如何引起技术创新效率随机变动，技术创新效率随机变动的内在根源是什么，其方向与趋势存在多大程度的不确定性，知识资本与人力资本对技术创新效率变动的作用机制是否存在显著区别。研究这些理论问题，可以深化对技术创新效率随机变动过程的认识，为实施创新驱动发展战略、提高发展质量与效益提供决策参考。

二、研究思路与重点

推动经济发展质量变革、效率变革和动力变革，提高技术创新效率是关键环节。深化“三大变革”，是我国进入高质量发展阶段的必然要求，其中效率变革是主线，是转变发展方式、优化经济结构、转换增长动力的重要内容。本章将人力资本、知识资本投入和技术创新效率分别引进拓展的知识生产函数中，研究知识形态要素投入如何引起技术创新效率随机变动，产生差异化效果。以马尔可夫链表示技术创新效率随机变动效应，阶段性技术进步中技术创新效率在形成机制、变动方向与趋势方面有较大差别，知识资本形成、人力资本选择、要素市场结构及价格、成果吸纳与转化、延续利用等如何发挥作用。技术创新效率随机变动表现为非线性、不确定性和异质性特征，在连续性技术进步阶段之间，技术创新效率随机变动有着较大差异。实证内容重点分析变量之间存在什么样关系，进一步研究回归分析的原理、方法以及有效性等。技术创新效率领域存在的这些问题，为深化相关研究提出现实需要。

本章的主要思路和研究机制是，把技术创新效率作为随机变量，纳入拓展的知识生产函数中，运用马尔可夫链模型观察分析其内生性变动特征，其深层次根源是人力资本、知识资本在这种随机变动中存在差异化影响。研究的创新点是聚焦技术创新效率内生性特征、随机变动效应以及知识资本和人力资本投入的异质性作用，由于作用传递方向、力度、实现方式等均不相同，结果出现多种变动的可能性。技术创新效率受到知识资本流动、要素融合、延续利用、知识积累与外溢等影响，存在非线性趋势，不规则变动和随机性特征显著。不同产业、不同厂商以及技术进步不同阶段上，知识资本向物质要素渗透与融合，具有异质性特征。本章在研究方法上具有一定的新颖性，对比分析延续利用知识资本投入和没有知识资本投入两种情形下技术创新效率的随机变动特征，解释知识资本与人力资本投入对技术创新效率随机变动的差异化影响，分析内在原因、动力形成以及变化趋势，量化分析知识资本投入、阶段性技术进步以及技术创新效率随机变动。相关研究成果可以为制定精准可行的科技发展目标、优化知识资本投入比例提供参考依据。

本章重点研究技术创新效率随机变动效应及知识资本、人力资本投入方面的差异化效果，重点内容有三个方面：①既定数量的知识资本和人力资本投入，技术创新效率变动受到投入与产出两种因素影响，而且作用方向、力度、方式等均不相同，影响结果各有较大差异，有多种变动可能性，最终出现哪些变动方向是不确定的。②技术创新效率存在非线性变动趋势，而且不是一维线性的，受到知识资本流动、成果截获与转化、延续利用等因素影响。前后两阶段技术进步的技术创新效率有哪些变化，阶段性变动是否具有内在关联性，跨越两次或多次技术进步阶段的知识传递是如何发生的。前阶段技术创新效率与后阶段之间差异的外在表现为厂商产出水平不规则变动，内在根源是知识资本投入、要素价格及配置、延续利用等方面差异。③不同产业、不同厂商在技术进步不同阶段上，知识形态与实体形态要素相融合，具有异质性特征。由于要素配置、技术流程、产品差异化等影响，投入产出之间不是“等量投入创造等量产出”的一一对应关系，随机变动明显，而且幅度较大。

本章细化分解技术创新效率随机变动过程，把知识资本投入分为没有投入和增加投入两种情形，分析知识资本投入与人力资本相结合，如何作用于技术创新效率随机变动，产生差异化结果。理论模型分析重点是，技术创新效率变动不确定性、非线性和异质性，与没有知识资本投入而仅有人力资本投入情况相比，知识资本投入如何导致内生性技术创新效率随机变动。研究重点分析技术创新效率随机变动的内在形成机制、要素作用传导以及变量关系识别。知识资本投入导致技术进步具有不稳定性，随机变动显著，带来技术创新效率或提升或下降，没有既定规律，是前阶段技术创新效率、知识资本投入和后阶段技术创新效率之间的内在变动原因。随着对知识资本投入、阶段性技术进步以及技术创新效率随机变动研究更加精细化，技术创新效率异质性特征分析逐步清晰，在较小区间内掌握其变动趋势，量化分析不同产业、不同厂商以及技术进步不同阶段上异质性特征。技术创新效率随机变动的主要影响因素有技术进步、人力资本、物质形态要素需求数量和价格水平。但是，前阶段技术进步信息还不能完全反映技术创新效率随机变动情况，需要延续利用这些要素，获得连续性信息，运用广义矩估计方法，分析知识资本投入是如何引起技术创新效率随机变动效应的。

第二节　理论模型分析

一、拓展的知识生产函数与技术创新效率随机变动

本章把技术创新效率 π_{jt} 纳入拓展的知识生产函数中，根据厂商 j 在技术进步 t 阶段的产出水平 y_{jt} 与扰动项 e_{jt} 之间的关系，构建如下模型：

$$y_{jt} = \beta_0 + \beta_t t + \beta_c c_{jt} + \beta_h h_{jt} + \beta_{ra} ra_{jt} + \pi_{jt} + e_{jt} \tag{7-1}$$

其中，c_{jt} 表示资本投入，h_{jt} 为人力资本投入，ra_{jt} 表示物质要素投入。回归扰动项 e_{jt} 带来的产出水平 y_{jt} 随机变动是不确定的，从而导致技术创新效率 π_{jt} 不规则变动，技术创新效率 π_{jt} 和扰动项 e_{jt} 均具有随机变动特征。当技术进步由 t-1 阶段升级到 t 阶段后，技术创新效率由 π_{jt-1} 转变为 π_{jt}，不确定因素较多，运用马尔可夫链模型表示相应的随机变动过程。

$$\pi_{jt} = E[\pi_{jt} \mid \pi_{jt-1},\ kn_{jt-1}] + v_{jt} = f(\pi_{jt-1},\ kn_{jt-1}) + v_{jt} \tag{7-2}$$

式（7-2）中，t 阶段技术进步的技术创新效率 π_{jt} 是随机变动的，由两部分构成，其中式（7-2）右侧第一部分，是以已知 t-1 阶段技术创新效率 π_{jt-1}、知识资本投入 kn_{jt-1} 为条件的 t 阶段技术创新效率 π_{jt} 期望值。条件期望函数 $f(\pi_{jt-1},\ kn_{jt-1})$ 表示两阶段技术进步实现概率的平均值，其

构成要素包括 t-1 阶段技术创新效率 π_{jt-1} 和知识资本投入 kn_{jt-1}，而与之前各阶段技术创新效率无关，具有无后效性。式（7-2）右侧第二部分为技术创新效率随机变动效应 v_{jt}，包含阶段性技术进步的各种外在影响因素，导致技术创新效率变动是不确定的，对技术创新效率冲击作用是外生的，独立于 t-1 阶段技术创新效率 π_{jt-1} 和知识资本投入 kn_{jt-1}。式（7-2）表明，技术创新效率随机变动的马尔可夫链模型主要反映其内生性变化情况。现阶段技术创新效率对下一阶段影响主要来自现阶段技术创新效率水平，而与之前各阶段技术创新效率之间影响程度快速退化，具有无后效性特征。非线性变化还表现为现阶段知识资本投入对下一阶段技术创新效率变化也产生作用，仅仅在两阶段技术进步之间传递。在拓展的知识生产函数中，回归扰动项 e_{jt} 和技术创新效率随机变动效应 v_{jt} 在技术创新效率期望值 E（π_{jt}）中份额表示其随机变动不确定程度。份额越大，技术创新效率随机变动幅度越大；反之，其随机变动幅度越小。基于以上分析，提出假设 1。

假设 1：知识资本投入引起技术创新效率随机变动，变动方向呈现非线性趋势，在不同产业、不同厂商以及技术进步不同阶段上具有异质性特征。

二、技术创新效率内生性特征分析

1. 人力资本投入与技术创新效率的逆向替代关系

技术创新产品价格 p_{jt} 和需求量 d_{jt} 呈反方向变动关系，相应的边际收益为 $MR = p_{jt}\left(1 - \frac{1}{1-\eta(p_{jt},\ d_{jt})}\right)$，$\eta(\cdot)$ 为需求价格弹性绝对值。人力资本需求是在产品市场中形成的引致需求，相应的需求函数为

$$h(s_{jt}) = \frac{1}{1-\beta_h-\beta_{ra}}\left(\beta_0+(1-\beta_{ra})\ln\beta_h+\beta_{ra}\ln\beta_{ra}+\mu+\beta_t t+\beta_c c_{jt}+\pi_{jt}-(1-\beta_{ra})w_{jt}-\beta_{ra}pM_{jt}+\ln\left(1-\frac{1}{1-\eta(p_{jt},\ d_{jt})}\right)\right) \tag{7-3}$$

式（7-3）中，μ 是知识生产函数中扰动项 e_{jt} 对数化处理后的结果，

消除可能存在的异方差，$\beta_0+(1-\beta_{ra})\ln\beta_h+\beta_{ra}\ln\beta_{ra}+\mu$ 为常数项 λ_h，$s_{jt}=(t, c_{jt}, \pi_{jt}, w_{jt}, pM_{jt}, d_{jt})$ 为技术进步状态变量组合。人力资本需求量 $h(s_{jt})$ 与 t 阶段技术进步、资本投入 c_{jt}、技术创新效率 π_{jt}、边际收益 $\ln\left(1-\frac{1}{1-\eta(p_{jt}, d_{jt})}\right)$ 是同方向变化的，而与人力资本工资 w_{jt}、物质要素价格 pM_{jt} 是反方向变动的。人力资本渗透到物质要素中，能够自动适应生产需要，优化要素配置比例，避免产出变动起伏过大，使技术创新效率平稳波动。要素配置能够快速调整，比例关系保持相对稳定，人力资本与其他要素配置比例可以进行归一化处理，即有 $1-\beta_h-\beta_{ra}$。技术创新效率 π_{jt} 自身对产出水平没有扩散和放大作用，具有内生性特征，不会带来增值效应，是规模报酬不变的。式（7-3）中技术创新效率 π_{jt} 和人力资本投入 h_{jt} 具有逆向替代关系，构建人力资本反需求函数如下：

$$I_{hjt}(t, c_{jt}, h_{jt}, p_{jt}, w_{jt}, pM_{jt}, d_{jt})=\lambda_h-\beta_t t-\beta_c c_{jt}+(1-\beta_h-\beta_{ra})h_{jt}+(1-\beta_{ra})w_{jt}+\beta_{ra}pM_{jt}-\ln\left(1-\frac{1}{1-\eta(p_{jt}, d_{jt})}\right) \tag{7-4}$$

人力资本反需求函数与式（7-3）的原函数是互逆关系，各个变量变动方向是相对的。人力资本反需求函数 $I_{hjt}(\cdot)$ 与 t 阶段技术进步、资本投入量 c_{jt} 是反方向变动关系，而与人力资本投入 h_{jt} 及工资 w_{jt}、物质要素价格 pM_{jt} 等变量是同方向变动的，变动效应分别为 $1-\beta_h-\beta_{ra}$、$1-\beta_{ra}$ 和 β_{ra}。厂商边际收益 $\ln(\cdot)$ 对人力资本反需求函数具有抵消作用，即随着边际收益增加人力资本反需求函数是递减的。

2. 知识资本投入与技术创新效率内生性特征

对技术创新效率理论分析模型进行两步变量替换：第一步，把式（7-2）技术创新效率马尔可夫链模型代入式（7-1）中，技术创新效率随机变动效应 v_{jt} 和上阶段技术创新效率 π_{jt-1} 引进拓展的知识生产函数中，从而动态反映技术进步由 t-1 阶段升级到 t 阶段时的技术创新效率随机变动效应 v_{jt}，研究延续利用知识资本 kn_{jt-1} 对技术创新效率随机变动的冲击效应；第二步，以式（7-4）人力资本反需求函数 $I_{hjt-1}(\cdot)$ 替代技术创新效率 π_{jt-1}，这种逆向替代关系是以技术创新效率为工具变量，延续利用人力资本要素

h_{jt-1} 作为内生解释变量。经过替换，把延续利用人力资本的反需求函数 I_{hjt-1}（·）、知识资本投入 kn_{jt-1} 纳入拓展的知识生产函数中，研究延续利用人力资本、知识资本投入如何影响技术创新效率随机变动，从而可以得到以下产出函数：

$$y_{jt} = \beta_0 + \beta_t t + \beta_c c_{jt} + \beta_h h_{jt} + \beta_{ra} ra_{jt} + f(I_{hjt-1},\ kn_{jt-1}) + v_{jt} + e_{jt} \tag{7-5}$$

由式（7-5）可知，技术创新效率随机变动效应 v_{jt}，不仅来自延续利用知识资本投入 kn_{jt-1}，而且受到 I_{hjt-1}（·）中延续利用人力资本投入 h_{jt-1} 的间接影响。技术创新效率具有内生性特征，不是依靠增加投入大幅度提升技术创新效率，而是通过优化既定要素组合，逐步实现要素充分利用，提高技术创新效率，技术进步贡献是直接拉动力量。由此，可以提出研究假设 2。

假设 2：在知识资本投入和前阶段技术创新效率已知的条件下，技术创新效率具有内生性特征，能够促进技术创新要素充分高效利用。知识资本与人力资本投入在技术进步中发挥差异化作用，从而形成内生增长动力。

三、技术创新效率随机变动的形成机制

1. 人力资本的延续利用与技术创新效率随机变动

条件期望函数 $f(\pi_{jt-1},\ kn_{jt-1})$ 把技术创新效率 π_{jt-1} 作为工具变量，引入人力资本反需求函数 $I_{hjt-1}(\cdot)$ 中，其中包含的延续利用人力资本 h_{jt-1} 及相应工资变量 w_{jt-1} 纳入内生解释变量，分析它们与技术创新效率随机变动效应 v_{jt} 之间的关系。假设式（7-4）人力资本反需求函数 $I_{hjt-1}(\cdot)$ 中，技术进步 t 阶段系数 β_t、资本投入系数 β_c、物质要素投入系数 β_{ra} 均为 0，当知识资本 $kn_{jt-1} = 0$ 时，由式（7-3）推导得出人力资本需求函数为

$$h_{jt} = \frac{1}{1-\beta_h}\left(\lambda_h + f(\lambda_h + (1-\beta_h) h_{jt-1} + w_{jt-1}) - w_{jt} + v_{jt}\right) \tag{7-6}$$

式（7-6）表明，延续利用人力资本 h_{jt-1} 与工资变量 w_{jt-1} 对条件期望函数 $f(\cdot)$ 产生相同方向的影响作用。在当前阶段人力资本需求 h_{jt} 既定条件

下，条件期望函数 f(·)与技术创新效率随机变动效应 v_{jt} 是反方向变动关系，与当前阶段工资 v_{jt} 是同方向变动关系。人力资本延续利用对技术创新效率随机变动产生作用的传导机制是，技术创新效率在两个变量不同方向的作用下，厂商根据技术创新活动的需要自动调节人力资本投入，不确定性下降，非线性变动比较平缓，异质性特征不明显。在没有知识资本投入情况下，两阶段人力资本要素投入是持续不断的，而且要素边际报酬没有连续递减，技术创新效率提升与降低交替出现，主要原因是在技术创新效率随机变动效应中，工资价格在跨越技术进步时，受到市场适应能力、供给价格弹性、要素替代等因素影响，不再是反方向变动关系，而是具有刚性特征。因此，在阶段性技术进步中，延续利用人力资本 h_{jt-1} 及工资变量 w_{jt-1}，当前阶段人力资本 h_{jt} 及工资变量 w_{jt} 对技术创新效率随机变动效应 v_{jt} 产生差异化影响，使之波动幅度趋于平缓。在前述假设条件下，式（7-1）中产出函数可以简化为：

$$y_{jt} = \beta_1 h_{jt} + \pi_{jt} + e_{jt} \tag{7-7}$$

对式（7-7）进行三步变量替换：第一步，将式（7-6）中人力资本要素 h_{jt} 代入式（7-7），反映延续利用人力资本 h_{jt-1}、两阶段技术进步中工资变量 w_{jt-1}、w_{jt} 与产出水平 y_{jt} 之间关系，进而揭示人力资本投入对技术创新效率随机变动的影响；第二步，将 t 阶段技术进步中技术创新效率马尔可夫链模型 $\pi_{jt} = f(\pi_{jt-1}) + v_{jt}$ 代入式（7-7）；第三步，根据人力资本反需求函数 $I_{hjt-1}(\cdot)$ 与相应阶段技术创新效率 π_{jt-1} 之间替代关系，将人力资本反需求函数 $I_{hjt-1}(\cdot)$ 代入条件期望函数 $f(\pi_{jt-1})$ 中，从而构建以下分析模型：

$$y_{jt} = \frac{1}{1-\beta_h}(\beta_h \lambda_h + f(\lambda_h + (1-\beta_h) h_{jt-1} + w_{jt-1}) - \beta_h w_{jt} + v_{jt}) + e_{jt} \tag{7-8}$$

式（7-8）表明，在产出水平 y_{jt} 既定条件下，延续利用人力资本要素 h_{jt-1} 及工资变量 w_{jt-1}，通过条件期望函数 f(·)间接作用于技术创新效率随机变动效应 v_{jt}，作用方向是相反的。当前阶段工资变量 w_{jt} 与技术创新效率随机变动效应 v_{jt} 是同方向变动关系时，与式（7-7）相比，这种同方向作用程度由 1 降低为 β_h。人力资本的工资价格是刚性的，投入水平主要取决于其使用规模。人力资本使用具有较高弹性，适应不同生产环节需要，能够实现自动调节，可以使产出与投入趋于一致。人力资本及工资变动对技术创新效率随机变动效应 v_{jt} 带来的冲击更加平缓，能够有效抑制技术创新效率上下波动。由此得出以下研究假设。

假设 3： 在没有知识资本投入时，延续利用人力资本投入具有较强的市场适应能力，能够缓和阶段性技术进步对技术创新效率的负面冲击效应，提高单位要素投入的产出水平，实现资源充分高效利用，使技术创新效率随机变动效应更加平稳。

2. 知识资本投入加剧技术创新效率随机变动

式（7-2）马尔可夫链模型表明，延续利用知识资本投入 kn_{jt-1}，带来技术创新效率随机变动。技术创新效率由 π_{jt-1} 变动到 π_{jt} 时，不仅有 t 阶段技术进步知识资本投入 kn_{jt} 的作用，还受到延续利用 t-1 阶段知识资本投入 kn_{jt-1} 的影响。知识资本投入在其扩散、渗透过程中得到充分利用，技术创新效率快速提升。产出水平在没有达到最大化时，t 阶段知识资本投入 kn_{jt} 为适应其他要素延续利用状况的变动而变动。由于知识形态资本的专用性和扩散转化特点，其变动适应性慢于人力资本要素，从而带来技术创新效率大幅度波动。特别地，每阶段技术进步吸纳知识资本投入，引起技术创新效率变动具有不确定性，与现阶段知识资本投入 kn_{jt} 有着高度相关性。延续利用知识资本投入 kn_{jt-1} 有着很大的效率提升空间，信息比较充分，技术创新效率由技术进步 t-1 阶段升级到 t 阶段后的期望增长量为

$$\beta_t + E[\pi_{jt} - \pi_{jt-1} | \pi_{jt-1},\ kn_{jt-1}] = \beta_t + f(\pi_{jt-1},\ kn_{jt-1}) - \pi_{jt-1} \tag{7-9}$$

根据上述分析和式（7-9）可以提出研究假设 4。

假设 4： 在知识资本扩散和要素适应性选择机制作用下，知识资本投入得到更加充分高效利用，技术创新效率显著提升。

持续增加知识资本投入将抵消知识积累和设备加快折旧，拉动技术进步时可以较快提高技术创新效率。如果没有延续利用知识资本投入，技术创新效率将出现迅速下降。因此，知识资本投入扩大技术创新效率随机变动幅度。假设技术进步持续深化，技术创新效率期望增长量可以细化为两部分：

$$\beta_t + f(\pi_{jt-1},\ kn_{jt-1}) - \pi_{jt-1} = [\beta_t + f(\pi_{jt-1},\ kn_{jt-1}) - f(\pi_{jt-1},\ \bar{kn})] + [f(\pi_{jt-1},\ \bar{kn}) - \pi_{jt-1}] \tag{7-10}$$

式（7-10）右侧第 1 部分，知识资本投入由常数$\bar{kn}$增加到 kn_{jt-1} 时，延续利用知识资本，技术创新效率期望增长量快速提升。式（7-10）右侧第 2 部分是在知识资本投入没有增加而是发生知识资本积累时，即知识资本投入由常数$\bar{kn}$减少到没有相应投入，技术创新效率期望增长量快速下降，由于知识积累引起现有技术创新效率出现回落。期望技术创新效率变化既有知识资本投入带来的技术创新效率提升，也包括没有知识资本投入和知识资本加速积累时技术创新效率下降，随机变动幅度较大。由此，提出研究假设 5。

假设 5：知识资本投入与技术积累是不确定的，对技术创新效率随机变动的影响比人力资本投入更加明显。技术创新效率随机变动和非线性趋势主要是由知识资本投入与技术进步不同步引起的。

第三节　数据、指标选取与技术活动描述

实证分析从沪深 A 股市场中随机抽取 677 家上市公司作为样本，选取 2006~2016 年公司微观数据，开展计量分析并检验相关假设。知识资本、人力资本以及技术创新效率等技术创新活动指标主要分为三类，即收入类指标、支出类指标和基本信息类指标。各类指标的具体构成情况如下。

一、收入类指标

收入类指标是技术创新活动总收益，公司在销售新产品、提供技术服务等技术创新环节中所获得的收入总额。

二、支出类指标

支出类指标主要包括：①R&D 经费支出，公司在报告期内用于内部开展 R&D 活动（基础研究、应用研究和试验发展）的实际支出。②物质要素投入，公司在报告期内为实施科技项目而购买的原材料等相关支出。③人力资本，是蕴含于技术人员自身中的知识教育和技能培训等要素，主要是技术人员智力、体力和道德等内容，比物质要素发挥更大作用，公司内部直接参加项目科研活动的人员以及管理人员、直接服务人员，不包括全年累计工作时间不足 10%的兼职人员。④知识资本是在生产中得到快速转化和应用，为公司带来利润的知识、技能等，包括公司在报告期内因科技活动需要，投入的知识形态技术成果，包括专利、非专利发明、许可证、专有技术、设计和计算方法等。⑤科技活动资本支出，公司内部用于技术创新活动的资本性支出，报告期内形成用于技术创新活动的固定资产、购买专利等资产性支出。⑥研发人员工资，公司在报告期内支付给科技研发人员的工资薪金，包括基本工资、奖金、津贴、补贴、社会保险、年终加薪、加班工资以及科技活动人员任职或者受雇有关情况。部分公司的研发人员工资数据缺失，本章根据其拥有研发人员数量，借鉴国家统计局公布的股份有限公司就业人员平均工资进行测算。

三、基本信息类指标

基本信息类指标主要包括三类：①技术创新效率反映技术创新活动投入产出比例关系，由于公司没有直接公布技术创新效率数据，只有反映技术创新活动投入和产出的指标，部分公司技术创新活动投入和产出数据不完整。本章根据 1990~2012 年 10 次全国投入产出调查数据，运用行业投入产出比例，推算公司技术创新效率指标。在投入产出调查中，部分年份技术创新活动投入产出数据没有单列，包括在培训教育、科学技术以及文化活动等大类指标中，实证分析借鉴各部门科技活动份额构成进行数据细分，推理得出科技创新活动投入产出数据。②技术进步阶段是公司当前技术进步所处的最主要阶段，根据其科研成果获取、利用及收益情况，技术进步阶段共分为技术原理论证、样品设计、研究发明阶段、初验阶段、小试阶段、中试阶段、试生产阶段、标准形成阶段、转化应用阶段、成果扩散阶段等 10 个[①]。③价格指数，中间投入物质要素价格指数，选取相应年度国家统计局公布的中间投入品价格指数。

在沪深 A 股市场中随机抽取的 677 家上市公司主要分布在 10 个产业内（见表 7-1）。这 10 个产业具有一定代表性，本章以选择的 10 个产业

① 此项研究采用向量夹角法度量各公司的技术进步所处阶段。第一，构建技术进步阶段性空间向量，将技术进步按照所在阶段高低分为 10 个，利用空间向量理论，将每一阶段技术进步向量占总量的比重依次作为空间向量的一个分量，构建包括 10 类技术进步的 10 维技术进步阶段空间向量。第二，选取基准向量，计算技术进步阶段空间向量与基准向量的夹角，是比较技术进步阶段性升级的基点，选择基本单位向量组或某一技术进步阶段向量作为基准向量。当某一阶段技术在持续的阶段性升级过程中的份额发生变化时，技术进步阶段空间向量与基准向量的夹角就会发生变化。第三，确定权重，将所有夹角加权求和，计算出技术进步阶段结构高级化指数，权重确定可以以客观赋权法为基础，求得的指数能较为客观地反映技术进步阶段性升级及其变动趋势。基于上述思路，此项研究确定如下度量技术进步阶段性升级的方法：

第一步，按照技术进步投入，将技术进步阶段分为 0，1，2，…，9 的 10 个阶段，将每一阶段技术进步的比重依次作为空间向量的一个分量，从而构成一组 10 维技术进步空间向量 $x_0=(x_{0,1}, x_{0,2}, x_{0,3}, \cdots, x_{0,9}, x_{0,10})$。

第二步，选择 $x_0=(1, 0, 0, \cdots, 0, 0)$，$x_1=(0, 1, 0, \cdots, 0, 0)$，$x_2=(0, 0, 1, \cdots, 0, 0)$，…，$x_8=(0, 0, 0, \cdots, 1, 0)$，$x_9=(0, 0, 0, \cdots, 0, 1)$ 10 个基本单位向量组，依次计算技术进步阶段性空间向量与它们的夹角 $\theta_i(j=0, 1, 2, \cdots, 8, 9)$，可以通过计算获得：

$$\theta_i=\arccos\left(\frac{\sum_{i=0}^{9}x_{j,i}\cdot x_{0,i}}{\left(\sum_{i=0}^{9}x_{j,i}^2\right)^{1/2}\left(\sum_{i=0}^{9}x_{0,i}^2\right)^{1/2}}\right)$$

其中，$x_{i,i}$ 表示基本单位向量组 $x_i(j=0, 1, 2, \cdots, 8, 9)$ 的第 i 个分量，$x_{0,i}$ 表示向量 x_0 的第 i 个分量。

第三步，确定夹角 θ_i 的权重，计算技术进步阶段性升级指数为：

$$H_{struc}=\sum_{j=0}^{9}(w_j\cdot\theta_j)$$

其中，w_j 为 θ_j 的权重。结合反余弦函数的单调递减性质可知，在以低产出技术进步阶段向高产出技术进步阶段演进为特征的技术进步阶段变化过程中，如果低产出的技术进步阶段比重下降越快，那么高产出阶段比重上升相对越快，θ_i 就相对越大。因此，θ_i 的加权求和 H_{struc} 越大，表明技术进步阶段升级越快。该项指数（H_{struc}）考虑了各层次技术创新产出相对变化对技术进步阶段性升级的影响。因此，能够从整体角度刻画技术进步阶段性升级状况。

为基础，开展实证分析，其技术创新活动统计性描述和主要指标增长情况如表 7-1 所示。

表 7-1（1）列、（2）列为各产业观察变量与样本量，（3）列、（4）列分别给出有知识资本投入的观察变量和 R&D 投入强度。样本量占全部公司比重为 6.7%，样本规模适度，具有较高代表性。有知识资本投入的公司在样本内占有较大份额，为 60%~85%。各产业倾向于选择周期较短的技术创新活动，根据上阶段技术创新效率和知识资本投入，可以预测到当前阶段技术创新活动信息。各产业在 2006~2016 年技术创新活动持续深入，知识资本与人力资本投入连续增加，而且幅度较大，物质要素投入保持平稳。产业技术创新活动表现为，较高 R&D 投入强度能够带来相对较高的产出水平，技术创新效率快速提升，R&D 投入强度远高于相同时期的全国平均水平（2006~2016 年全国平均水平为 0.0208，顾夏铭等，2018）。从技术创新活动总收益变动情况看，收益增长最高的为信息传输、软件和信息技术服务业，增长 0.485；电气机械和器材业，通信设备、计算机及其他电子设备业，电力热力生产和供应业，农业和农产品加工业，增长分别为 0.407、0.453、0.321、0.357；石油、炼焦产品和核燃料加工业，化学产业，交通运输设备业和金融业分别增长 0.109、0.096、0.027 和 0.117。资本投入增长前 3 位的产业分别为信息传输、软件和信息技术服务业，通信设备、计算机和其他电子设备业以及电力热力生产和供应业，分别增长 0.336、0.194 和 0.183。人力资本投入增长前 3 位的产业分别为信息传输、软件和信息技术服务业，通信设备、计算机和其他电子设备业，化学产业，分别增长 0.219、0.190 和 0.135。物质要素投入增长前 3 位的产业分别为农业及农产品加工业，信息传输、软件和信息技术服务业以及电力热力生产和供应业，分别为 0.374、0.279 和 0.274。（10）列反映产业知识资本投入增长情况，增长处于前 3 位的产业分别是信息传输、软件和信息技术服务业，通信设备、计算机和其他电子设备业，金融业，分别增长 0.507、0.490、0.302。由此可得，当物质要素中间投入增长最快，高于人力资本投入，更多技术、产权等知识形态要素包含在物质要素中，其次是

表 7-1　技术创新活动主要指标统计性描述和增长情况

产业	基本情况				主要指标增长情况					
	观察变量（1）	样本量（2）	有知识资本投入的变量（3）	R&D 投入强度（4）	技术创新总收益（5）	资本投入（6）	人力资本投入（7）	物质要素投入（8）	生产者价格指数（9）	知识资本投入（10）
农业及农产品加工业	410	41	322	0.0820	0.357	0.177	0.050	0.374	–0.001	0.197
石油、炼焦产品和核燃料加工业	100	10	60	0.0422	0.109	0.121	0.119	0.103	0.035	0.127
化学产业	270	27	147	0.0473	0.096	0.164	0.135	0.157	0.004	0.202
金属冶炼和压延加工业	340	34	181	0.0170	0.039	0.132	0.022	0.127	0.008	0.188
交通运输设备业	340	34	236	0.0415	0.027	0.177	0.019	0.158	0.001	0.068
电气机械和器材业	1470	147	1115	0.1237	0.407	0.173	0.122	0.154	0.004	0.222
通信设备、计算机和其他电子设备业	1210	121	910	0.0927	0.453	0.194	0.190	0.205	0.003	0.490
电力、热力的生产和供应业	510	51	374	0.0913	0.321	0.183	0.117	0.274	0.001	0.223
信息传输、软件和信息技术服务业	1150	115	887	0.0824	0.485	0.336	0.219	0.279	0.0001	0.507
金融业	320	32	234	0.0401	0.117	0.148	0.041	0.733	–0.0002	0.302

注：①有知识资本投入的变量是指观察期内公司存在的无形资产投入；②主要指标增长情况是 2007~2016 年平均水平相对于 2006~2015 年的增长情况。

资本要素增长，各产业均高于人力资本增长速度，在要素投入中发挥基础性作用，是知识资本转化的物质条件。资本技术密集型产业有技术研发基础，物质资料投入与生产优化发展，为技术积累物质基础。各产业价格变动相对平稳。除石油、炼焦产品和核燃料加工业生产者价格指数增长达 0.035 外，略微下降的产业有农业及农产品加工业、金融业 2 个产业，其他 7 个产业价格略微上升，增长均没有超过 0.01。

第四节　实证分析与理论假设验证

一、要素投入在技术创新效率变动中的作用分析

基于拓展的知识生产函数，首先进行 OLS 回归分析，再把技术创新效率作为工具变量，在内生解释变量中引进知识资本变量，开展 GMM 回归分析，比较研究要素配置比例发生的显著变化。回归分析及检验结果如表 7-2 所示。

表 7-2（1）~（3）列是拓展知识生产函数 OLS 回归分析结果。各产业要素投入系数均保持稳定比例关系，归一化处理可以使 3 种要素投入系数之和为 1。（4）~（6）列是以 GMM 估计方法回归分析，获得式（7-5）中 3 个解释变量的系数。前阶段技术进步中技术创新效率是已知的，以此作为工具变量，把知识资本投入引进内生解释变量中，带来产出水平不规则变动，要素配置比例相对于 OLS 估计发生较大变化。人力资本投入作用有一定程度削弱，知识资本在技术创新效率波动中发挥着显著作用，而物质要素投入系数没有显著变化。在知识技术密集程度较大的产业，如通信设备、计算机和其他电子设备业，电力、热力的生产和供应业，信息传输、软件和信息技术服务业中，资本投入对产出贡献略微上升，分别由

表 7-2 拓展的知识生产函数估计和检验

产业	OLS 估计			GMM 估计			过度识别检验			
	参数检验资本投入(1)	人力资本投入(2)	物质要素投入(3)	资本投入(4)	人力资本投入(5)	物质要素投入(6)	$Chi^2(6)$ (7)	p 值(8)	$Chi^2(4)$ (9)	p 值(10)
农业及农产品加工业	2.2492^a (0.1498)	236.316^b (20.53)	-4.0774^a (0.9972)	2.0309^c (0.2357)	181.07^a (33.16)	-4.0154^b (1.5416)	12.01	0.0616	381.06	0
石油、炼焦产品和核燃料加工业	0.1966^b (0.5261)	67.22^b (367.98)	15.34^a (86.17)	0.4161^b (0.6685)	72.61^c (273.24)	25.64^b (71.14)	10.09	0.1205	33.78	0
化学产业	0.4087^a (0.0175)	29.19^b (3.3632)	0.1165^c (0.2708)	0.5165^a (0.0258)	44.02^b (5.0282)	0.7337^c (0.5205)	13.16	0.0406	980.03	0
金属冶炼和压延加工业	0.8096^c (0.1576)	55.93^a (33.31)	15.63^b (1.4029)	0.9222^c (0.2394)	57.74^a (39.15)	17.92^b (5.7710)	4.6922	0.5838	103.12	0
交通运输设备业	0.0041^b (0.0373)	0.2706^c (0.9166)	11.22^b (218.43)	-0.0010^c 0.0033	0.2835^b (0.0512)	263.29^a (21.74)	8.8261	0.1836	261.01	0
电气机械和器材业	0.0027^b (0.0144)	35.9308^a (8.2822)	937.60^c (49.94)	-0.0175^b (0.0169)	67.93^c (14.03)	826.18^b (68.04)	122.94	0	266.38	0
通信设备、计算机和其他电子设备业	0.0862^b (0.0157)	-2.7774^b (2.7495)	-0.5186^a (0.1548)	0.0948^a (0.0200)	-7.6245^b (4.5176)	-0.7964^c (0.2406)	125.01	0	44.93	0
电力、热力的生产和供应业	0.0134^c (0.0042)	-0.3946^b (0.8571)	-0.1927^b (0.0911)	0.0173^c (0.0052)	-0.7114^b (1.2753)	-0.3136^a (0.0571)	99.52	0	337.89	0
信息传输、软件和信息技术服务业	0.0147^b (0.0074)	-0.7492^a (1.1116)	-0.0890^c (0.4924)	0.0154^b (0.0097)	-1.5639^c (0.0127)	-0.0974^b (0.2711)	161.99	0	1.8904	0.2987
金融业	1.2562^c (0.0922)	182.421^a (13.32)	-0.9032^b (0.4416)	1.1070^a (0.1014)	183.85^b (22.16)	0.6351^c (0.4468)	16.50	0.0113	237.28	0

注：①a、b、c 分别表示计量结果在 1%、5%、10%水平上的显著性情况。②括号内数值是估计标准误差（S.E.），对异方差和自回归均是稳健的。③在 OLS 和 GMM 估计中，因变量均为 y_{jt}，自变量为技术进步阶段 t、资本投入 c_{jt}、人力资本投入 h_{jt}、物质要素投入 ra_{jt}；在 GMM 估计中，工具变量为滞后一期技术创新效率指标 π_{jt-1}，而内生解释变量分别为滞后一期技术进步阶段 t-1、资本投入 c_{jt-1}、工资支出 w_{jt-1}、中间投入品价格 ppi_{jt-1}、知识资本投入 kn_{jt-1}、新产品销售收入 $sale_{jt-1}$ 等指标。

0.0862、0.0134 和 0.0147 提高到 0.0948、0.0173 和 0.0154。而人力资本和物质要素投入在技术创新效率变动中份额下降，对产出贡献不但没有提高，反而出现下降。在人力资本投入方面，前述 3 个产业分别由-2.7774、-0.3946 和-0.7492 下降到-7.6245、-0.7114 和-1.5639。而物质要素投入分别由-0.5186、-0.1927 和-0.0890 下降为-0.7964、-0.3136 和-0.0974。在石油、炼焦产品和核燃料加工业，化学产业，金属冶炼和压延加工业，影响资本投入对产出贡献略微上升，分别由 0.1966、0.4087 和 0.8096 上升到 0.4161、0.5165 和 0.9222。人力资本和物质要素由正向影响逐渐提升，技术创新效率作为工具变量后，对提高要素利用效率起到拉动作用，人力资本投入由 67.22、29.19 和 55.93 分别提高到 72.61、44.02 和 57.74，物质要素投入则分别由 15.34、0.1165 和 15.63 提高到 25.64、0.7337 和 17.92。知识资本投入作为内生解释变量时，生产要素配置比例发生较大变化，要素得到更加高效合理利用。

基于拓展的知识生产函数 GMM 回归分析，进行过度识别检验，从而判断矩估计条件的有效性。过度识别检验结果显示，电气机械和器材业，通信设备、计算机及其他电子设备业，电力、热力的生产和供应业以及信息传输、软件和信息技术服务业 4 个产业在 1%显著性水平上拒绝过度识别假设，这些产业存在恰好识别或不足识别。这说明内生解释变量与工具变量、工具变量与被解释变量之间具有内在技术经济联系，这 4 个产业知识技术密集程度相对较高，技术创新效率变动与知识资本投入之间有着内在的技术经济联系，而且随着知识资本投入变化而变化；其他 6 个产业在 1%水平上均不能拒绝原假设，即变量之间存在过度识别关系。在知识技术密集程度相对较低的传统产业，技术创新效率与知识资本投入量之间没有内在的技术经济联系，知识资本投入较少时，技术创新效率随机变化比较平稳，上下波动幅度较小。由此可见，假设 2 得到验证。

参数约束检验表明，除信息传输、软件和信息技术服务业 $Chi^2(4)$ 值为 1.8904，p 值为 0.2987 外，其余 9 个产业 p 值均为 0，即参数约束检验效果不显著。把知识资本投入引进内生解释变量中，研究技术创新效率随机变动是可以计量分析的，在式（7–1）的基础上构建人力资本反需求函数是有效的，而且与技术创新效率随机动态变化有一定关联性。

二、技术创新效率内生性特征和随机变动分析

1. 技术创新效率内生性检验

在拓展的知识生产函数中，技术创新效率条件期望函数 $f(\pi_{jt-1}, kn_{jt-1})$ 可以分解为有知识资本投入（$kn_{jt-1}>0$）和没有知识资本投入（$kn_{jt-1}=0$）两种情形，研究技术创新效率内生性特征，从而揭示其随机变动的深层次根源。内生性检验是通过分析知识资本投入 kn_{jt-1} 能否从条件期望函数 $f(\pi_{jt-1}, kn_{jt-1})$ 中分离出来，区别分析人力资本与知识资本投入对技术创新效率随机变动的差异性影响。对拓展的知识生产函数进行 OLS 和 GMM 回归分析，结果如表 7–3 所示。

表 7–3（1）列、（2）列是各产业内生性检验结果，以 1%显著性水平拒绝农业及农产品加工业、化学产业、电气机械和器材业以及金融业 4 个产业的内生性假设。这些产业工艺流程复杂，技术设计多样化，受多种因素影响冲击，阶段性技术进步之间缺乏内在联系。检验结果显示，其余 6 个产业技术创新效率变化均具有内生性特征。在没有人力资本投入时，知识资本投入使技术创新效率具有内生性特征。无论是否发生知识资本投入，人力资本都平缓技术创新效率随机变动效应。由此可见，假设 3 得到验证。

2. 运用分离性检验方法分析技术创新效率变动的非线性特征

其原理是在各产业知识资本投入中，相应的技术创新效率分为两组且进行对比分析。技术创新效率在不同技术进步阶段随机波动空间较大，随机变动效应差异具有技术经济含义，分离性检验分为序列效应和时期效应两种类型。检验结果表明，以 5%显著性水平不能拒绝石油、炼焦产品和核燃料加工业可分离假设，技术创新效率在不同序列之间的差异具有统计学意义，存在延滞效应。而剩余 9 个产业的技术创新效率在不同序列之间的差异没有技术经济含义，是不可分离的，内生性特征明显。相应地，技

表 7–3 技术创新效率内生性特征和随机变动效应检验

产业	内生性检验		分离性检验				不确定性分析		拓展的知识资本函数检验					
			序列效应		时期效应				人力资本和知识资本投入		人力资本投入		知识资本投入	
	$Chi^2(6)$ (1)	P值 (2)	F (3)	P值 (4)	F (5)	p值 (6)	$\frac{v_{jt}}{E(\pi_{jt})}$ (7)	$\frac{e_{jt}}{E(\pi_{jt})}$ (8)	$Chi^2(6)$ (9)	p值 (10)	$Chi^2(6)$ (11)	p值 (12)	$Chi^2(6)$ (13)	p值 (14)
农业及农产品加工业	15.68	0.000	0.56	0.4565	709.93	0	0.1761	0.3576	48.09	0	47.61	0	47.99	0
石油、炼焦产品和核燃料加工业	10.38	0.013	25.6	0	103.96	0	0.2352	0.3733	40.35	0	43.10	0	40.30	0
化学产业	17.41	0.000	0.01	0.9052	2220.4	0	0.2038	0.5467	69.35	0	69.02	0	69.35	0
金属冶炼和压延加工业	6.0886	0.014	0.58	0.4461	469.20	0	0.4827	2.2153	134.58	0	138.02	0	134.28	0
交通运输设备业	–61.74	1.000	0.56	0.4565	709.93	0	0.1029	1.1780	2.35	0.019	2.36	0.019	2.37	0.019
电气机械和器材业	27.09	0.000	0.85	0.3581	3020.5	0	0.3687	0.6169	22.90	0	20.30	0	20.20	0
通信设备、计算机和其他电子设备业	11.42	0.016	0.62	0.4324	2757.0	0	0.2321	0.5940	32.02	0	25.72	0	25.67	0
电力、热力的生产和供应业	6.3124	0.012	0.82	0.3661	1054.0	0	0.3291	0.5202	19.95	0	17.33	0	17.33	0
信息传输、软件和信息技术服务业	–142.40	1.000	0.42	0.5157	2823.0	0	0.3184	0.3598	22.87	0	29.36	0	21.99	0
金融业	17.21	0.000	3.40	0.0664	715.29	0	0.3170	0.1820	26.48	0	26.74	0	26.54	0

注：①内生性检验是在前述 GMM 估计基础上进行的，原假设为计量结果具有内生性特征，备择假设为不具有内生性特征；②分离性检验从序列效应和时期效应两个方面进行分析判断；③当期技术创新效率由于是不确定的，引入相应期望值反映其不确定性变化；④非嵌套检验，说明变量之间具有内在联系，反映回归结果的技术经济含义。

术创新效率时期效应检验结果表明，在10%水平上拒绝全部产业可分离假设。阶段性技术进步之间技术创新效率具有内在联系，是难以分离的。现阶段知识资本投入对下阶段技术创新效率作用主要依赖于现阶段技术创新效率，两阶段技术创新效率随机变动与知识资本投入具有密切联系。由此可见，假设1得到验证。

3. 技术创新效率随机变动的不确定性研究

本章以技术创新效率随机变动效应 v_{jt}、回归扰动项 e_{jt} 在技术创新效率期望水平 $E(\pi_{jt})$ 中份额表示技术创新效率不确定性变化。技术创新效率在不同产业之间波动差异较大，其随机变动效应 v_{jt} 在技术创新效率期望水平 $E(\pi_{jt})$ 中份额为10%~50%，而回归扰动项 e_{jt} 份额具有更大的不确定性变化，最高为金属冶炼和压延加工业2.2153，最低为金融业0.1820。该项指标表明，知识资本投入引起技术创新效率不确定性变化，在不同产业、不同厂商之间存在显著差异。

运用非嵌套检验分析知识资本投入与其他变量的关系，把人力资本投入、知识资本投入分别和同时纳入知识生产函数中。非嵌套检验结果显示，交通运输设备业以1%水平不能被拒绝，而其他9个产业均被拒绝，相应的p值为0。这一结果表明，人力资本、知识资本投入没有通过工具变量分析其如何作用于产出及技术创新效率随机变动时，难以充分反映技术创新效率随机变动效应。假设5得到验证。

三、知识资本在技术创新效率随机变动中的影响效应分析

为分析知识资本投入引起技术创新效率的随机变动情况，对比分析有知识资本投入和没有知识资本投入两种情形，分别计算t-1阶段技术进步时技术创新效率平均水平，从而研究发现知识资本投入是如何加剧技术创新效率随机变动的。具体分析结果如表7-4所示。

表 7-4　知识资本投入在技术创新效率随机变动中影响效应分析

产业	技术创新效率		技术创新效率差异性分析				Kolmogorov–Smirno 检验结果			
	$kn_{jt-1}>0$ (1)	$kn_{jt-1}=0$ (2)	$kn_{jt-1}>0$		$kn_{jt-1}=0$		$kn_{jt-1}>0$		$kn_{jt-1}=0$	
			F 值 (3)	P 值 (4)	F 值 (5)	P 值 (6)	S 值 (7)	P 值 (8)	S 值 (9)	P 值 (10)
农业及农产品加工业	0.6009	0.7498	1.4300	0.0023	0.9086	0.7256	1.0000	0.0000	1.0000	0.0000
石油、炼焦产品和核燃料加工业	0.9518	0.9179	6.3688	0.0000	4.5511	0.0000	0.5263	0.0000	0.9773	0.0000
化学产业	1.0999	1.1383	0.5426	1.0000	0.4891	1.0000	0.8266	0.0000	0.8782	0.0000
金属冶炼和压延加工业	1.1505	1.1000	0.3581	1.0000	0.1785	1.0000	0.8378	0.0000	0.6164	0.0000
交通运输设备业	0.9205	0.9040	0.7102	0.9986	0.4432	1.0000	−0.0673	0.3900	0.0000	1.0000
电气机械和器材业	0.7503	0.7557	0.9607	0.7570	0.7859	0.9985	−0.0056	0.9780	−0.0054	0.9370
通信设备、计算机和其他电子设备业	0.6839	0.6954	0.9193	0.9067	0.7245	0.9999	1.0000	0.0000	0.9978	0.0000
电力、热力的生产和供应业	0.6089	0.5734	0.5402	1.0000	0.2932	1.0000	0.9926	0.0000	0.9893	0.0000
信息传输、软件和信息技术服务业	0.8748	0.8494	0.6705	1.0000	0.4211	1.0000	1.0000	0.0000	1.0000	0.0000
金融业	0.4332	0.4079	1.5324	0.0007	0.6750	0.9887	0.9186	0.0000	0.9316	0.0000

注：①技术创新效率 π_{jt-1} 计量分析的因变量为 y_{jt}，自变量为资本投入为 c_{jt}，人力资本投入为 h_{jt}，物质要素投入为 ra_{jt}，根据是否存在知识资本投入，选择自变量$kn_{jt-1}>0$ 或 $kn_{jt-1}=0$，各产业计量分析结果如表中（1）列、（2）列所示，并获得相应的 F 值和 P 值；②Kolmogorov–Smirnor 检验原理是寻找最大距离，方法是比较两组之间有无显著差异。

表 7-4(1)列、(2)列计量分析结果说明，对于每个产业内有知识资本投入和没有知识资本投入的公司来说，技术创新效率平均水平差异较大，农业及农产品加工业，化学产业，电气机械和器材业，通信设备、计算机和其他电子设备业 4 个产业技术创新效率平均水平差距为负，分别为 -0.1489、-0.0384、-0.0054 和 -0.0115，两者离差较为分散，随机变动特征明显。而其余 6 个产业则为正，技术创新效率没有随着知识资本投入增加而呈现有规律变化。表 7-4(3)~(6)列差异性检验结果表明，除石油、炼焦产品和核燃料加工业技术创新效率平均水平差异不显著外，其他 9 个产业均在 10%水平上是显著的。技术创新效率水平高低差别较大，随机波动幅度明显，相对于 R&D 经费支出变化，技术创新效率非线性特征非常明显。

实证分析中运用 Kolmogorov-Smirnor 检验方法对技术创新效率差异性进行检验。表 7-4(7)~(10)列检验结果表明，只有交通运输设备业、电气机械和器材业在 10%水平上不能拒绝等值性假设，技术创新效率随机变动效应和差异化结果不明显，其他 8 个产业 Kolmogorov-Smirnor 检验的 p 值均为 0，拒绝技术创新效率变动没有差异性的假设，技术创新效率随机变动特征明显，不同产业、不同厂商以及技术进步不同阶段之间技术创新效率具有显著的异质性特征。以上分析验证了假设 5。

四、知识资本投入及技术创新效率的产出弹性分析

技术创新效率在知识资本投入过程中是不确定变化的，将会增加重大技术发现机会，提高产出预期水平。知识资本投入持续增加，要素配置比例变化带来产出水平波动较大，加剧技术创新效率不确定变化。知识资本比人力资本投入有更多随机变动因素，净回报率包括对知识资本利用中不确定性变化的补偿。知识资本净回报率与人力资本投资之间不匹配，是技术创新效率随机变动的主要因素。表 7-5(1)~(3)列是延续利用知识资本投入产出弹性的分位数回归分析，3 个分位点分别是 0.1、0.5 和 0.9，反

映知识资本投入对公司技术创新产出的影响作用。农业及农产品加工业、电气机械和器材业、金融业3个产业是持续上升的，分别由-0.0239、0.0432、0.3991上升到0.0977、0.1251、0.7286，最后上升到0.1907、0.2427、1.3210。石油、炼焦和核燃料加工业，通信设备、计算机和其他电子设备业，电力、热力的生产和供应业出现先扬后抑的变动趋势，先由0.5411、-0.7157、0.1442上升到0.5864、0.2622、0.5019，然后下降为0.0851、0.2427、0.0022。而化学产业，金属冶炼和压延加工业，交通运输设备业，信息传输、软件和信息技术服务业4个产业呈先抑后扬趋势，分别由0.4941、0.7081、1.3481、0.5227下降到-1.4380、0.1681、1.0422、0.1824，然后上升到-0.5114、0.9403、1.2951、0.3476。

表7-5（4）~（9）列给出各产业有知识资本投入、没有知识资本投入两种情况下，前阶段技术进步时技术创新效率对现阶段技术创新效率期望值的影响效应，开展分位数回归分析。在有知识资本投入情况下，已经获得技术创新效率对现阶段技术创新效率期望值的影响，波动幅度较大。农业及农产品加工业，化学产业，电气机械和器材业，通信设备、计算机和其他电子设备业，信息传输、软件和信息技术服务业5个产业产出水平，随着已知技术创新效率上升而持续增加，分别由-0.0006、-0.0002、0.0094、0.0512、0.0315上升为1630.1、0.0001、0.6022、91.19、1.2730，最后持续上升为63563、15771、367.65、167.92、247.55。石油、炼焦产品和核燃料加工业出现连续下降，由12724下降为0.0042，最后下降到-43445.00。电力、热力的生产和供应业出现先扬后抑的变动趋势，首先由0.0013上升到91.21，最后下降到52.93。金属冶炼和压延加工业、交通运输设备业的变化趋势出现先抑后扬变动趋势，分别由163.18、-0.0021下降到-0.0018、-0.0725，最后又上升到38619、89.41。计量结果还显示，在没有知识资本投入情况下，电力、热力的生产和供应业、金融业由于样本量不足而不能开展计量分析，其余8个产业前阶段技术进步已经获得的技术创新效率对现阶段技术创新效率期望值影响为连续增长趋势，没有出现上下波动变化。知识资本投入为技术创新效率带来较大幅度的随机波动，进而扩大技

表 7–5　知识资本投入和前阶段技术创新效率的产出弹性分析

产业	kn_{jt-1} 产出弹性			π_{jt-1} 产出弹性						知识资本模型中 h_{jt-1} 和 kn_{jt-1} 产出弹性			
				$kn_{jt-1}>0$			$kn_{jt-1}=0$			总产出		增加值	
	Q1 (1)	Q2 (2)	Q3 (3)	Q1 (4)	Q2 (5)	Q3 (6)	Q1 (7)	Q2 (8)	Q3 (9)	ε (s.e.) (10)	Mean (11)	ε (s.e.) (12)	Mean (13)
农业及农产品加工业	-0.0239	0.0977	0.1907	-0.0006	1630.1	63563	-0.0008	0.0006	757.54	5.1953	0.0139	3.8254	0.0118
石油、炼焦产品和核燃料加工业	0.5411	0.5864	0.0851	12724.2	0.0042	-43445	-0.0004	-0.0001	30296.0	23.49	0.1480	20.66	0.1213
化学产业	0.4941	-1.4380	-0.5114	-0.0002	0.0001	15771	-0.0022	0.0062	1428.1	0.5968	0.0067	-0.2058	0.0005
金属冶炼和压延加工业	0.7081	0.1681	0.9403	163.18	-0.0018	38619	0.1060	10.39	2907.5	-8.2410	0.2115	-0.6150	0.0036
交通运输设备业	1.3481	1.0422	1.2951	-0.0021	-0.0725	89.41	0.8027	1.0391	4.5920	40.80	0.1161	39.23	0.1161
电气机械和器材业	0.0432	0.1251	0.2427	0.0094	0.6022	367.65	1.6409	2.0117	3.7051	0.5831	0.0017	0.5827	0.0017
通信设备、计算机和其他电子设备业	-0.7157	0.2622	0.0086	0.0512	91.19	167.92	0.8114	0.9564	1.0742	-0.0431	0.0021	0.0433	0.0021
电力、热力的生产和供应业	0.1442	0.5019	0.0022	0.0013	91.21	52.93	—	—	—	-0.0050	0.0043	-0.0049	0.0043
信息传输、软件和信息技术服务业	0.5227	0.1824	0.3476	0.0315	1.2730	247.55	2.8142	3.0725	4.9135	533.95	0.0023	533.15	0.0023
金融业	0.3991	0.7286	1.3210	—	—	—	—	—	—	1.9191	0.0529	1.7406	0.0109

注：①kn_{jt-1}、π_{jt-1} 产出弹性分位数回归中，因变量分别为滞后一期知识资本投入、技术创新效率 kn_{jt-1}、π_{jt-1}，自变量为滞后一期产出 y_{jt-1}，后者分别为 $kn_{jt-1}>0$、$kn_{jt-1}=0$ 两种情形进行回归分析；②表中（10）列、（12）列分别以回归扰动项 ε(s.e.)表示产出水平上下波动程度。

术创新效率的随机不确定性影响，所产生的冲击作用更加深刻。总之，相比较有知识资本投入和没有知识资本投入两种情形下，已经获得技术创新效率对产出变化产生有差异化作用，前者带来技术创新效率起伏较大，各产业呈现不规则变动。

表 7-5（10）~（13）列对比分析人力资本、知识资本投入对技术创新产出和增加值的影响，计量结果有着较大区别。农业及农产品加工业，石油、炼焦产品和核燃料加工业，化学产业，交通运输设备业，电气机械和器材业，信息传输、软件和信息技术服务业，金融业 7 个产业知识资本投入对总产出影响的变动程度分别为 5.1953、23.49、0.5968、40.80、0.5831、533.95、1.9191，而对增加值影响的变动程度则分别为 3.8254、20.66、-0.2058、39.23、0.5827、533.15、1.7406。前者变动程度均高于后者，主要是由于延续利用知识资本要素为总产出带来随机变动，进而导致技术创新效率出现差异化变动，最终产出和中间投入两个环节上都包含有知识资本要素，其随机变动受到双重因素影响。而增加值扣除了中间投入中的知识资本投入，受到知识资本影响程度较小，增加值变化保持相对平稳。由此可见，假设 4 得到验证。

五、技术创新效率增长、知识资本回报率与人力资本投资不确定性程度

实证部分还分析了技术创新效率增长情况，如表 7-6 所示。表 7-6 中（1)~(3）列将观察数据分为有知识资本投入和没有知识资本投入两种情况，分别计算技术创新效率增长率及全部样本公司的技术创新效率。有知识资本投入的技术创新效率增长率高于没有知识资本投入的产业有 6 个，农业及农产品加工业是 0.1739、0.1390，交通运输设备业是 0.1428、0.1312，电气机械和器材业是 0.1525、0.1422，通信设备、计算机和其他电子设备制造业是 0.1671、0.1226，信息传输、软件和信息技术服务业是 0.1098、0.1096，金融业是 0.1674、0.1098。6 个产业知识技术密集程度相

对较高，知识资本投入具有较强的扩散效应，既定的知识资本投入通过在产业内集聚放大，公司技术创新产出快速增加，技术创新效率明显提高。而石油、炼焦产品和核燃料加工业，化学产业，金属冶炼和压延加工业，电力、热力的生产和供应业4个产业知识资本投入反而引起技术创新效率下降。这是由于资本劳动密集程度相对较高，一定量知识资本投入被稀释，没有发挥拉动作用，关键核心技术难以突破，技术创新效率增长与知识资本投入没有直接的内在联系。从全体样本看，技术创新效率增长较快产业主要集中在农业及农产品加工业，电气机械和器材业，通信设备、计算机和其他电子设备业，电力、热力的生产和供应业，金融业，增长率分别为0.1675、0.1498、0.1559、0.1981和0.1506。这些产业有着较强的技术创新活力，相应的知识资本投入也处于较高水平，而化学产业，金属冶炼和压延加工业，石油、炼焦产品和核燃料加工业等传统资本劳动密集型产业，技术创新效率增长比较缓慢。

实证研究还分析了知识资本投入总体回报率、净回报率和折旧率，测算出人力资本净回报率。表7-6中第（4）~（6）列是经过回归分析获得的知识资本投入总体回报率，它被分解为净回报率和折旧率，也是对技术创新效率不确定性的补偿。回归结果显示，不同产业由于其技术经济结构和生产流程差异，知识资本投入总回报水平差异较大，知识资本投入总体回报率、净回报率和折旧率3项指标最高的是电气机械和器材业，分别为16147.27、2434.41、13712.86，而人力资本净回报率为1270.30，人力资本和知识资本净回报率比值为0.5218；其次是交通运输设备业，5项比率分别为2875.91、284.70、2591.21、34.89、0.1225，通信设备、计算机和其他电子设备业对应比率分别为2587.37、511.54、2075.84、307.99、0.6021。5项指标相对较低的是化学产业，分别为0.7819、0.0955、0.6864、0.2566、2.6869；金属冶炼和压延加工业分别是0.1114、0.0385、0.0729、0.2034、5.2831。人力资本投入净回报率与知识资本投入比率，用于说明两者波动变化对公司总产出回报率的影响程度。知识资本投入在不同产业对技术创新效率产生差异化影响，其总回报率远远超过净回报率，知识资

表 7-6 知识资本和人力资本投入在技术创新效率随机变动中差异性分析

产业	技术创新效率增长			知识资本回报率			人力资本净回报率（7）	净回报率比重（8）	技术创新效率随机变动		知识资本回报率（11）
	总体增长率（1）	$kn_{jt-1}>0$（2）	$kn_{jt-1}=0$（3）	总体回报率（4）	净回报率（5）	折旧率（6）			知识资本投入（9）	人力资本投入（10）	
农业及农产品加工业	0.1675^{c} (0.4249)	0.1739^{c} (0.7498)	0.1390^{b} (0.3294)	5.7131	1.7569	3.9562	3.8957	2.2173	-0.0012^{b} (0.3921)	-0.0009^{c} (0.9137)	-0.0107
石油、炼焦产品和核燃料加工业	0.1151^{a} (0.3384)	0.0385^{b} (0.2815)	0.2482^{c} (0.4124)	11.12	4.0890	7.0364	6.5965	1.6132	0.4083^{a} (0.0736)	0.0021^{c} (0.9146)	5.6327
化学产业	0.1102^{c} (0.3073)	0.1045^{b} (0.3006)	0.1282^{a} (0.3263)	0.7819	0.0955	0.6864	0.2566	2.6869	-0.2059^{c} (0.3172)	-0.0032^{c} (0.7147)	0.3776
金属冶炼和压延加工业	0.1101^{b} (0.3543)	0.1019^{c} (0.3652)	0.1166^{c} (0.3301)	0.1114	0.0385	0.0729	0.2034	5.2831	-0.0147^{b} (0.1164)	0.0159^{a} (0.9004)	-0.4272
交通运输设备业	0.1397^{a} (0.3896)	0.1428^{c} (0.3980)	0.1312^{c} (0.3710)	2875.91	284.70	2591.20	34.89	0.1225	0.3558^{b} (0.7319)	-0.1014^{c} (0.2713)	-101.61
电气机械和器材业	0.1498^{c} (0.3320)	0.1525^{c} (0.3347)	0.1422^{b} (0.3238)	16147.27	2434.41	13712.86	1270.30	0.5218	0.4053^{a} (0.3482)	-0.4437^{b} (0.2719)	1.1683
通信设备、计算机和其他电子设备业	0.1559^{b} (0.4052)	0.1671^{c} (0.4058)	0.1226^{a} (0.4038)	2587.37	511.54	2075.84	307.99	0.6021	0.3132^{c} (0.3771)	-0.2008^{c} (0.1185)	-0.0107
电力、热力的生产和供应业	0.1981^{c} (0.3190)	0.1916^{c} (0.3185)	0.2150^{b} (0.3200)	763.00	755.00	8.0000	149.53	0.1981	0.2164^{b} (0.4480)	0.0057^{a} (0.7462)	460.58
信息传输、软件和信息技术服务业	0.1097^{a} (0.2712)	0.1098^{b} (0.2720)	0.1096^{c} (0.2678)	918.00	575.00	343.00	584.32	1.0162	0.3596^{c} (0.8164)	-0.4004^{b} (0.1105)	1.4104
金融业	0.1506^{b} (0.2376)	0.1674^{a} (0.2354)	0.1098^{a} (0.2437)	5.7021	0.3323	5.3698	6.6152	19.91	-0.1952^{a} (0.5531)	0.0181^{c} (0.4471)	4.8031

注：①在（1）~（3）列的回归分析中，因变量为 y_{jt}，自变量为滞后一期技术创新效率 π_{jt-1} 的增长率，分全体样本、有知识资本投入 $kn_{jt-1}>0$ 和没有知识资本投入 $kn_{jt-1}=0$ 三种情形进行回归分析；②在（9）列、（10）列中回归分析中，因变量为当期技术创新效率不确定性变动程度 $\frac{v_{jt}}{E(\pi_{jt})}$，自变量分别为当期知识资本投入 kn_{jt} 和人力资本投入 h_{jt}；③a、b、c 分别表示计量结果在 1%、5%、10%水平上的显著性情况；④括号内数值是估计标准误差，对异方差和自回归均是稳健的。

本投入面临较高的折旧率。这意味着，大部分公司知识资本投入用于保持已有技术创新效率水平，而不是提升技术创新效率。知识资本净回报是技术创新效率中产出构成部分，因产业不同而有着较大差异，拥有更高知识资本投入的产业，技术创新效率因随机冲击而出现更大波动幅度。

技术创新效率不确定性变动程度$\frac{V_{jt}}{E(\pi_{jt})}$分别与知识资本投入、人力资本投入进行回归分析，表 7-6 中（9）列、（10）列计量结果表明，当知识资本投入带来技术创新效率反方向变动时，知识资本作用小于人力资本投入。农业及农产品加工业、化学工业、金属冶炼和压延加工业、金融业 4 个产业知识资本投入带来技术创新效率反方向变动，知识资本和人力资本引起的技术创新效率变动情况分别是-0.0012、-0.0009，-0.2059、-0.0032，-0.0147、0.0159，-0.1952、0.0181。然而，当知识资本投入带来技术创新效率正方向变动时，其作用又明显大于人力资本投入，石油、炼焦产品和核燃料加工业，交通运输设备业，电气机械和器材业，通信设备、计算机和其他电子设备业，电力、热力的生产和供应业，信息传输、软件和信息技术服务业 6 个产业，引起的技术创新变动情况分别是 0.4083、0.0021，0.3558、-0.1014，0.4053、-0.4437，0.3132、-0.2008，0.2164、0.0057，0.3596、-0.4004。由此可见，知识资本投入带来的技术创新效率上下变动空间明显大于人力资本投入。技术创新效率变动幅度加大，主要来自知识资本投入，而人力资本投入使技术创新效率随机变动相对平稳。从表 7-6 中（11）列可以看出，知识资本投入回报率也呈现出不规则变化，对技术创新效率随机变动产生直接影响，不同产业之间差异较大，最为显著的是电力、热力的生产和供应业，影响系数为 460.58，而最小的是交通运输设备业，影响系数为-101.61。产业之间影响方向也不相同，农业及农产品加工业、金属冶炼及压延加工业，交通运输设备业，通信设备、计算机和其他电子设备业 4 个产业的影响系数为负，具有负相关效应，而其他 6 个产业影响系数为正。以上分析再次验证了假设 4 和假设 5。

本章要点：知识资本投入和人力资本投入能够推动效率变革，从而促进生产要素的集约利用，提高技术创新效率和全要素生产率，同时也将对技术创新效率的随机变动产生差异化影响。本章采用马尔可夫链模型研究了技术创新效率的内生性与随机波动效应，讨论了知识资本投入和人力资本投入对技术创新效率变动趋势的差异化影响与异质性特征。本章研究发现，知识资本投入中技术创新效率具有内生性且随机变动效应明显；人力资本投入能够缓和阶段性技术进步对技术创新效率的负面冲击，使技术创新效率随机变动趋向平缓；知识资本投入比人力资本投入为技术创新效率变动带来更多的不确定因素，技术创新效率不确定性和非线性趋势主要是由知识资本投入与技术进步不同步引起的。在理论分析的基础上，运用广义矩估计方法量化分析技术创新效率不确定性变动趋势和随机变动效应，检验技术创新效率随机变动不确定程度、技术创新效率的内生性和非线性变动趋势。

第八章 寡头垄断市场结构的技术创新投入研究

第一节 市场结构与技术创新要素投入

一、寡头垄断厂商创新路径选择

技术创新在引领经济增长中发挥着越来越重要的作用，市场结构优化和企业组织创新有利于技术改造升级，寡头垄断厂商定价及产量决策是其形成市场竞争优势、提高经济效益、持续开展技术创新的重点环节。寡头垄断厂商定价和产量决策应当以市场为导向，优先考虑技术创新活动和投入产出效率，提高内生增长质量和效益，集聚更多高新技术、知识、人才、信息等优质创新要素。技术密集型寡头垄断企业利用竞争和垄断双重力量，在全球范围内参与技术创新活动和产业分工合作，获得更多比较优势（周立、吴玉鸣，2006）。

寡头垄断厂商凭借其市场势力，以实现利润最大化的均衡价格，保证厂商改造传统工艺、自主研发创新、产品创意设计等技术创新活动的有效投入，持续产生技术创新需求，形成良性循环发展机制，寡头垄断厂商价格竞争是技术创新的动力源泉。竞争压力迫使寡头垄断厂商不断拓宽市场销售渠道，增加产品销售收入，获得最佳技术经济效益，提高技术创新要素转化率，将企业技术优势转化为市场竞争优势，延伸产业价值链，提高产品附加值。价格和产量决策从不同侧面影响着寡头垄断厂商的技术创新活动，寡头垄断厂商应当以产出质量和经济效益为目标，在价格与产量之间做出合理决策，持续高效开展技术创新活动。

二、相关成果与本章研究重点

国内外专家学者深入研究了寡头垄断厂商不同的决策变量和竞争策略及其对技术创新活动的促进作用。熊彼特认为垄断为企业创新活动提供了有利条件，扩大产量、提高市场份额有助于寡头垄断企业跨越技术壁垒、延长技术寿命周期。阿罗认为，竞争加速技术创新要素流动，为厂商开展技术创新活动提供内在动力和外部压力。寡头垄断厂商的价格决策变量可以纳入博弈模型，描述价格形成机制，得出最优市场势力和均衡价格水平（Younes and Llic，1999）。寡头垄断企业定价策略研究，大多数都是以豪泰林空间模型为基础进行扩展的（徐伟康、王文举，2008）。寡头垄断厂商凭借其垄断地位进行价格决策，获取超额利润，激发技术创新活力，增加产品产量，扩大市场占有份额（Deb R.K.，Macatangay and Deb S.，2002）。寡头垄断厂商定价不是依据均衡价格等于边际收益和平均收益，而是受到技术创新和垄断因素影响，与完全竞争市场结构有明显区别（Pindyck and Rubinfeld，1997）。寡头垄断厂商运用技术创新要素减少产品成本，为参与价格战提供降价空间，刺激市场需求带来更大市场销售量（Gan and Bourcier，2002）。与产量竞争形成的古诺均衡相比，价格竞争形成的伯特兰均衡价格低、产量高，技术创新带来更多消费者剩余，技术创新效率相对较高（Cheng，1985）。

双寡头垄断市场一个厂商制定单一价格，另一个厂商将采取歧视定价，促进厂商实施技术创新和产品差异化战略，使产品由需求价格缺乏弹性向富有弹性转变（胥莉、陈宏民，2006）。寡头垄断厂商定价策略运行一定时间后，会不断有更加合理的策略与技术创新活动相适应，价格、产量变化都显示出规律性（任韬，2003）。寡头垄断厂商技术创新活动以市场需求为导向，最优价格和产量水平使其市场分割点朝着技术创新方向变动，降低边际成本和固定费用（徐伟康、王文举，2008）。企业是技术创新主体，对企业创新的推动力更为有效的是市场竞争压力，竞争压力迫使企业不断地进行研究开发（洪银兴，2010）。寡头垄断厂商在古诺竞争和伯特兰竞争中技术创新投入强度取决于市场竞争激烈程度，以垄断为主的寡头市场结构下，伯特兰竞争总是比古诺竞争投入更多的R&D经费（何慧爽，2010）。

国内外相关文献主要运用博弈论等理论工具，分析研究价格和产量选择如何促进厂商技术创新，取得了较为完整、系统的理论成果。相关拓展研究还可以从厂商自身具体决策内容出发，进行决策变量替换，开展实证研究，加以比较分析，深入探索厂商推进技术创新的动机及其实现途径。笔者试图从厂商定价、产量决策入手，研究寡头垄断厂商技术创新投入强度及其与工业生产者出厂价格指数、工业品总产值以及企业利润等的关系。得出的结论是，寡头垄断厂商通过价格竞争实现伯特兰均衡，比通过产量竞争实现古诺均衡更加有利于增加技术创新投入强度，寡头垄断厂商在伯特兰均衡中通过跳跃法技术创新比分步法技术创新能够获得更多利润。当价格作为决策变量时，寡头垄断厂商难以通过改变价格增加利润，因为一个厂商提高价格将会失去整个市场，另一个厂商会因为相对低价而占有整个市场，在厂商生产能力不能无限扩张的条件下，这种竞争机制使技术创新成为寡头垄断厂商获得超额利润的主要来源。当产量作为决策变量时，厂商将直接以扩大生产规模、提高市场占有率为竞争目标，忽略技术创新在改进资源配置、降低生产成本、提高产品附加值等方面的作用，削弱了厂商技术创新动力。

第二节　寡头垄断厂商技术创新分析模型

本章以 Aghion、Harris 和 Vickers（1997）提出的竞争和逐步创新增长模型为基础。寡头垄断市场结构由领导厂商和跟随厂商构成，技术创新要素可以无限供给，厂商技术水平 $k=0, 1, 2, \cdots$，两厂商技术水平组合 $(k, k-n)$，n 为两厂商技术差距，其取值范围为 $n \in \{-1, 0, 1\}$。当 $n=0$ 时，表示两厂商技术水平相当，都处于社会一般技术水平；当 $n=-1$ 和 1 时，分别表示技术水平落后于和超前于社会一般技术水平。厂商在技术水平 k 条件下，每单位要素组合能够生产 γ^k 单位产出，这里 $\gamma>1$。

技术差距步数 n 制约寡头垄断厂商的均衡利润，假设 π^n 是不同技术水平厂商的均衡利润，并随着技术模仿容易程度和 R&D 溢出效应不同而变化，寡头垄断厂商在伯特兰均衡时的利润分布 $\pi^n=\max\{0, 1-\gamma^{-n}\}$，而在古诺均衡时的利润是 $\pi^n=[\gamma^n/(1+\gamma^n)]$。a、b 分别表示领导厂商和跟随厂商利润增加量，即 $a=\pi_1-\pi_0$，$b=\pi_0-\pi_{-1}$，厂商利润增加量由厂商技术水平决定，又是其进行技术创新的内在动力。厂商技术创新投入强度和厂商定价受到技术模仿容易程度和溢出效应的直接影响，技术模仿容易程度和溢出效应以 h 表示。

一、厂商技术创新投入强度与收益之间的内在联系

寡头垄断厂商技术创新投入与其成本之间是 U 形关系，厂商投入 i 单位要素组合（包括人力资本要素）的成本函数为 $c(i)=\frac{1}{2}i^2$。这里假设厂商的风险偏好为中性，技术创新要素流动没有受到市场风险因素的影响。

设 x、y 分别表示跟随厂商和领导厂商 R&D 投入强度，跟随厂商和领

导厂商的最优投资强度组合为$\{\bar{x}, \bar{y}\}$，rV_n表示厂商在n状态技术水平下增加技术创新要素投入并扣除利率影响后的收益，模型目标是通过参数a、b、h、r求解对称均衡值x、y。那么，跟随厂商技术创新投入的收益函数是：

$$rV_{-1} = \pi_{-1} + x(V_1 - V_0) + \bar{x}(V_0 - V_{-1}) - c(x) \tag{8-1}$$

跟随厂商最优技术创新投入强度X满足条件：

$$c'(x) = V_1 - V_0 \tag{8-2}$$

领导厂商技术创新水平处于领先位置，其技术创新投入的收益函数是：

$$rV_1 = \pi_1 + (y+h)(V_0 - V_{-1}) - c(y) \tag{8-3}$$

领导厂商最优化技术创新投入强度的条件是：

$$c'(y) = V_0 - V_{-1} \tag{8-4}$$

上述4个式子表明，厂商最优技术创新要素投入水平是，增加一单位技术创新要素投入的边际成本等于厂商由于技术领先所产生的收益增量。跟随厂商进行技术模仿，将会摊薄领导厂商技术剩余，使其收益遭受损失。在厂商最优技术创新投入强度下，即$\bar{x} = x$和$\bar{y} = y$，由要素投入成本函数$c(i) = \frac{1}{2}i^2$得出如下方程：

$$\frac{1}{2}x^2 + sx - a = 0 \tag{8-5}$$

$$\frac{1}{2}y^2 + (s+x)y - \left(b + \frac{1}{2}x^2\right) = 0 \tag{8-6}$$

其中，$s \equiv (r+h)$表示由于技术模仿或溢出风险扩大的技术折旧率。求解上述方程（8-5）、方程（8-6），得到两厂商均衡技术创新投入强度：

$$x = -s + \sqrt{s^2 + 2a} \tag{8-7}$$

$$y = \sqrt{s^2 + x^2 + 2(a+b)} - \sqrt{s^2 + 2a} \tag{8-8}$$

如果$a \geqslant b$，则有$x > y$，当领导厂商利润增加量大于跟随厂商利润增加量时，两厂商进行独立竞争，跟随厂商R&D投入强度将高于领导厂商R&D投入强度。由式（8-7）、式（8-8）可得：

$$x' = \frac{-x}{s+x} \tag{8-9}$$

$$y' = \frac{-(x^2+sy)}{(s+x)(s+x+y)} \tag{8-10}$$

其中，$-1 \leqslant x' < 0$，$-1 \leqslant y' < 0$，跟随厂商和领导厂商 R&D 投入强度 x、y 都随着折旧率 s 提高而减少，领导厂商技术创新投入强度 y 随着模仿难度加大或 R&D 溢出效应 h 减弱而增加。由此得出以下研究假设。

假设 1：在逐利动机的驱使下，跟随厂商通过技术模仿，投资前沿技术创新活动的动机较为强烈，缩小与领导厂商的技术距离，领导厂商也将面临竞争压力，竞争机制迫使其持续不断地投入技术创新活动。

二、技术模仿、溢出效应与厂商价格的联动变化分析

设 λ、1 − λ 为寡头垄断竞争条件下领导厂商和跟随厂商各自的市场占有率，两者市场份额、R&D 投入强度、技术模仿难易程度以及 R&D 溢出效应之间有着内在联系。

$$2\lambda x = (1-\lambda)(y+h) \tag{8-11}$$

两厂商在 t 时期内面临的市场总需求 C（t）经过水平加总可得 $\log C(t) = \int_0^1 \log Q_i \, di$，因此，市场需求增长率是

$$g = \frac{d}{dt}\log C(t) = 2\lambda x \cdot \log\ \gamma \tag{8-12}$$

由此可得，在市场利率 r、跟随厂商模仿容易程度或 R&D 溢出效应都等于 0 时的市场需求增长率为

$$g = \frac{2(1+b/a)\sqrt{2a}}{(1+\sqrt{2+b/a}\ )^2} \cdot \log\ \gamma \tag{8-13}$$

厂商逐利动机在市场竞争机制和价格机制的共同作用下，领导厂商价格将与技术模仿容易程度及技术溢出效应产生联动变化，在模型中领导厂商价格可以由不断变化的 h 体现，由式（8-11）和式（8-12）可以得出：

$$\frac{\log \gamma}{g} = \frac{1}{2x} + \frac{1}{y+h} \tag{8-14}$$

领导厂商技术创新投入强度随技术模仿难度加大、外溢效应趋小而增加，将会使领导厂商提高产品价格，扩大技术壁垒的锁定效应。跟随厂商只有通过降低价格获得市场份额，由降价而损失的生产者剩余只能依靠技术创新投入、提高产品附加值进行补偿。在技术模仿容易、外溢效应明显时，两厂商竞相采取降价策略，加大 R&D 投入，通过提高产品技术含量和附加值获得更多利润。

三、价格与产量的技术创新投入模型分析

寡头垄断市场中两厂商开展技术创新活动，不同的决策变量将会有不同效果。假设厂商技术水平 $k=1$，比较研究价格竞争形成的伯特兰均衡和产量竞争形成的古诺均衡，决策变量不同将会引起厂商在技术创新方面的投资强度各有差异。

$$a_B = \frac{\gamma-1}{\gamma},\quad a_C = \frac{(\gamma-1)(3\gamma+1)}{4(\gamma-1)^2},\quad b_C = \frac{(\gamma-1)(3+\gamma)}{4(\gamma+1)^2} \tag{8-15}$$

当然 $b_B=0$，下标 B 和 C 分别表示伯特兰均衡和古诺均衡。由于 $a_C + b_C = \frac{(\gamma-1)}{(\gamma+1)}$，因此有 $a_B > a_C + b_C > a_C$。由式（8-11）可得，$x_B > x_C$，寡头垄断厂商在价格竞争的伯特兰均衡条件下投资技术创新的动机比在产量竞争的古诺均衡条件下更加强烈。

在伯特兰均衡条件下的厂商决策变量是产品价格，在技术模仿相对容易、R&D 溢出效应明显时，领导厂商降低价格能够迅速地提高市场占有率和利润增量，跟随厂商将会产生强烈的 R&D 投入动机，加快进行技术模仿。当技术模仿难度较大、R&D 溢出效应不明显时，跟随厂商只有依靠自主创新，加大技术创新投入，才能获得竞争优势。

在产量竞争的古诺均衡下，领导厂商和跟随厂商都以扩大市场份额为目标，大批量生产将会分摊单位产品固定成本，依靠市场广告、售后服务

和改进营销模式等途径提高市场占有率，而不是加大技术创新力度，走内涵扩大再生产的发展路子。由上述内容归纳得出以下研究假设。

假设 2： 伯特兰均衡下的价格竞争比在古诺均衡下的产量竞争更能够促使厂商持续稳定地加大技术创新投入强度。

价格战并没有使寡头垄断厂商技术创新能力受到削弱。寡头垄断市场均衡价格仍然高于边际成本，厂商能够获得较多的超额利润投入技术创新活动，其主要原因是一个寡头垄断厂商的供给能力难以完全满足全部市场需求，另一个厂商将加大技术创新力度，细分目标市场，增加销售份额，追逐更多的超额利润。寡头垄断厂商在竞相降价时，对降价的短期收益与价格战的长期损失进行权衡，为避免价格战造成两败俱伤，寡头垄断厂商相互勾结，在 $p_1 = p_2 > MC$ 时达成价格协议。寡头垄断厂商总是倾向于通过技术创新提高产品差异化程度和服务质量，扩大市场势力，保持价格高于边际成本（平新乔，2001）。

四、跨越式与渐进式技术进步投入的效益分析

假设寡头垄断厂商是渐进式技术进步的，投入 $\sqrt{J}$ 单位要素进行技术创新活动，逐步加大 R&D 投入强度，而跨越式技术进步是一次性投入 J 单位要素开展技术创新活动，可以缩短技术创新周期，加速技术创新成果转化。假设 θ_1 和 θ_{-1} 分别表示领导厂商和跟随厂商的利润，渐进式技术进步获得的利润 $d \equiv \theta_1 - \theta_{-1}$，均来自 $\sqrt{J}$ 单位要素投入，研究结论认为：$\pi_1 > \theta_1 > \theta_{-1} > \pi_{-1}$。因此有 $d < a + b$，跨越式技术进步获得的利润将会超过渐进式技术进步获得的利润。

假设 W_n 为厂商在不同技术水平下开展技术创新获得的收益，其技术创新水平位于竞争对手的前 n 步（$n \in \{-1, 1\}$），z 为其跟随者均衡的 R&D 活动投入要素组合支出。由式（8-1）至式（8-4）结果可得 $c'(z) = W_1 - W_{-1}$，$\frac{3}{2}z^2 + rz - d = 0$。

跨越式技术创新引起的增长率是：

$$g_L = z \cdot \log\sqrt{\gamma} = \frac{1}{2} z \cdot \log\gamma \tag{8-16}$$

其中，$z = \frac{1}{3}(-r + \sqrt{r^2 + 6d})$。

当 $r = 0$ 时，由式（8-13）可以得到：

$$\frac{g}{g_L} = \frac{4(1 + b/a)}{(1 + \sqrt{2 + b/a})^2}\sqrt{\frac{3a}{d}} \tag{8-17}$$

当 $r \to +\infty$，$rx \to a$，$rz \to d$ 和 $\lambda \to \frac{b}{2a+b}$ 就会有 $\frac{g}{g_L} \to \frac{4ab}{(2a+b)d}$。在伯特兰均衡条件下，$\frac{g}{g_L}$ 值严格小于 1，利润从跨越式技术进步中获得严格正增长，比渐进式技术进步获得更高收益。但是，在古诺竞争条件下，当 r 较高时，并不会出现 $g_L > g$，例如在 $\gamma \cong 1$ 这种情况下，古诺竞争均衡是 $\frac{4ab}{(2a+b)d} \cong \frac{4}{3}$，即 $\frac{g}{g_L} > 1$，跨越式技术进步增长率慢于渐进式技术进步增长率。因此，只有在伯特兰均衡条件下跟随厂商才有积极性抢先一步进行技术创新。由此得出以下研究假设。

假设 3： 寡头垄断厂商将在伯特兰均衡中通过跨越式技术进步获得更多利润，因为跨越式技术进步遵循的是非均衡增长路径（Grossman and Helpman，1991）。

第三节 变量、数据、实证模型与方法

一、变量选择和数据说明

本章重点研究31个省、自治区、直辖市明显具有寡头垄断特征的6个行业，即煤炭开采和洗选业，石油和天然气开采加工业，有色金属矿采选业，专用设备制造业，通信设备、计算机及其他电子设备制造业和交通运输设备制造业。6个行业均由少数厂商控制，行业进入壁垒较高，每个厂商产量在整个行业中占有较大比重，其价格和产量决策都对同类厂商或行业产生较大影响，产品存在差别。实证分析的被解释变量是寡头垄断厂商R&D经费内部支出，用以衡量技术创新投入强度，主要解释变量有工业生产者出厂价格指数和按当年价格计算的工业总产值，分别代表寡头垄断厂商价格和产值的决策变量。本章还把寡头垄断厂商利润总额纳入实证研究中，进一步观察在伯特兰和古诺均衡模型下，厂商不同的决策变量对技术创新投入强度及效益的影响。数据来源主要是《中国统计年鉴》及各省、自治区、直辖市统计年鉴、《中国科技统计年鉴》和中经网产业数据库。各项指标均进行了对数化处理，以消除可能存在的异方差，序列平稳性和协整关系检验结果显示，所选变量二阶差分在1%显著性水平上都是平稳的，变量在含截距项、不含时间趋势项的条件下存在协整关系，回归结果具有经济学含义。实证分析使用STATA11.1版本计量软件。

二、实证模型设定

本章采用动态面板模型来验证前文提出的三个理论假设。该模型的优点在于，既关注工业生产者出厂价格指数或工业总产值对本期被解释变量的影响，又关注内生被解释变量滞后项对本期的影响，即寡头垄断厂商R&D经费内部支出在时间上的延续性。伯特兰均衡分析和古诺均衡分析模型设定如下：

$$rd_{it} = \alpha_0 + \alpha_1 rd_{it-1} + \alpha_2 rd_{it-2} + \alpha_3 price_{it} + \alpha_4 price_{it-1} + \mu_t + \delta_i + \varepsilon_{it} \quad (8-18)$$

$$rd_{it} = \beta_0 + \beta_1 rd_{it-1} + \beta_2 rd_{it-2} + \beta_3 ralue_{it} + \beta_4 ralue_{it-1} + \mu_t + \delta_i + \varepsilon_{it} \quad (8-19)$$

其中，rd_{it}表示i省、自治区、直辖市t时期的大中型工业企业R&D经费内部支出，rd_{it-1}、rd_{it-2}用于捕获大中型工业企业R&D经费内部支出的持续性，系数α_1、β_1和α_2、β_2分别用于表示i省、市、自治区t-1时期、t-2时期R&D经费内部支出对当期的影响，即反映大中型工业企业对R&D经费连续投入情况。主要解释变量$price_{it}$、$value_{it}$和$price_{it-1}$、$value_{it-1}$为i省、自治区、直辖市t时期、t-1时期的工业生产者出厂价格指数和工业总产值，分别用以表示厂商价格和产值的决策变量，系数α_3、β_3和α_4、β_4分别用于表示i省、自治区、直辖市t时期、t-1时期工业生产者价格指数与工业总产值对厂商R&D投入的影响。μ_t为时间固定效应，δ_i为省、自治区、直辖市固定效应，ε_{it}为随机误差效应。

三、估计方法

标准的动态面板数据固定效应模型要求解释变量与随机误差项之间不相关，即有$cov(price_{it}, \varepsilon_{it}) = cov(price_{it-1}, \varepsilon_{it}) = cov(value_{it}, \varepsilon_{it}) = cov(value_{it-1}, \varepsilon_{it}) = 0$，但由于模型涉及被解释变量的滞后项和工业生产者出厂价格、工业总产值对厂商R&D投入的反向因果关系，存在$cov(rd_{it-1}, \varepsilon_{it}) \neq 0$、$cov(rd_{it-2}, \varepsilon_{it}) \neq 0$、$cov(price_{it}, \varepsilon_{it}) \neq 0$、$cov(price_{it-1}, \varepsilon_{it}) \neq 0$、$cov(value_{it}, \varepsilon_{it}) \neq 0$、$cov(value_{it-1}, \varepsilon_{it}) \neq 0$这样的问题，所以会造成固定效应估计量发生偏离。同时，动态面板数据模型还可能存在解释变量与被解释变量之间的联立性问题，比如工业生产者出厂价格指数、工业总产值或利润总额变动会影响到寡头垄断厂商R&D投入强度，但是厂商R&D投入变

化也会反过来对工业生产者出厂价格指数、工业总产值产生作用。因此，在工具变量满足相关性和外生性的条件下，二阶段最小二乘法（2SLS）能够满足工具变量线性组合富有效率的要求。2SLS 方法是由两次回归过程构成的，第一阶段是用内生解释变量对工具变量回归，得到相应拟合值，第二阶段回归是被解释变量对该拟合值进行回归，得到最终回归结果。2SLS 方法可以使用多个工具变量，有效解决模型中变量的内生性问题，消除变量中的衰减偏误。

实证研究在运用 OLS 方法进行估计时，当期利润和滞后一期利润作为解释变量，而运用 2SLS 方法进行估计时，当期利润和滞后一期利润作为工具变量。实证研究首先对 2SLS 方法中的工具变量有效性进行检验，实质上是把内生解释变量 p_t 分成两个部分，即由工具变量 x_t 所造成的外生部分 $\hat{p}_t$ 以及与扰动项相关的其余部分（$p_t - \hat{p}_t$），然后把被解释变量 q_t 对 p_t 中的这个外生部分 $\hat{p}_t$ 进行回归，从而满足 OLS 对前定变量的要求而得到一致性估计。

6 个行业工具变量与解释变量相关性检验表明，只有交通运输设备制造业与通信设备、计算机及其他电子设备制造业的检验统计量偏低，但 2SLS 回归模型均有 2 个内生解释变量，弱工具变量现象不会影响回归结果的有效性。6 个行业工具变量外生性检验结果显示，伯特兰模型的 Wu-Hausman 值、Durbin（Score）$Chi^2(2)$ 值均高于古诺模型的相应值，即以当期和滞后一期利润总额作为工具变量时，价格变量解释技术创新投入强度的有效性比工业总产值解释的有效性更高，特别是专用设备制造业，通信设备、计算机及其他电子设备制造业，交通运输设备制造业等技术密集型行业，以利润总额作为工具变量，寡头垄断厂商技术创新投入对价格变动更为敏感。

第四节　计量结果分析

一、伯特兰均衡与古诺均衡的比较分析

表 8-1 给出了全国 31 个省、自治区、直辖市 6 个行业动态面板数据的计量结果，分行业列出 OLS 和 2SLS 两种计量方法的变量、回归系数、标准误差及显著性水平。实证研究的结论是寡头垄断厂商通过价格竞争实现伯特兰均衡，比通过产量竞争实现古诺均衡更加有利于增加技术创新投入强度，跨越式技术进步比渐进式技术进步能够为厂商增加更多利润。

在伯特兰和古诺均衡模型中，除交通运输装备制造业伯特兰模型中 2SLS 计量方法的 R^2 为 0.451 外，其他 5 个行业两种计量方法的 R^2 均在 0.9 以上，解释变量与被解释变量存在较强的相关性，OLS 和 2SLS 两种计量方法的 F 值、Wald-Chi^2 均处于高位状态，说明相关变量之间内在经济联系较为紧密，计量分析结果说明寡头垄断厂商不同决策变量对技术创新投入存在深刻影响。

当利润作为解释变量时，假设其他条件不变，在技术模仿难度加大、技术溢出效应较小的情况下，竞争机制促使领导厂商领先一步开展技术创新活动，加大当期利润投入技术创新活动。计量分析结果表明，OLS 计量方法将当期和滞后一期利润总额作为解释变量时，在多数情况下的回归系数均为正，6 个行业伯特兰均衡下的当期利润回归系数全部为正，寡头垄断厂商将更多的当期利润用于技术创新投入。跟随厂商模仿技术创新，紧跟前沿技术，技术创新投入动机更加强烈。由此可得，假设 1 是正确的。但是，由于受到技术模仿难易程度、行业组织特征和技术寿命周期、技术壁垒等因素影响，6 个行业寡头垄断厂商利润用于技术创新活动的份额还

表 8-1　寡头垄断行业伯特兰模型和古诺模型计量结果

变量	煤炭开采和洗选业				石油和天然气开采加工业				有色金属矿采选业			
	伯特兰模型		古诺模型		伯特兰模型		古诺模型		伯特兰模型		古诺模型	
	OLS	2SLS	OLS	2SLS	OLS	2SLS	OLS	2SLS	OLS	2SLS	OLS	2SLS
α_0	0.6961 (-1.5250)	-2.2058 (1.9036)			1.2602 (0.8094)	2.2013 (2.5961)			2.8715 (1.7875)	9.3187 (4.3200)**		
β_0			0.5638 (0.5586)	-0.2574 (0.3607)			-0.1754 (0.3288)	0.4315 (0.5902)			0.2466 (0.3183)	0.0122 (0.3601)
$R\&D_{it-1}$	0.7103 (0.0707)***	0.7130 (0.0747)***	0.7132 (0.0707)***	0.7225 (0.0170)***	0.7055 (0.0720)***	0.6963 (0.0781)***	0.6968 (0.0715)***	0.7276 (0.0787)***	0.7084 (0.0721)***	0.6731 (0.0807)***	0.7107 (0.0710)***	0.7106 (0.0725)***
$R\&D_{it-2}$	0.2409 (0.0688)***	0.2341 (0.0723)***	0.2388 (0.0688)***	0.2306 (0.0748)***	0.2560 (0.0705)***	0.2703 (0.0773)***	0.2618 (0.0700)***	0.2359 (0.0755)**	0.2414 (0.0700)***	0.2667 (0.0766)***	0.2390 (0.0619)***	0.2371 (0.0704)***
$price_{it}$	0.8166 (0.9809)	-5.5402 (1.7000)***			0.0400 (0.0937)	-0.4102 (0.4338)			-0.4427 (0.2624)*	-0.3785 (0.4578)		
$price_{it-1}$	-0.8355 (0.9409)	-4.8946 (1.7434)***			-0.1753 (0.1188)	-0.0685 (0.4338)			-0.0647 (0.2547)	-1.4180 (0.7003)**		
$value_{it}$			-0.0768 (0.1172)	-0.4809 (0.2348)**			-0.0278 (0.0813)***	-0.2936 (0.2568)			-0.1730 (0.1268)	0.2634 (0.3198)
$value_{it-1}$			0.0640 (0.1201)	0.6913 (0.2504)***			0.1916 (0.0905)**	0.3426 (0.2294)			0.2895 (0.1113)*	-0.045 (0.2978)
lr_{it}	0.1497 (0.1016)		-0.1190 (0.9720)		0.0213 (0.0124)*		-0.0700 (0.0112)		0.1204 (0.0733)		0.0948 (0.0748)	
lr_{it-1}	0.2138 (0.0931)**		0.2124 (0.0882)**		-0.0135 (0.0108)		-0.1754 (0.3288)		0.0019 (0.0614)		-0.0235 (0.0715)	

续表

变量	煤炭开采和洗选业				石油和天然气开采加工业				有色金属矿采选业			
	伯特兰模型		古诺模型		伯特兰模型		古诺模型		伯特兰模型		古诺模型	
	OLS	2SLS	OLS	2SLS	OLS	2SLS	OLS	2SLS	OLS	2SLS	OLS	2SLS
Wu-Hausman 检验值		3.7154		2.9263		2.5117		0.6392		1.8997		0.8416
		0.0262		0.0562		0.0840		0.5289		0.1526		0.4327
Durbin-Chi² (2)		7.4136		5.8889		5.0774		1.3190		3.8659		1.3265
		0.0246		0.0562		0.0790		0.5171		0.1447		0.4205
Min Eigenvalue S.		27.9846		13.8901		4.8123		9.3022		13.0627		9.8466
Wald-Chi²		6620		6233		6823		7930		5680		6196
F	1204		1203		1323		1358		1056		1080	
R^2	0.9758	0.9726	0.9758	0.9709	0.9779	0.9733	0.9785	0.9771	0.9725	0.9682	0.9731	0.9708

变量	专用机械设备制造业				通信设备、计算机及其他电子设备业				交通运输设备业			
	伯特兰模型		古诺模型		伯特兰模型		古诺模型		伯特兰模型		古诺模型	
	OLS	2SLS	OLS	2SLS	OLS	2SLS	OLS	2SLS	OLS	2SLS	OLS	2SLS
α_0	2.3234 (1.1422)**	6.077 (2.1463)***			-2.2343 (1.3430)	7.9758 (9.2247)			0.9532 (2.4383)	-54.6045 (208.6724)		
β_0			0.3258 (0.2088)	0.3418 (0.1636)**			-0.7579 (0.5999)	0.6532 (1.7594)			-0.992 (1.1989)	-3.313 (5.5954)
$R\&D_{it-1}$	0.6933 (0.0716)***	0.6699 (0.0751)***	0.6875 (0.0717)***	0.6865 (0.0706)***	0.7390 (0.0719)***	0.7067 (0.0925)	0.7094 (0.0720)	0.7434 (0.0859)***	-0.0231 (0.0163)	0.0416 (0.1953)	-0.0269 (0.0164)	-0.0182 (0.0303)

续表

变量	专用机械设备制造业				通信设备、计算机及其他电子设备业				交通运输设备业			
	伯特兰模型		古诺模型		伯特兰模型		古诺模型		伯特兰模型		古诺模型	
	OLS	2SLS	OLS	2SLS	OLS	2SLS	OLS	2SLS	OLS	2SLS	OLS	2SLS
$R\&D_{it-2}$	0.26 (0.0696)***	0.2787 (0.0724)***	0.2683 (0.07)***	0.2695 (0.0688)***	0.2130 (0.0700)***	0.253 (0.0120)***	0.2364 (0.0699)***	0.2106 (0.0793)***	0.9131 (0.0160)***	0.9018 (0.0613)***	0.9074 (0.0159)***	0.8941 (0.0203)***
$price_{it}$	−0.329 (0.171)*	−0.5679 (0.25)**			0.0863 (0.4672)	−4.0909 (4.3012)			0.3766 (0.3337)	−14.9947 (43.9961)		
$price_{it-1}$	−0.0546 (0.1409)	−0.569 (0.2367)**			0.7231 (0.4789)	−2.548 (4.7675)			−0.26 (0.3504)	−3.1884 (5.8087)		
$value_{it}$			0.0093 (0.0928)	−0.0521 (0.1526)			0.0656 (0.0997)	−0.3518 (0.4419)			0.2966 (0.1144)***	0.8349 (0.4172)**
$value_{it-1}$			0.1204 (0.0908)	0.1729 (0.1657)			0.1964 (0.1146)*	0.3747 (0.2612)			0.1245 (0.1171)	−0.0329 (0.7818)
lr_{it}	0.0771		−0.0197		0.011		−0.0033		0.0272		0.02	
	(0.0661)		(0.0652)		(0.0114)		(0.0129)		(0.014)*		(0.0141)	
lr_{it-1}	0.0013		0.0085		−0.0166		−0.0118		−0.0067		−0.0026	
	(0.0578)		(0.0607)		(0.0725)		(0.0126)		(0.0154)		(0.0153)	
Wu-Hausman 检验值		1.8254		0.05745		1.5767		0.4511		2.0357		1.0281
		0.1641		0.9442		0.2095		0.6377		0.1336		0.3598
Durbin-Chi^2 (2)		3.7178		0.1193		3.2201		0.9328		4.1365		2.1124
		0.1558		0.9421		0.1999		0.6273		0.1264		0.3478

续表

变量	专用机械设备制造业				通信设备、计算机及其他电子设备业				交通运输设备业			
	伯特兰模型		古诺模型		伯特兰模型		古诺模型		伯特兰模型		古诺模型	
	OLS	2SLS	OLS	2SLS	OLS	2SLS	OLS	2SLS	OLS	2SLS	OLS	2SLS
Min Eigenvalue S.		24.829		19.6943		1.38		4.6636		0.06289		1.9242
Wald-Chi^2		7198		7676		4159		6006		324		3494
F	1247		1235		1057		1063		664		682	
R^2	0.9766	0.9748	0.9764	0.9763	0.9726	0.9737	0.9737	0.9699	0.957	0.451	0.9567	0.9491

注：①***、**、* 分别表示在 1%、5%、10%的显著性水平上显著；②2SLS 回归方法选取当期和滞后一期的利润总额指标作为工具变量；③工具变量有效性检验既包括 Hausman 检验值、Durbin-$Chi^2(2)$值，又包括对应的 p 值。

不高，波动较大，缺乏连续性，利润与技术创新投入相关关系的显著性水平还不明显。

在伯特兰模型下，寡头垄断厂商实行降价策略，假设其他条件不变，降低当期和滞后一期价格将会促进厂商增加技术创新投入。2SLS 回归方法把寡头垄断厂商当期和滞后一期利润作为工具变量，厂商降低当期和滞后一期价格时，将会引起 6 个行业寡头垄断厂商技术创新投入不同程度的增长。石油和天然气开采业、有色金属矿采选业等资源性行业，寡头垄断厂商利润对价格变动的依赖性较强，资本和劳动密集型特征明显，需要依托大型设备更新换代和传统生产工艺革新改造开展技术创新活动，价格下降只能引起厂商较小幅度的技术创新投入，而通信设备、计算机及其他电子设备业、交通运输设备业等技术密集型行业，技术寿命周期短，更新步伐快，厂商价格下降促使其不断加大技术创新投入。在古诺模型下，继续把利润作为工具变量，厂商增加当期工业总产值，引起技术创新投入下降或小幅上涨，专用设备业、煤炭开采和洗选业等成套产品或大宗商品生产行业就会出现这种情况。这些行业的技术创新活动跨越由模仿技术到辅助性技术创新，再进行核心技术创新的技术演变路径，需要以核心技术为引领带动重大装备设施技术更新，再进行规模扩张，进行大批量生产。寡头垄断厂商通过扩大产量、增加产值实现外延扩大再生产，诱导厂商加大物质资源消耗，占用技术创新活动投入。假设 2 由此获得证明。

二、跨越式和渐进式技术进步的比较分析

把寡头垄断厂商当期利润总额作为被解释变量，滞后一期、滞后二期 R&D 经费内部支出作为解释变量，研究渐进式技术进步投入对厂商利润的影响，再把滞后两期 R&D 经费内部支出合并，作为一个解释变量，用以反映跨越式技术进步要素投入为厂商利润带来的变化。实证分析运用 2SLS 估计方法，分别把工业生产者价格指数和工业总产值作为工具变量，假设其他条件不变，在伯特兰和古诺均衡下进行计量分析并加以比较研

究。由表 8-2 可以得出，伯特兰均衡条件下的跨越式和渐进式技术进步投入的回归效果比较接近，R^2 分别为 0.5617 和 0.6402，在古诺均衡条件下的情况也与之类似，R^2 分别为 0.8977 和 0.8981。在伯特兰均衡条件下，跨越式技术进步每增加 1%R&D 经费内部支出，将会为厂商带来 0.3963% 当期利润，两者相关关系在 1%显著性水平下高度显著。而渐进式技术进步每增加 1%滞后一期和滞后二期 R&D 经费内部支出，仅仅能够为厂商带来 0.1139%和 0.3063%当期利润。由此可见，在价格竞争形成的伯特兰均衡下，跨越式技术进步能够为厂商带来更多利润。

表 8-2 跨越式和渐进式技术进步的计量结果分析

变量	伯特兰模型		古诺模型	
	跨越式	渐进式	跨越式	渐进式
α_0	-7.6633 (5.2476)		-1.8915 (0.2045)***	
β_0		-6.3905 (4.7468)		-2.0003 (0.2237)***
rd_{it}	0.3963 (0.0651)***		-0.0303 (0.0401)	
rd_{it-1}		0.1139 (0.1508)		0.0219 (0.06365)
rd_{it-2}		0.3063 (0.1183)***		0.0738 (0.0643)*
$price_{it}$	1.8270 (1.2994)**	1.5543 (1.1749)		
$value_{it}$			0.9605 (0.0715)***	1.000 (0.0801)***
Wald-Chi^2 值	334.36	414.78	1596.28	1614.66
R^2	0.5617	0.6402	0.8977	0.8981

注：①***、**、* 分别表示在 1%、5%、10%的显著性水平上显著；②采用 2SLS 方法进行估计，并分别选取当期价格和产值指标作为工具变量；③由于受到篇幅限制，该部分合并全部产业进行动态面板数据分析，而没有分产业进行计量分析。

在古诺均衡条件下，跨越式技术进步每增加 1%R&D 经费内部支出，引起当期利润下降 0.0303%，而渐进式技术进步每 1%滞后一期 R&D 经费内部支出仅仅能为厂商带来 0.0219%的当期利润，1%滞后二期 R&D 经费内部支出将会使厂商当期利润下降 0.0738%。得出的结论是，在伯特兰均衡条件下的跨越式技术进步投入能够为厂商带来更多利润，渐进式技术进步投入使利润增长缓慢，而在古诺均衡条件下的跨越式和渐进式技术进步投入使厂商利润出现微弱上升甚至下降。结论与假设 3 相一致。

本章要点：寡头垄断厂商通过价格竞争，实现伯特兰均衡，比通过产量竞争实现古诺均衡更加有利于厂商形成强烈的技术创新动机。跨越式技术进步比渐进式技术进步能够为厂商增加更多利润，厂商将会加大技术创新要素投入，实现内涵扩大再生产。

第九章　加工制造部门水平分工与技术创新效率投入变动

第一节　水平分工概念与相关研究

一、水平分工概念的提出

随着技术、知识、人才等创新要素跨产业交流与融合，技术创新成果得到快速催生和转化。技术创新要素流动引起产业内水平分工更加专业，生产要素配置更加优化。技术创新主体和应用主体均在市场机制引导下购买或自主研发高新技术，技术寿命周期逐步缩短，行业细分日益深化，专业化程度逐步提高，加工制造部门产业内前向水平分工和后向水平分工渐趋明显，厂商自主创新能力将会获得不同程度的提升，优化技术创新效率存在较大差异。

加工制造部门前向水平分工是以专业科研部门输出的技术、知识和人才为导向，提高产业内劳动分工的专业化程度，依靠科研事业、研究与试验发展业、综合技术服务业等专业科研单位的技术创新要素流入，通过购买获取技术创新要素，从而提高加工制造环节技术投入规模。但是，购买大量技术创新要素，对产业内自主创新能力将会产生挤出效应，削弱其自主创新研发投入，简单引进、嫁接技术会使加工制造部门沦为“组装车间”，从而造成“有产业无技术”的局面。加工制造部门后向水平分工是以厂商自主创新、提高自主研发能力为主要方向开展的，依托技术研发、试验、应用、质量控制、价值分配等环节，渗透到技术创新研发、推广和应用体系中。后向水平分工使技术创新需求起源于产业内加工制造环节，厂商自主确定技术创新方向和投入力度，减少技术购买投入，自主创新投入能够在研发方向、要素边际替代效应、成果转化效率等方面得到很大改进，推进产学研一体化，提高企业自主创新投入强度。

加工制造厂商在前向水平分工条件下购买技术创新要素，必须将其主要增值收益让渡给专业科研部门，投入产出比例偏离最优状态。在后向水平分工条件下却能够拥有更多超额利润，从而获得可持续的技术创新投入，技术创新效率得到显著提高。加工制造部门技术创新投入强度随着其水平分工模式变化而变化，这一方向具有较高的研究价值。

二、相关研究述评

国内外相关学者对产业内分工现象与产业升级、技术创新活动进行了深入研究，取得了一系列研究成果。产业内分工发展和深化不仅为发展中国家加工贸易提供广阔的发展空间，同时也有利于发展中国家产业结构升级。我国贸易转型升级本质就是使我国企业从加工纯粹的劳动密集型产品或低端环节嵌入产业的全球价值链，并不断向价值链的高附加值环节延伸，最终实现产品价值链全面升级，从而使我国经济在国际分工格局中占据有利地位（汤碧，2012）。技术扩散的途径是输出具有较高技术含量的材料、产品、设备，直接转让、出售新技术和新工艺，技术扩散先向最近的等势面扩散创新技术。沿着技术梯度最小的方向将技术创新要素首先传递给最近等技术面上的第一个技术势差——最小技术势差，也就是技术创新要素潜在采用者（陈国宏、王吓忠，1995）。分工表现为整个社会产业结构的变化并由此引发自然资源在不同部门的流动，这种变化的动因来自

"幸福人"为满足自身生存与发展需求而进行的技术创新，渐进的过程会引起质的飞跃（脱文娟、王丰，2009）。进口新的中间投入产品能够通过优化投入产出比例提升进口国的生产率，处于产品内分工价值链的企业能够从全球获得比国内价格低或者质量高的中间投入品，增加中间产品多样性以及隐含在资本品中的先进技术，帮助企业逐步形成自身的生产研发能力、实现技术进步和产业升级。行业研发密集度越高对制造业技术进步的提升作用越明显（肖文、殷宝庆，2011）。企业技术创新能力是指企业从事技术创新活动并以技术创新为内在机制推进企业经济增长和发展的能力（王拓、李莉、胡远洲，2009）。

国外学者提出的分工理论集中体现在威廉姆森的交易成本理论和格罗斯曼、哈特以及冒等教授的知识产权理论。可是，他们研究的是不完全信息合同和机会行为，前向水平分工投资机会行为可以预测相关投资，产权理论倾向于把水平分工作为潜在升级问题的一种情况。专业化逐步深入，增加技术创新投入成本，水平分工将更加广泛。罗默（2006）认为经济体系中存在的研究部门负责生产新知识，并简化地将社会抽象为一个由两个分工部门组成的体系，其中一个负责物质资本生产，而另一个则生产知识、人力资本。Kiley（1997）、Deardorff（2001）、Arndt 和 Kierzhowski（2001）和 Romer（1990）等学者均研究了不同生产工序的不同技术和要素特征，扩展了相关技术应用与分工理论。交易成本经济学方法的关键预测，通过研究测度专业化与水平分工之间的关系进行验证，如同 Whinston（2001）强调的，产权理论没有预测到专业化整体水平和水平分工，也没有深入研究引进中间投入、自主研发创新和厂商水平分工之间的关系，因而需要更加严格的实证分析。

余秀江、张岳恒、孙良媛（2004）研究认为，垂直分工使企业增加层级和数量，降低集群系统可靠性，而水平分工将会增加集群系统可靠性。生产技术革新提高专业化程度，深化企业外部分工关系，产品差异化基础上的水平分工作用日益突出（岳军，2006）。目前，国内大多数高新区是自成体系的水平分工模式，限制高新区提高自主创新能力，而新的分工模式在园区内部主要是水平分工模式，在园区之间主要是垂直型的分工模式，这种模式有利于提高自主创新能力（李雪、赵大平，2009）。从细分行业来看，知识服务业对自身的中间需求最高。作为服务经济兴起的重要驱动力，知识服务业一方面带动了就业，增加了居民收入；另一方面通过产业之间知识转移、知识溢出效应和专业化分工深化提高了整个国民经济体系的效率和产出（李江帆、张少华，2013）。随着企业面临的需求日益多样化以及竞争强度越来越高，追求专业化而不是范围经济便成为企业普遍的一个重要战略选择。原先作为企业内部的研发、设计、会计、营销、咨询等服务职能部门逐步分离出来，由独立市场主体运作。生产性服务这种由“内在化”向“外在化”的演进趋势，是专业化分工逐步细化、市场化水平不断提高的必然结果（顾乃华，2010）。发达国家“再工业化”过程中新技术革命可以导致新型制造业重新流回发达国家，形成国际竞争力，使美国等发达国家继续成为新一轮全球产业分工体系中的控制者，而发展中国家仍然是全球产业体系与产业链中的被控制者（芮明杰，2012）。

国内外相关成果主要研究垂直一体化分工，厂商参与垂直分工能够延伸产业链、提高产品附加值，为厂商开展技术创新活动提供资金支持，而有关产业内水平分工文献相对较少。本章将重点对阿西姆格鲁垂直一体化及技术理论模型进行创新改进，运用近七次全国投入产出调查数据进行实证分析，研究发现加工制造部门前向水平分工与后向水平分工影响其技术创新投入强度，并提出相应的研究结论。

第二节　模型分析

假设技术创新体系由加工制造部门和专业科研部门构成。加工制造部门从事产品批量生产，技术含量相对较低，位于技术创新体系末端，通过购买技术创新要素或自主研发实现技术升级换代，专业科研部门特点是知识密集度高、技术含量高、附加值高，科研成果需要向加工制造部门转移，实现成果转化。

本章研究的主题是，加工制造部门前向水平分工，依靠购买专业科研部门技术创新要素，增加技术创新要素投入数量，加工制造部门自主创新能力受到削弱，技术创新效率难以大幅度提高；加工制造部门后向水平分工，依靠自身投入开展技术创新活动，推进厂商开展自主创新，产学研一体化促进技术创新效率显著提升。加工制造部门后向水平分工需要更多知识技能型劳动要素，部门内出现新的岗位和工种，随着技术成熟和大范围推广应用，优化知识技能要素与其他要素组合，集聚形成新的细分行业，劳动力要素投入由数量型向质量型转变，提高技术创新投入产出效率。

一、加工制造部门水平分工模型

加工制造部门水平分工下技术创新效率研究是在阿西姆格鲁垂直一体化及技术模型的基础上，分析、探索加工制造厂商不同的水平分工模式对技术创新的影响。以变量 z 表示加工制造部门水平分工模式，即有 $z \in \{HDB, HDN, HDF\}$，变量的三个取值分别表示加工制造部门后向水平分工、不变水平分工和前向水平分工，$T_R(z)$ 和 $T_P(z)$ 分别表示技术创新要素由专业科研部门向加工制造部门流动以及加工制造部门内部流动，两种流动方向上具有一定的反作用，能够相互抵消，因此有 $T_R(z)+T_P(z)=0$。

加工制造部门无论是前向水平分工，还是后向水平分工，都影响技术创新效率，引起专业科研部门与加工制造部门最优选择 $\{O_R^{HDN}, O_P^{HDN}\}$ 发生变化。$O_i(z)$ 表示不同水平分工模式下 i 部门对技术创新要素流动的最优选择。技术创新要素流动在价值增值和利润分配导向的作用下，形成竞争机制，提高技术创新效率，实现技术创新要素与其他要素优化配置，包含专业科研部门技术创新要素流入的加工制造部门产出函数是：

$$F(x_p, e_R, e_P) = \phi x_p(re_R + pe_P + 1) + (1-\phi)x_R(re_R + 1) \tag{9-1}$$

其中，x_P、x_R 表示加工制造部门和专业研发部门技术创新要素投入而形成的产出，e_R 和 e_P 分别表示专业科研部门和加工制造部门的技术创新投入强度，r、p 分别表示两部门技术创新投入强度的比重。该生产函数由两部分组成，第一部分是专业科研部门和加工制造部门同时投入技术创新活动所带来的产出；第二部分是引进专业科研部门技术创新成果为加工制造部门带来的产出，技术创新效率产生显著差异。如果 $x_P=0$，那么加工制造部门没有投入自主技术创新要素，也没有从专业科研部门购买技术创新要素，从技术创新要素中获得的产出为零。$\phi\in(0,1)$ 为加工制造部门自主研发创新投入占总投入的比重，专业科研部门与加工制造部门技术创新成本如下：

$$\Gamma_R(e_R)=\frac{1}{2}e_R^2 \tag{9-2}$$

$$\Gamma_P(e_P)=\frac{1}{2}\phi e_p^2 \tag{9-3}$$

两者技术创新成本与技术创新投入强度呈 U 形关系，即技术创新成本是其投资强度平方的 1/2，加工制造部门还能够获得专业研发部门技术外溢效应，对成本进行参数 ϕ 倍的折扣，生产规模报酬是递增的。

二、在不同水平分工模式下加工制造部门技术创新投入最优选择与产出效应

（1）在前向水平分工模式下，专业科研部门和加工制造部门根据比较优势原则分别选择研发创新、技术引进、产品加工制造等活动。加工制造部门从专业研发部门购买成果，直接投入产品生产加工过程中，厂商生产流程、产品更新、技术配置以及岗位细化分工均没有发生较大改变，资产专用性水平仍然保持不变，加工制造部门研发及生产配置比例没有发生变化，只是简单利用生产过程中购买的技术，两部门的外部选择情况如下：

$$O_R^{HDF}(e_R,\ e_P)=F(x_R=1,\ e_R) \tag{9-4}$$

$$O_P^{HDF}(e_P,\ e_R)=F(x_P=1,\ (1-\lambda')e_P,\ e_R) \tag{9-5}$$

其中，$x_R=1$ 表示专业科研部门技术创新要素投入而形成的产出，$\lambda'\in[0,1)$ 是加工制造部门投资的一部分，在专业科研部门不能提供其所需要技术时加大投资进行自主研发创新。

（2）在不变的水平分工模式下，专业科研部门和加工制造部门的外部选择情况是：

$$O_R^{HDN}(e_R,\ e_P)=\theta\phi(re_R+1) \tag{9-6}$$

$$O_P^{HDN}(e_P,\ e_R)=F(x_R=0,\ e_p,\ e_R)=(1-\phi)(pe_P+1) \tag{9-7}$$

其中，θ 表示专业科研部门向加工制造部门转让技术获得的收入份额，均衡 θ 是由外部情况决定的，在水平分工日益发达的条件下，加工制造部门更加需要多元化投入技术创新要素。

（3）在后向水平分工条件下，加工制造部门增加投资进行自主研发，导致专业科研部门减少 λ 部分投资，其技术创新投入强度减少 λe_R，$\lambda\in[0,1)$。专业科研部门技术创新要素供给下降，加工制造部门契合自身需要研发新技术，持续不断地加大自主创新投入，获得更多的技术剩余索取权，减少技术创新要素交易成本，缩短技术转化周期。加工制造部门在后向水平分工模式条件下，生产要素配置比例相对稳定，自主技术创新投入强度将会随着规模报酬提高而扩大。因此，专业科研部门和加工制造部门的外部选择情况是：

$$O_R^{HDB}(e_R,\ e_P)=0 \tag{9-8}$$

$$O_P^{HDB}(e_P,\ e_R)=F(x_p=1,\ e_p,\ (1-\lambda)e_R) \tag{9-9}$$

因此，在不同的水平分工模式 z 下，以 y_i^z 代表 i 部门技术创新产出，那么专业科研部门和加工制造部门技术创新产出如下：

$$y_R^z(e_R,\ e_P)=O_R^z(e_R,\ e_P)+\frac{1}{2}\left[F(x_R=1,\ e_R,\ e_P)-O_R^z(e_R,\ e_P)-O_P^z(e_P,\ e_R)\right] \tag{9-10}$$

$$y_P^z(e_P,\ e_R)=O_P^z(e_P,\ e_R)+\frac{1}{2}\left[F(x_P=1,\ e_P,\ e_R)-O_P^z(e_P,\ e_R)-O_R^z(e_R,\ e_P)\right] \tag{9-11}$$

式（9-10）和式（9-11）中方括号内容表明加工制造部门水平分工效应超出行业范围、延伸到专业科研部门所获得的技术剩余，在 $z \in \{HDB, HDN, HDF\}$ 情况下，产生的均衡结果是最优的。综上所述，可以提出以下研究假设。

假设 1： 加工制造部门在前向水平分工与后向水平分工条件下，技术创新活动的重点环节各有不同，分别集中在专业科研部门和加工制造部门。

三、三种水平分工模式下的厂商投入收益分析

设双方 $i \in \{R, P\}$ 的收益函数为 U_i^z，那么两者的收益函数为：

$$U_R^z(y_R(e_R, e_P), e_R) = y_R^z(e_R, e_P) - \Gamma_R(e_R) + T_R(z) \tag{9-12}$$

$$U_P^z(y_P(e_P, e_R), e_P) = y_P^z(e_P, e_R) - \Gamma_P(e_P) + T_P(z) \tag{9-13}$$

由此可得到专业科研部门和加工制造部门均衡路径和均衡收入为（z^*，T_R^*，T_P^*，e_R^*，e_P^*，y_R^*，y_P^*）。

在上述均衡条件下，两者获得的效用"总剩余"为：

$$S^z = U_R^z(y_R^z(e_R^*(z), e_P^*(z)), e_R^*(z)) + U_P^z(y_P^z(e_P^*(z), e_R^*(z)), e_P^*(z)) \tag{9-14}$$

其中，$e_i^*(z)$ 代表 i 部门在 z 水平分工模式下的最优投资强度。由式（9-6）和式（9-7）以及 $T_R(g) + T_P(g) = 0$ 可得，给定的关系总剩余为：

$$S^z = F(x_P = 1, e_R^*(z), e_P^*(z)) - \Gamma_R(e_R^*(z)) - \Gamma_P(e_P^*(z)) \tag{9-15}$$

因为两部门形成购买技术创新与独立自主创新进行竞争替代机制，加工制造部门可以购买技术创新要素深化前向水平分工，还可以通过后向水平分工开展自主技术创新活动。加工制造部门的技术投入强度是由两部门之间技术经济效益比较决定的，厂商会选择其技术经济效益最大化的水平分工模式，进而决定是引进技术创新要素还是独立自主创新。更一般情况下，加工制造部门水平分工模式下两者的投资强度由 $\{e_R^*(z), e_P^*(z)\}$ 所给定，体现两者收益最大化目标的最优投资强度为：

$$e_R^*(z) = \max_{e_R} \{ y_R^z(e_R^*(z),\ e_P) - \Gamma_R(e_R) \} \tag{9-16}$$

$$e_P^*(z) = \max_{e_P} \{ y_P^z(e_P^*(z),\ e_R) - \Gamma_P(e_P) \} \tag{9-17}$$

其中，$y_i^z(\cdot)$所表达内容是由式（9-10）、式（9-11）给定，$\Gamma_i(\cdot)$是由式（9-2）、式（9-3）给定。两部门各种水平分工模式下均衡投资水平为：

$$e_P^*(HDB) = p \tag{9-18}$$

$$e_R^*(HDB) = \frac{\lambda}{2} r \tag{9-19}$$

$$e_P^*(HDN) = \left(1 - \frac{\phi}{2}\right) p \tag{9-20}$$

$$e_R^*(HDN) = \frac{1+\theta}{2} r \tag{9-21}$$

$$e_P^*(HDF) = \frac{\lambda'}{2} p \tag{9-22}$$

$$e_R^*(HDF) = r \tag{9-23}$$

由此可得加工制造部门和专业科研部门在不同水平分工模式下影响两部门技术创新投资强度的作用原理。加工制造部门技术创新投资在后向水平分工条件下是最高的［$e_P^*(HDB) > e_P^*(HDN) > e_P^*(HDF)$］，专业科研部门相应投资在厂商前向水平分工条件下是最高的［$e_R^*(HDF) > e_R^*(HDN) > e_R^*(HDB)$］。由此，可得以下研究假设。

假设 2： 加工制造部门后向水平分工减少购买专业科研部门的技术创新要素，提高自主研发和技术创新效率，专业科研部门成果转化进程受到制约。加工制造部门前向水平分工增加购买专业科研部门的技术创新要素，保持着较高的技术创新投入强度，自主研发能力受到削弱，引导专业科研单位增加研发投入，加快推进科研成果转化。

第三节　实证分析

一、变量选择和数据说明

实证部分重点研究全国 1990 年、1992 年、1995 年、1997 年、2002 年、2005 年和 2007 年投入产出调查表中的总投入、总产出和劳动者报酬收入以及技术创新要素投入之间的内在经济联系。笔者选取相应年份加工制造部门 21 个代表性行业纳入研究范围，煤炭开采和洗选业、石油和天然气开采业、金属矿采选业、非金属矿及其他矿采选业、食品制造及烟草加工业、纺织业、纺织服装鞋帽皮革羽绒及其制品业、木材加工及家具制造业、造纸印刷及文教体育用品制造业、石油加工、炼焦及核燃料加工业、化学工业、非金属矿物制品业、金属冶炼及压延加工业、金属制品业、通用专用设备制造业、交通运输设备制造业、电气机械及器材制造业、通信设备计算机及其他电子设备制造业、仪器仪表及文化办公用机械制造业、工艺品及其他制造业。其中，1990 年、1992 年和 1997 年技术创新投入要素数据纳入教科文卫事业进行调查，笔者根据相关基础资料，分别计算教科文卫四个分行业的比例，剥离出技术创新要素投入。在前向水平分工模型中，被解释变量是总投入，解释变量是滞后二期、滞后一期总投入以及滞后二期、滞后一期和当期的技术创新要素购买投入和劳动要素购买投入，三个变量之间的内在经济联系用以研究前向水平分工条件下厂商技术创新要素购买投入强度的动态变化；后向水平分工模型用于总产出与自主研发投入和劳动者报酬投入之间相应的内在经济联系，反映厂商自主创新投入的动态变化。数据来源主要是全国相应年度的投入产出调查表、《中国科技统计年鉴》和中经网产业数据库。各项指标均进行了对数化处理，以消除可能存在的异方差，序列平稳性和协整关系检验结果显示，所选变量二阶差分在1%显著性水平上都是平稳的，变量在含截距项、不含时间趋势项的条件下存在协整关系，回归结果具有经济学含义。实证分析使用STATA11.1版本计量软件。

二、模型设定

本章采用行业动态面板模型进行实证分析，该模型优点在于，既考虑滞后二期、滞后一期被解释变量对当期被解释变量总投入、总产出的影响，又研究滞后二期、滞后一期和当期劳动要素投入、技术创新要素购买投入强度以及自主创新投入从不同方向对当期被解释变量影响，即考察厂商是选择购买技术创新要素投入还是独立进行自主创新。加工制造部门前向水平分工和后向水平分工技术创新效应的计量分析模型设定如下：

$$input_{it} = \alpha_0 + \alpha_1\, input_{it-1} + \alpha_2\, input_{it-2} + \alpha_3\, tech\_in_{it} + \alpha_4\, tech\_in_{it-1} + \alpha_5\, tech\_in_{it-2} + \alpha_6\, lab_{it} + \alpha_7\, lab_{it-1} + \alpha_8\, lab_{it-2} + \mu_i + \delta_i + \varepsilon_{it} \quad (9\text{-}24)$$

$$output_{it} = \beta_0 + \beta_1\, output_{it-1} + \beta_2\, output_{it-2} + \beta_3\, tech\_out_{it} + \beta_4\, tech\_out_{it-1} + \beta_5\, tech\_out_{it-2} + \beta_6\, lab_{it} + \beta_7\, lab_{it-1} + \beta_8\, lab_{it-2} + \mu_i + \delta_i + \varepsilon_{it} \quad (9\text{-}25)$$

其中，$input_{it}$、$output_{it}$ 表示 i 行业 t 时期的总投入和总产出，其滞后一期、滞后二期用于捕获相应行业总投入和总产出的持续性信息，系数 α_1、β_1 和 α_2、β_2 分别用于表示 i 行业 t-1 时期、t-2 时期总投入、总产出对当期相应被解释变量的影响。主要解释变量 $tech\_in_{it}$、$tech\_in_{it-1}$、$tech\_in_{it-2}$ 和 $tech\_out_{it}$、$tech\_out_{it-1}$、$tech\_out_{it-2}$ 分别表示当期和滞后一期、滞后二期的购买技术创新要素投入和自主研发创新投入，lab_{it}、lab_{it-1}、lab_{it-2} 分别表示当期和滞后一期、滞后二期加工制造厂商劳动要素投入，α_3、β_3，α_4、β_4 和 α_5、β_5 分别表示加工制造部门当期、滞后一期、滞后二期购买专业科研部门技术创新要素和独立自主研发创新成本对总投入和总产出的影响，α_6、β_6，α_7、β_7 和 α_8、β_8 表示加工制造部门当期和滞后一期、滞后二期劳动要素投入对总投入和总产出的影响。μ_i 为时间固定效应，δ_t 为行业固定效应，ε_{it} 为随机误差效应。

三、估计方法及结果分析

运用 OLS 估计方法，分析前向水平分工时技术创新要素购买投入强度和后向水平分工时自主创新投入强度。计量结果如表 9-1 所示，后向水平分工条件下，金属矿采选业、化学工业、通用专用设备制造业、交通运输设备制造业、电气机械及器材制造业和通信设备计算机及其他电子设备制造业 6 个行业滞后二期、滞后一期和当期自主研发投入强度是逐期增加的。以化学工业和交通运输设备制造业为例，两个行业三期自主创新投入强度分别为 0.1243、0.7536、0.9196 和 0.084、0.8559、1.0741。后向水平分工促使厂商加大自主创新研发和技术创新投入，减少对专业科研部门的技术依赖，产学研一体化代替技术创新要素购买投入。在前向水平分工条件下，6 个行业滞后二期、滞后一期和当期技术创新要素购买投入总体上是逐步增加的，金属矿采选业技术创新投入强度分别为-0.7459、-0.4824 和 1.3614，通信设备计算机及其他电子设备制造业分别为-0.0994、0.6652 和 0.8042。厂商技术创新要素购买需求拉动专业科研单位加大技术研发力度，增强专业科研部门技术研发能力，推进其科研成果尽快转化为现实生产力。因此，假设技术创新体系只有加工制造部门和专业科研部门构成的情况下，加工制造部门前向水平分工时技术创新活动重点环节在专业科研部门，而后向水平分工时技术创新活动重点环节在加工制造厂商内部。假设 1 得到证明。

在工具变量满足相关性和外生性条件下，二阶段最小二乘法（2SLS）能够满足工具变量线性组合富有效率的要求。本章研究中，2SLS 方法第一步是滞后二期、滞后一期、当期劳动要素投入、技术创新要素购买投入和自主创新投入以及滞后二期、滞后一期总投入和总产出，即解释变量对增加值、利润、折旧、存货 4 个工具变量进行回归，得出相应拟合值。第二步是拟合值对当期总投入和总产出，即被解释变量进行回归。

表 9-1　基于 OLS 估计方法的加工制造部门不同水平分工模式与技术创新投入效应计量分析

变量	前向水平分工						变量	后向水平分工					
	金属矿采选业	化学工业	通用专用设备制造业	交通运输设备制造业	电气机械及器材制造业	通信设备计算机及其他电子设备制造业		金属矿采选业	化学工业	通用专用设备制造业	交通运输设备制造业	电气机械及器材制造业	通信设备计算机及其他电子设备制造业
α_0	−1.2916 (4.3634)	1.2977* (0.8072)	−25.2383*** (6.7812)	0.6225 (0.5165)	2.329** (0.9044)	1.6544 (1.0366)	β_0	0.0675 (4.1834)	−1.4406 (1.9539)	−2.8842 (3.7076)	−2.4009 (2.1215)	−0.1633 (4.1605)	0.5089 (4.3267)
$input_{it-1}$	0.9596*** (0.0941)	0.7547*** (0.0902)	−0.5315*** (0.0834)	0.6591*** (0.0934)	0.7302*** (0.1008)	1.1122*** (0.1089)	$output_{it-1}$	0.3605*** (0.0979)	0.7518*** (0.101)	0.7737*** (0.1177)	0.6887*** (0.101)	0.5765*** (0.1096)	0.4721*** (0.1095)
$input_{it-2}$	0.02377 (0.1013)	0.2218* (0.0995)	−0.2891*** (0.0694)	0.317*** (0.0962)	0.1856 (0.0981)	−0.1334 (0.1052)	$output_{it-2}$	0.3038*** (0.0888)	0.1538* (0.0996)	−0.022 (0.129)	0.0851 (0.0962)	0.0315 (0.114)	0.133 (0.1121)
pur_tech_{it}	1.3614 (0.4173)	0.109 (0.0767)	1.3946** (0.6803)	0.3291*** (0.0498)	0.5081*** (0.088)	0.8042*** (0.1039)	re_tech_{it}	0.8161*** (0.0836)	0.9196*** (0.0585)	2.0227*** (0.1047)	1.0741*** (0.0644)	0.9194*** (0.1185)	1.909*** (0.1244)
pur_tech_{it-1}	−0.4824 (0.4782)	−0.0596 (0.0996)	1.0818 (0.8075)	−0.1365 (0.0771)	0.4303*** (0.1236)	0.6652*** (0.1326)	re_tech_{it-1}	0.7732*** (0.1233)	0.7536*** (0.1219)	1.8453*** (0.1712)	0.8559*** (0.1421)	0.6111*** (0.1634)	1.4051** (0.1621)
pur_tech_{it-2}	−0.7459* (0.4359)	−0.0115 (0.0873)	−0.3986 (0.7494)	−0.1791*** (0.066)	−0.24 (0.1132)	−0.0994 (0.1235)	re_tech_{it-2}	0.2927*** (0.1104)	0.1243 (0.1081)	0.0607 (0.163)	0.084 (0.1251)	0.0067 (0.1567)	0.0813 (0.1499)
lab_{it}	0.406 (0.567)	0.3397*** (0.1074)	2.4242*** (0.8928)	0.2985*** (0.0714)	0.0323 (0.1187)	0.0951 (0.1336)	lab_{it}	0.0577** (0.3776)	−0.6987*** (0.256)	0.633 (0.4803)	−0.8829*** (0.2980)	−1.075** (0.5391)	−0.9792* (0.5612)
lab_{it-1}	0.5867 (0.5371)	−0.4184*** (0.1068)	1.7751** (0.9182)	−0.3274*** (0.0665)	−0.2413** (0.1148)	0.0727 (0.1321)	lab_{it-1}	−1.0209*** (0.3793)	−1.212*** (0.251)	−1.78** (0.4795)	−1.2311*** (0.277)	−1.6471*** (0.5341)	−1.624*** (0.5582)
lab_{it-2}	0.4354 (0.4892)	0.0142 (0.1028)	1.5833 (0.8313)	0.0182 (0.0651)	0.1028 (0.1066)	−0.1293 (0.1197)	lab_{it-2}	0.182 (0.3151)	−0.6583*** (0.2123)	0.8135** (0.3924)	0.6367*** (0.233)	−0.6621 (0.5443)	−0.612 (0.4754)

续表

变量	前向水平分工						变量	后向水平分工					
	金属矿采选业	化学工业	通用专用设备制造业	交通运输设备制造业	电气机械及器材制造业	通信设备计算机及其他电子设备制造业		金属矿采选业	化学工业	通用专用设备制造业	交通运输设备制造业	电气机械及器材制造业	通信设备计算机及其他电子设备制造业
F	104.53	139.9	25.53	288.38	124.52	170.46	F	26.23	63.01	28.69	60.97	21.75	21.55
R^2	0.898	0.9209	0.6803	0.9601	0.9121	0.9342	R^2	0.6861	0.8400	0.7051	0.8356	0.6445	0.6424

注：①***、**、* 分别表示在 1%、5%、10%的显著性水平上显著。②2SLS 回归方法选取当期增加值、利润、折旧和存货指标作为工具变量。③OLS 回归结果表明，F 值均大于 20，R^2 值都 0.6 以上，变量之间具有较强的关联性；2SLS 回归结果除后向水平分工下的交通运输设备制造业、电气机械及器材制造业和通信设备计算机及其他电子设备制造业 3 个行业的 Wald-chi^2（8）、R^2 值偏低外，其余各项回归结果表明变量之间相关性显著；两步法系统 GMM 估计的 Wald-chi^2(8)、Sargan 检验值说明列入的内生变量都是合适的，回归结果是有效的。

纳入观察研究的6个行业，在提高利润和扩大增加值动机的促进下，根据行业自身特点科学确定折旧率，制定合理的技术装备更新范围和周期，契合市场需求准确调节存货水平，有选择地确定购买技术创新要素投入方式，提高投入效益水平和自主创新能力，引导厂商在购买技术创新要素和自主创新之间进行选择。

计量结果如表9-2所示，在后向水平分工条件下，交通运输设备制造业、电气机械及器材制造业、通信设备计算机及其他电子设备制造业等技术密集行业，自主创新投入强度远远大于前向水平分工条件下同行业水平。以滞后一期和当期投入强度为例，前向水平分工条件下上述行业购买技术创新要素投入强度分别为0.0942、0.3221、0.5559和0.6334、0.5842、0.8971，而对应后向水平分工条件下自主创新投入强度分别为1.8367、1.1778、1.044和3.2228、2.0352、1.7333。金属矿采选业、化学工业和通用专用设备制造业等资本、劳动密集型行业自主创新投入强度在增加值、利润等驱动下，进行技术创新要素、资本与劳动要素混合投入，实行技术替代，技术创新要素购买投入强度多数情况下也小于自主创新投入强度。分行业计量结果有力证明了结论2是正确的。

使用OLS和2SLS估计方法进行估计时可能会产生参数估计有偏的非一致性，Arellano和Bover（1995）、Blundell和Bond提出使用GMM方法进行估计。系统GMM在差分GMM基础上引入了水平方程，并增加了滞后的差分变量作为水平方程相应变量的工具变量，得到系统GMM的估计量，保证估计结果有效性和一致性。根据对权重矩阵的不同选择，系统GMM可以分为一步法和两步法估计，两步法不容易受到异方差的干扰，更能有效解决样本异质性对回归的干扰。本章研究使用两步法系统GMM估计方法。

GMM估计方法是把被解释变量滞后二期、滞后一期分别列入相应模型的内生变量，体现投入与产出的累积效应，前期的技术创新投入与产出对后期会带来连锁反应。技术创新购买投入与自主创新投入各自受到相关要素投入、学习能力、要素约束等因素影响，表现为被解释变量滞后二期、滞后一期的回归系数变化不规则，起伏较大，原因主要是综合了上述观测

表 9-2　基于 2SLS 估计方法的加工制造部门不同水平分工模式与技术创新投入效应计量分析

变量	前向水平分工						变量	后向水平分工					
	金属矿采选业	化学工业	通用专用设备制造业	交通运输设备制造业	电气机械及器材制造业	通信设备计算机及其他电子设备制造业		金属矿采选业	化学工业	通用专用设备制造业	交通运输设备制造业	电气机械及器材制造业	通信设备计算机及其他电子设备制造业
α_0	-4.5655 (12.3140)	2.5808 (1.6783)	-33.9186** (18.2894)	-0.5988 (2.0977)	2.7107 (2.2486)	-0.3428 (2.8378)	β_0	-1.2595 (6.5287)	-2.3106 (11.1747)	-4.5235 (9.2426)	1.5131 (13.4145)	-5.683 (13.3390)	-8.1691 (13.3539)
$input_{it-1}$	0.9681*** (0.1081)	0.579*** (0.2143)	-0.3417** (0.1984)	0.1862 (0.4837)	0.19 (0.5102)	0.7476 (0.3236)	$output_{it-1}$	0.4448 (0.3776)	1.2484 (1.2933)	1.047* (0.6416)	0.2211 (2.2906)	1.0571 (0.7553)	0.9685 (0.5612)
$input_{it-2}$	0.0045 (0.1647)	0.4399* (0.2372)	-0.2984*** (0.1029)	0.8349* (0.5015)	0.6643 (0.4835)	0.1909* (0.2997)	$output_{it-2}$	0.2277 (0.1860)	-0.289 (1.9002)	-0.3756* (0.6115)	1.5155 (3.7697)	-0.3079 (0.8402)	0.068 (0.9671)
pur_tech_{it}	0.4837 (3.0928)	0.0544** (0.4115)	0.3329 (4.1451)	0.6334* (0.3899)	0.5842 (0.6331)	0.8971* (0.8668)	re_tech_{it}	0.544 (0.6796)	1.3019* (2.0209)	1.1645** (0.9352)	3.2228 (3.8231)	2.0352** (1.0722)	1.7333** (2.0334)
pur_tech_{it-1}	-0.8702 (2.7508)	0.3028*** (0.5330)	-4.884 (3.7542)	0.0942 (0.5574)	0.3221*** (0.8221)	0.5559 (0.7535)	re_tech_{it-1}	0.3729 (0.7927)	1.4863*** (1.1468)	-1.4157 (1.1196)	1.8367 (0.7254)	1.1778*** (1.6415)	1.044*** (1.5336)
pur_tech_{it-2}	-0.6837 (2.6019)	-0.028*** (0.5248)	-4.5118 (5.0681)	-0.8389 (0.7101)	-0.7757*** (0.9836)	-0.9459 (0.8289)	re_tech_{it-2}	-0.1949 (0.2988)	0.4428 (2.112)	0.5872*** (0.8764)	0.9648 (5.1658)	0.5948 (1.5603)	0.0689 (2.0587)
lab_{it}	0.6242 (1.1316)	0.2094 (0.1724)	-1.1201 (1.9420)	0.4279 (0.2391)	0.1053 (0.2594)	0.3048** (0.2774)	lab_{it}	1.0172** (0.4703)	0.3406 (0.4767)	0.3917 (0.5882)	0.7608 (1.8951)	0.8098** (0.9739)	0.9928** (1.0931)
lab_{it-1}	0.865 (0.9562)	-0.401*** (0.1502)	2.1985 (1.6160)	-0.1905 (0.1544)	-0.2137 (0.2311)	0.2779 (0.3221)	lab_{it-1}	-0.916** (0.4412)	-1.192 (1.5019)	-0.8951 (0.9201)	-2.8697 (3.6953)	-1.8694 (1.0632)	-1.8691* (1.1165)
lab_{it-2}	-0.4286 (0.8020)	-0.2088 (0.1421)	-1.7088 (1.2375)	-0.1615 (0.1272)	-0.0598 (0.2067)	-0.113** (0.2495)	lab_{it-2}	0.237 (0.4327)	0.8557 (0.7473)	0.8461 (0.7207)	0.7977 (1.1756)	1.2872 (1.2972)	1.6508 (1.8126)

续表

变量	前向水平分工						变量	后向水平分工					
	金属矿采选业	化学工业	通用专用设备制造业	交通运输设备制造业	电气机械及器材制造业	通信设备计算机及其他电子设备制造业		金属矿采选业	化学工业	通用专用设备制造业	交通运输设备制造业	电气机械及器材制造业	通信设备计算机及其他电子设备制造业
Wald-chi^2（8）	821.31	935.22	138.07	946.38	623.67	665.89	Wald-chi^2（8）	103.5	161.94	125.59	15.9	51.74	55.63
R^2	0.8866	0.896	0.5319	0.8947	0.8509	0.856	R^2	0.6479	0.7282	0.6639	0.2471	0.1236	0.1395

注：①***、**、*分别表示在1%、5%、10%的显著性水平上显著。②2SLS回归方法选取当期增加值、利润、折旧和存货指标作为工具变量。③OLS回归结果表明，F值均大于20，R^2值都0.6以上，变量之间具有较强的关联性；2SLS回归结果除后向水平分工下的交通运输设备制造业、电气机械及器材制造业和通信设备计算机及其他电子设备制造业3个行业的Wald-chi^2（8）、R^2值偏低外，其余各项回归结果表明变量之间相关性显著；两步法系统GMM估计的Wald-chi^2(8)、Sargan检验值说明列入的内生变量都是合适的，回归结果是有效的。

不到的行业内变化因素，消除解释变量与误差项之间存在的相关性。但是，计量结果显示自主创新投入可以对劳动要素投入产生更加明显的替代作用。

计量结果如表 9-3 所示，纳入研究的 6 个行业前向水平分工下的滞后二期、滞后一期和当期技术创新要素购买投入强度明显低于后向水平分工的对应自主创新投入强度。例如，6 个行业当期技术创新要素购买投入强度分别为-0.1364、0.0294、0.2528、0.0183、0.2115 和-0.0319，而相应自主创新投入强度分别为 0.7564、0.6164、0.9088、0.4536、0.8835 和 0.9687。各行业在两种水平分工模式下的滞后二期、滞后一期和当期劳动要素投入总体呈现逐步减少趋势。两种不同水平分工模式都会对行业的劳动投入产生替代作用，而后向水平分工条件下自主创新投入对劳动要素投入替代效应更大，比单纯引进购买技术创新要素能够代替更多劳动要素投入。以滞后二期劳动要素投入为例，前向水平分工条件下，6 个行业劳动要素投入强度分别为 1.4235、0.6167、0.765、0.3088、0.2866 和 0.8205，而后向水平分工条件下对应的劳动要素投入强度分别为 0.1332、0.0394、0.0729、0.2872、0.0188 和 0.025，主要原因是自主创新能够发挥厂商的人才、资本优势，挖潜、革新和改造现有技术研发、试验、投产等各环节，技术创新能够产生更多的溢出效应。

本章要点：在阿西姆格鲁的垂直一体化理论的基础上，通过变量转换和模型优化，研究加工制造部门水平分工与技术创新效率投入因素之间的变动关系。本章研究认为，加工制造部门在前向水平分工与后向水平分工条件下，技术创新效率改进的重点环节各有不同，分别集中在专业科研部门和加工制造部门。加工制造部门后向水平分工减少购买专业科研部门的技术创新要素，加大自主研发和技术创新投入，获得较高技术创新效率，专业科研部门成果转化进程相对缓慢。加工制造部门前向水平分工增加购买专业科研部门的技术创新要素，保持着较高的技术创新投入强度，其自身的技术创新效率相对较低，从而引导专业科研部门增加研发投入，加快推进科研成果转化。

表 9–3 基于两步法系统 GMM 估计方法的加工制造部门不同水平分工模式与技术创新投入效应计量分析

变量	前向水平分工					
	金属矿采选业	化学工业	通用专用设备制造业	交通运输设备制造业	电气机械及器材制造业	通信设备计算机及其他电子设备制造业
α_0	−41.3619 (33.2683)	7.6973 (5.002)	12.4614 (23.887)	−1.8978 (7.7553)	8.9257* (4.6607)	−9.0302 (12.681)
$input_{it-1}$	0.3534 (0.4489)	−1.1103** (0.4454)	−1.064*** (0.0993)	−1.0041* (0.5866)	−0.3086 (0.6199)	1.0049 (0.8824)
$input_{it-2}$	−1.2391* (0.6693)	−0.7863 (0.5908)	−1.0529*** (0.1615)	0.4954 (0.7491)	−0.3725 (0.9529)	−1.2433 (1.2045)
pur_tech_{it}	−0.1364 (1.3532)	0.0294 (0.1337)	0.2528 (0.440)	0.0183 (0.2818)	0.2115 (0.4293)	−0.0319 (0.3806)
pur_tech_{it-1}	−0.4537 (0.5688)	−0.0034 (0.2011)	−0.3101* (0.1737)	0.3932* (0.2469)	0.2039 (0.4681)	−0.7009 (0.5456)
pur_tech_{it-2}	−2.7063* (1.6222)	−0.3779 (0.2757)	0.8581 (0.6786)	−0.5858 (0.6826)	−0.0803 (0.9324)	0.5248 (0.9066)
lab_{it}	−0.5349 (2.669)	−0.8211*** (0.3197)	−0.0676 (0.8138)	−0.4913** (0.243)	−0.0747 (0.5823)	−0.6012 (1.051)
lab_{it-1}	0.2421 (0.4973)	0.3329** (0.284)	0.269 (0.7072)	0.1616** (0.3758)	0.0791 (0.4123)	0.16 (0.4204)
lab_{it-2}	1.4235 (1.5373)	0.6167 (0.3493)	0.765 (1.0985)	0.3088 (0.6275)	0.2866** (0.5649)	0.8205 (0.9132)

变量	后向水平分工					
	金属矿采选业	化学工业	通用专用设备制造业	交通运输设备制造业	电气机械及器材制造业	通信设备计算机及其他电子设备制造业
β_0	23.616 (21.7823)	2.5954** (12.112)	−2.8689 (11.7161)	13.9336 (17.8435)	7.6176 (10.5147)	4.6457 (10.894)
$output_{it-1}$	−0.2598 (1.3826)	−0.6914* (0.4398)	−0.1782 (0.314)	−1.0861*** (0.196)	−0.5871 (0.5442)	−0.7707*** (0.2599)
$output_{it-2}$	1.1895 (0.7971)	−1.021* (0.6035)	−1.1095*** (0.3472)	−1.1212 (0.7554)	−0.2525 (0.2138)	−0.5747*** (0.1247)
re_tech_{it}	0.7564 (0.6032)	0.6164 (0.5146)	0.9088*** (0.1819)	0.4536* (0.3477)	0.8835*** (0.2439)	0.9687*** (0.191)
re_tech_{it-1}	0.1484* (1.1078)	0.2522 (0.3596)	0.1863 (0.3214)	0.6216* (0.4358)	0.3832 (0.7054)	0.7139*** (0.2118)
re_tech_{it-2}	1.4477 (0.9934)	0.6551 (1.0628)	1.0715** (0.5301)	0.7123 (1.2673)	0.1172 (0.4888)	1.4411** (0.198)
lab_{it}	−0.7386 (0.9069)	−0.9823 (0.6509)	−0.0903** (0.3042)	−0.6314 (0.5468)	−0.1703 (0.315)	−0.8003** (0.4647)
lab_{it-1}	0.0821 (1.4144)	0.0017 (0.8566)	0.0102 (0.3023)	0.1172** (1.0813)	−0.0216 (0.477)	0.009 (0.9866)
lab_{it-2}	0.1332 (1.4851)	0.0394** (1.1982)	0.0729* (0.5115)	0.2872 (0.8234)	0.0188* (06357)	0.025** (0.7957)

续表

变量	前向水平分工						变量	后向水平分工					
	金属矿采选业	化学工业	通用专用设备制造业	交通运输设备制造业	电气机械及器材制造业	通信设备计算机及其他电子设备制造业		金属矿采选业	化学工业	通用专用设备制造业	交通运输设备制造业	电气机械及器材制造业	通信设备计算机及其他电子设备制造业
Wald-chi^2（8）	71.67	135.04	6015.58	538.4	25.29	300.12	Wald-chi^2（8）	337.73	11339.69	18952.59	10811.7	7558.05	34971.36
Sargan-Test	27.4892	36.2681	43.4927	40.5902	31.5383	39.3725	Sargan-Test	35.5329	30.3942	40.3941	29.3854	32.4922	38.4137

注：①***、**、* 分别表示在 1%、5%、10%的显著性水平上显著。②2SLS 回归方法选取当期增加值、利润、折旧和存货指标作为工具变量。③OLS 回归结果表明，F 值均大于 20，R^2 值都 0.6 以上，变量之间具有较强的关联性；2SLS 回归结果除后向水平分工下的交通运输设备制造业、电气机械及器材制造业和通信设备计算机及其他电子设备制造业 3 个行业的 Wald-chi^2（8）、R^2 值偏低外，其余各项回归结果表明变量之间相关性显著；两步法系统 GMM 估计的 Wald-chi^2（8）、Sargan 检验值说明列入的内生变量都是合适的，回归结果是有效的。

第十章 竞争性创新与产学研协同创新的差异化产出研究

第一节 研究主要内容与相关成果回顾

一、研究主要内容

随着厂商产出对技术进步的依赖性日益加大，高技术厂商面临着激烈市场竞争、利润加速摊薄和既有产品饱和的困境，持续加快技术转化是化解困境的有效途径。技术转化就是知识形态技术渗透到劳动、资本等实体要素中，以前向引导和后向推动方式使初始技术创新成果应用到产品加工制造和提供的服务中，摆脱产业低端状态和价值链升级阻滞。然而，我国目前科技成果转化率平均只有20%，实现产业化的不足5%，专利技术交易率也只有5%（叶锐、杨建飞、常云昆，2012）。我国技术转化率长期处于较低水平，产业内技术转化产出水平还存在较大差异。这种差异在竞争性创新和产学研协同创新之间不但没有缩小，反而出现异质性特征。通常认为，形成技术转化产出差异的主要原因有专利长度、外部性、学习能力、技术吸纳、设备专用性、制度变迁等，特别地，厂商间技术合作方式是竞争性创新还是产学研协同创新，将深刻影响着技术转化产出变动。

无论是竞争性创新还是产学研协同创新，厂商技术转化顺畅能够充分利用现有技术资源，加快初始技术创新成果推广应用，大幅度地提高产出效率。由于各厂商受到专利保护影响，面临着选择最优技术转化率，通过合理分配技术投入份额，技术创新流程沿着“技术源—转化—应用—新技术源—再转化—再应用”一维性方向前进，避免试错成本和路径迂回，缩短技术寿命周期，延长产品价值链。

技术转化不足是导致产业陷入“升级停滞”的主要原因，而产业“低端锁定”引起技术创新趋于滞后，从而形成技术创新路径走向封闭和固化。本章重点是比较分析竞争性创新厂商在正外部性和负外部性条件下产出水平随技术转化率上升而发生的不同变化，产学研协同创新厂商技术转化率与产出变化的关系，讨论研究两种不同技术合作方式下的产出差异及其原因，并以浙江省台州市缝纫设备制造业为研究对象，对案例进行深入研究。

二、相关成果回顾

（1）国外技术转化研究集中在市场结构、R&D 投入强度、产业集群、技术研发效率的差异化结果等方面。市场竞争的显著技术溢出对增加 R&D 投资的拉动作用是充分的（D'Aspremont and Jacquemin，1988；Kamien，Muller and Zang，1992）。Becker 和 Dietz（2004）以德国加工制造业为大样本，研究结论是产业的 R&D 合作联系着更大的 R&D 强度，发展新产品具有更大可能性。Reinganum（1982）运用博弈论方法研究认为 R&D 竞争、技术投入强度和新产品开发等具有内生性。Malueg 和 Tsutsui 认为，适宜投资水平是技术转化产出函数的最优均衡解。Recamps 和 Mariotti（2004）认为，厂商进入市场之前能够发现技术转化率这个信号。上述研究仅仅从单个厂商和微观角度观察市场竞争对技术转化的影响。企业集群通过产学研协同创新、合作研究、R&D 资源共享等方式，链接到外部知识来源，并不等于能够获得、扩散和创造知识，还需要一个“知识转化过程”（Nonaka and Takeuchi，1994），这样才能够真正创造出新的知识形态，进而带来技术应用的变化。Braczyk 等（1998）认为，集群企业需要通过与当地大学、研发机构进行合作，或者通过技术转移机构建立区域网络化创新系统。国外著名学者还在技术进步拉动经济增长基础上提出了内生增长理论，技术进步是经济增长的重要原动力（Romer，1986，1990；Lucas，1988），发展中国家主要通过国际技术扩散，模仿发达国家先进技术和各种形式技术扩散来实现技术提升（Caselli and Coleman，2006）。影响发展中国家技术吸收能力的主要因素有技术转化的“门槛”因素，当技术转化跨越某个最低门槛值时，扩散技术才通过技术转化被有效地吸收利用（Borensztein，Gregoior and Lee，1998）。综观国外理论成果，技术转化研究还衍生出诸多新课题。例如，实现最优产出水平的技术转化率是如何获得的，其具体求解结果是否反映技术转化产出水平；在分析厂商产出效应时，还需要分析技术转化的内在影响因素。

（2）国内技术转化文献主要集中在技术创新效率、产业技术转移和校企合作等方面。市场竞争促进技术转化的机制研究表明，所有制结构差异可能造成 R&D 支出与技术引进支出向创新能力转化上的差异（刘小鲁，2011），李浩、胡永刚、马知遥（2007）从技术转化角度进行比较分析，认为开放经济模型比封闭经济模型能更好地解释中国经济现象。在技术转化效率计算方面，余泳泽（2009）研究表明，我国高技术产业成果转化阶段平均技术效率仅为 0.459，主要来自纯技术无效率，叶锐、杨建飞、常云昆（2012）认为，我国高技术产业科技成果转化效率均值为 0.211，与发达国家差距较大，市场竞争对科技成果转化最佳作用力度为 0.606，徐舒、左萌、姜凌（2011）研究显示，技术扩散冲击直接作用于技术转化过程，由于潜在技术水平提高引起单位 R&D 投入收益增加，R&D 投入迅速上升。国内学者还对具体产业和技术合作方式进行了深入研究，薛红志、张玉利（2006）认为，数字影像产业只有将突破性技术转化为产品和服务时，才能改善其产业地位，贺俊、黄阳华、沈云昌（2011）认为，校企合作研发的最优合约安排是企业拥有技术创新成果的知识产权，技术转让获得一个固定支付加上与技术绩效挂钩的可变报酬。技术等生产要素集聚及转化方面的差异，引起中国经济增长存在较大差距（张亮亮、张晖明，2009）。知识转移作为配置知识的基本手段，实现知识供需双方交流、互动和转化，扩展知识存量，是企业持续创新的动力源泉（谭可欣、郭东强，2008）。中国知识生产效率很低，而知识转化效率在不断提高（熊维勤，2013）。基于厂商之间不同技术合作方式下的技术转化及其产出的选题具有较高研究价值，但是，国内学者利用 Bellman 方程模型研究技术转化对产出的影响，还较为鲜见。本章利用 Bellman 方程模型，考虑在不同外部性条件下竞争性创新厂商技术转化产出的变化特点，比较研究竞争性创新与产学研协同创新在通过技术转化、提高厂商产出水平方面的异质性结果，推导得出相关理论假设。最后，以浙江省台州市缝纫设备制造产业技术转化及发展历程为案例，从微观层面进行分析论证。

第二节　技术转化率及变量设定

一、新产品研发与既有产品产量

行业内 N 个厂商技术转化具有异质性特征。厂商在研发新技术、制造新产品的同时，也会生产既有产品，厂商通过发展新产品获得正外部性，在竞争性创新与产学研协同创新之间寻求均衡（Besanko and Wu，2013）。厂商投入 $k_t^i \in [0, 1]$ 份额资源用于技术研发和转化，技术由 t 步转化到 t + dt 步。λ 表示厂商完成初始技术创新的概率，更高 λ 意味着可供转化的初始技术创新成果越多，技术转化率为 p，技术转化后制造新产品的概率是 $\lambda p k_t^i dt$。假设 α 表示厂商投入（$1-k_t^i$）份额资源完成技术转化时的既有产品市场份额，1-α 表示没有进行技术转化时的既有产品市场份额，单位既有产品产出比例为 s，那么厂商在既有产品市场中获得的总产出是 $(1-k_t^i)\alpha s+(1-\alpha)s=(1-\alpha k_t^i)s$。

二、技术转化产出与专利保护

假设厂商在专利保护期 T 内获得垄断产量$\tilde{\pi}_m$，后专利竞争使技术模仿厂商获得寡头垄断产量$\tilde{\pi}_N<\frac{1}{N}\tilde{\pi}_m$。厂商折旧率为 r，$\prod_m=\int_0^T\tilde{\pi}_m e^{-rt}dt=\frac{\tilde{\pi}_m}{r}(1-e^{-rT})$ 为专利保护期 T 内厂商从新产品市场中获得的折扣垄断产量。一旦专利到期，创新厂商已经完成技术转化，其他厂商模仿新技术，获得寡头垄断产量为 $\pi_N=r\int_T^{+\infty}\tilde{\pi}_N e^{-rt}dt=e^{-rT}\tilde{\pi}_N$。专利长度是影响厂商技术转化及产量的重要因素，产品市场 R&D 溢出是有条件的（Dixit，1988）。厂商不存在专利保护，即 $T=0$，则有$\prod_m=0$，如果一个厂商发现新产品，那么其他厂商通过技术模仿立刻出售同样的产品（D'Aspremont and Jacquemin，1988），每个厂商从其竞争对手技术转化活动中获得益处。如果专利保护是无限的，即 $T=+\infty$，$\pi_N=0$，那么技术是完全专有的，R&D 没有溢出。如果考虑外部性，那么以$\theta\equiv\pi_N-(1-\beta)s$ 表示外部性，外部性即为模仿厂商获得寡头垄断产量π_N 与既有产品被新产品替代后所获得产量之差，其中，参数 $\beta\in[0,1]$ 表示既有产品与新产品之间比例，$\beta=0$ 说明厂商既有产品由新产品完全替代，而$\beta=1$ 代表着既有产品没有受到新产品影响。

三、外部性与最优技术转化率

厂商技术转化外部性由$\theta\equiv\pi_N-(1-\beta)s$ 给定，如果$\pi_N>(1-\beta)s$，那么其技术转化引起其他厂商技术升级，存在正外部性；反之，存在负外部性。当扣除折旧后的边际收益时，包括专利期内厂商垄断产量和行业内正外部性大于相应边际成本，$\frac{\lambda[r\prod_m+\theta]}{r}>\alpha e$，其中 αe表示技术转化边际成本，左侧为技术转化活动扣除折旧后的产量水平，最优技术转化率为其变动一单位的边际产品价值等于技术转化边际成本。将$\prod_m$和π_N代入技术转化率P_n^*，即得最优技术转化率为

$$P_n^*=\frac{r\alpha e}{\lambda(\tilde{\pi}_m(1-e^{-rT})+e^{-rT}\tilde{\pi}_N-(1-\beta)s)} \tag{10-1}$$

由此可得，最优技术转化率P_n^*随e、α而递增，而随着λ、β、$\tilde{\pi}_m$、$\tilde{\pi}_N$和T提高而递减，即更高e和α意味着厂商投入更多技术资源，赢得更大市场空间，技术转化率相应地得到提高。而较高的初始技术创新概率λ、既有产品比例β、专利期内和后专利的厂商产量$\tilde{\pi}_m$和$\tilde{\pi}_N$以及较长的专利长度T将会提高厂商技术转化的机会成本，厂商在是否进行技术转化时面临着选择性决定，从而引起最优技术转化率下降。

第三节　理论模型分析

一、竞争性创新的技术转化率分析

以上标n、c分别表示竞争性创新和产学研协同创新，$V_i^n(p)$表示厂商i关于技术转化率p的产出函数，相应的Bellman方程是

$$V_i^n(p)=\max_{k^i\in[0,1]}\{(1-\alpha k^i)sdt+\lambda pk^i dt\prod_m+e^{-rdt}E(V_i^n(p+dp)|p,\tilde{k})\} \tag{10-2}$$

其中，$\tilde{k}=(k^1,k^2,\cdots,k^N)$表示厂商i投入每一步技术转化dt中$k^i$份额资源，连续性技术转化期望产出是$E(V_i^n(p+dp)|p,\tilde{k})$，由式（10-3）计算获得：

$$E\left(V_i^n(p+dp)\mid p,\ \tilde{k}\right)=\lambda p\sum_{j=1}^{N}k^j dt\frac{s+\theta}{r}+\left(1-\lambda p\sum_{j=1}^{N}k^j dt\right)V_i^n(p+dp)\quad(10\text{-}3)$$

其中，概率$\lambda p\sum_{j=1}^{N}k^j dt$为行业内 N 个竞争性创新厂商投入 k^j 份额资源，完成技术转化后制造新产品的概率，$1-\lambda p\sum_{j=1}^{N}k^j dt$ 表示厂商没有制造新产品的概率。定义 $k^{-i}=\sum_{j\neq i}k^j$，式(10–2) 的 Bellman 方程简化为：

$$rV_i^n(p)=s+k^{-i}b(p,\ V_i^n)+\max_{k^i\in[0,1]}k^i(b(p,\ V_i^n)-c(p))\quad(10\text{-}4)$$

其中有：

$$b(p,\ V_i^n)=\lambda p\left(\frac{s+\theta}{r}-V_i^n(p)-(1-p)V_i^{n\prime}(p)\right)\quad(10\text{-}5)$$

$$c(p)=\alpha e-\lambda p\prod\nolimits_m\quad(10\text{-}6)$$

式 (10–4) 的 Bellman 方程中，最大化边际净收益是 k^i 的线性函数，厂商最优投资由下式给定：

$$k^i=\begin{cases}1 \text{ if } b(p,\ V_i^n)>c(p)\\ \kappa \quad \text{if} \quad b(p,\ V_i^n)=c(p)\\ 0 \text{ if } b(p,\ V_i^n)<c(p)\end{cases}\quad(10\text{-}7)$$

其中，$b(p,\ V_i^n)$是厂商技术转化的边际收益，以概率 λp完成技术转化，每个厂商利润为 $s+\theta$，$\frac{s+\theta}{r}$与 $V_i^n(p)$ 之间差额是因技术转化而增加的超额利润，$(1-p)V_i^{n\prime}(p)$ 是厂商在没有完成技术转化时边际产出对边际收益的抵消效应。$c(p)=\alpha e-\lambda p\prod_m$是技术转化净边际成本，$\alpha e$ 是技术转化支出，而 $\lambda p\prod_m$ 为相应的期望利润。如果技术转化的边际收益 $b(p,\ V_i^n)$ 大于边际成本 c (p)，厂商 i 投入 $k^{-i}=1$ 份额资源用于技术转化。相应地，当边际收益 $b(p,\ V_i^n)$ 低于边际成本 c(p)时，厂商 i 停止技术转化投资。在边际收益 $b(p,\ V_i^n)$ 等于边际成本 c(p)时，厂商投入随着技术转化外部性的不同而发生变化。利用式 (10–4) 中的 Bellman 方程，并借助式

（10–7）的分段函数，分析技术转化厂商的最优投资策略。

1. 正外部性的技术转化产出分析

在正外部性条件下，当 $\forall i = 1, \cdots, N$ 时，对于 $k^i = 1$，$k^i = 0$ 和 $k^i = \kappa \in (0, 1)$ 三种情况产出函数均含有厂商技术转化和产出要素，分别由 V_H^n、V_L^n 和 V_M^n 表示。

式（10–1）表示较高技术转化率，其边际收益大于边际成本，厂商投入全部份额资源用于技术转化，即 $k^i = 1$，由式（10–2）Bellman 方程推导，可得产出函数：

$$rV_H^n(p) = (1-\alpha)s + \lambda p \prod_m + N\lambda p\left(\frac{s+\theta}{r} - V_H^n(p) - (1-p)V_H^{n\prime}(p)\right), \ P \geqslant P_n^{**} \tag{10-8}$$

上述一阶微分方程的一般解是：

$$rV_H^n(p) = \frac{(1-\alpha)s}{r} + \frac{N\lambda\left(\frac{\prod_m}{N} + \frac{\alpha s+\theta}{r}\right)}{r+N\lambda}p + B_n^1(1-p)\left(\frac{1-p}{p}\right)^{\frac{r}{N\lambda}} \tag{10-9}$$

如果 $P = P_n^{**}$，那么式（10–9）中积分常数 $B_n^1 = \frac{1}{1-P_n^{**}}\left(\frac{1-P_n^{**}}{P_n^{**}}\right)^{\frac{r}{N\lambda}}\left[\frac{[1+r(N-1)]\alpha s}{r} - \frac{[(r+N\lambda)(N-1)+1]\lambda r\prod_m + \lambda N(\alpha s+\theta)}{r(r+N\lambda)}P_n^{**}\right]$，$B_n^1$ 在这里是常数[①]。式（10–9）表示竞争性创新厂商在技术转化率较高时的产出函数，$\frac{(1-\alpha)s}{r}$ 是来自既有产品市场的产出，$\frac{N\lambda\left(\frac{\prod_m}{N} + \frac{\alpha s+\theta}{r}\right)}{r+N\lambda}p$ 是完成

① B_n^1 和后文中 B_n^2、B_n^3 和 B_c^* 也是同样情况，均为自变量 p 特定水平上的微分方程解中的积分常数。Bsanko、Wu 学者在进行相关研究时，假设各厂商在不同技术转化率下的产出水平与前一阶段技术转化率的产出水平相等，从而求解得到相应 B_n^1、B_n^2、B_n^3 和 B_c^*。4 个变量比较结果存在以下情况：一是 $B_n^2 > B_n^1$，比较式（10–9）和式（10–12）可以得到，$V_M^n(P) < V_H^n(P)$；二是 $B_n^1 > B_n^3$，比较式（10–9）和式（10–14）可以得到，负外部性条件下的产出水平低于对应技术转化阶段中的正外部性水平，即有 $V^n(P) < V_H^n(P)$；三是 $B_c^* > B_n^1$，比较式（10–17）和式（10–9）可以得到，协同创新厂商技术转化产出高于竞争性创新厂商的产出，即有 $V^c(P) < V_H^n(P)$。

技术转化后新产品市场获得的折扣期望产出，$B_n^1(1-p)\left(\frac{1-p}{p}\right)^{\frac{r}{N\lambda}}$是由于试验和学习带来的产出。

式（10-2）表示较低技术转化率，其边际收益小于边际成本，厂商在初始技术状态上没有进行技术转化投入，即 $k^i=0$，对应微分方程的解是：

$$V_L^n(p)=\frac{s}{r},\ 0<P<P_n^* \tag{10-10}$$

式（10-3）表示中等技术转化率，其边际收益等于边际成本，厂商用于技术转化投资份额为 $k^i=\kappa\in(0,\ 1)$，即有 $b(p,\ V_i^n)=c(p)$，相应地产出函数 $V_M^n(p)$ 为：

$$\lambda p\left(\frac{s+\theta}{r}-V_M^n(p)-(1-p)V_M^{n\prime}(p)\right)-(\alpha s-\lambda p\prod_m)=0\quad P_n^*\leqslant P<P_n^{**} \tag{10-11}$$

求解上述一阶微分方程，可得：

$$V_M^n(p)=\frac{\lambda\left(\prod_m+\frac{s+\theta}{r}\right)-\alpha s}{\lambda}-B_n^2(1-p)+\frac{\alpha s(1-p)}{\lambda}\ln\frac{1-p}{p} \tag{10-12}$$

假设 $P=P_n^*$，那么，式中积分常数为 $B_n^2=\frac{r\prod_m+\theta}{r}+\frac{\alpha s}{\lambda}\ln\frac{1-p_n^*}{p_n^*}$。

在正外部性条件下，技术转化依次经历孕育期、成长期和扩散期三个阶段，相应技术转化率 p 位于（0，P_n^*）（P_n^*，P_n^{**}）（P_n^{**}，$+\infty$）三个区间，而且技术转化产出关系是 $V_L^n(P)<V_M^n(P)<V_H^n(P)$。厂商技术转化率依次由较低、中等水平向较高水平上升，技术转化所获得的产出逐步增加，通过试验和学习，创造更多产出。由此可得以下假设。

假设 1：正外部性条件下，竞争性创新厂商技术转化产出水平随着技术转化率提高而单调上升。

技术转化处于孕育期内，产业内初始技术突破相对较少，可以转化的原始创新不足，技术转化带来的产出不明显，厂商技术转化投入 $k_t^i=0$，技术转化产出与初始技术状态的产出水平$\frac{s}{r}$保持一致。由于正外部性，竞争性创新使厂商为了竞相获得技术优势，产生强烈动机增加 R&D 投入。

在成长期内，厂商技术转化投入比例提高到 $0<k_t^i<1$，创造出一定存量原始技术，为技术转化创造了原始技术积累，大幅度提高技术创新可靠性和应用水平。在技术转化前向环节中，技术供给持续不断增加，转化机制更加流畅，厂商获得比较充分的技术转化源泉。在后向环节，适宜技术得到完全转化，应用到加工制造环节中，提高产品附加值，增加厂商技术转化的动力。在扩散期内，厂商技术创新步伐加快，技术转化率在快速上升阶段，高新技术代替现有生产技术和工艺。厂商将全部投资份额用于技术创新活动，在短期内受到要素配置比例相对稳定的制约，某一单项技术转化后对厂商产出增长的拉动作用逐步削弱，厂商需要持续研发和引进新技术，投入到技术转化环节中。

2. 负外部性的技术转化产出分析

在负外部性条件下，竞争性创新形成的技术转化率与其投入之间对应关系如下：

$$k^i=\begin{cases}1 \text{ if } b(p,\ V_n^*)>c(p)\\0 \text{ if } b(p,\ V_n^*)\leqslant c(p)\end{cases} i=1,\ \cdots,\ N \tag{10-13}$$

通过 Bellman 方程推导得出，在 $b(p, V_i^*)>c(p)$、$b(p, V_i^*)\leqslant c(p)$ 时的产出函数原理同式（10-8）、式（10-9）和式（10-10），厂商相应产出函数为：

$$V^n(p)=\begin{cases}\dfrac{s(1-\alpha)}{r}+\dfrac{N\lambda\left(\dfrac{\prod_m}{N}+\dfrac{s\alpha+\theta}{r}\right)}{r+N\lambda}P+B_n^3(1-P)\left(\dfrac{1-P}{P}\right)^{\frac{r}{N\lambda}} \quad \text{if } \ P\geqslant P_n^*\\[2ex]\dfrac{s}{r} \quad \text{if } \ P\leqslant P_n^*\end{cases} \tag{10-14}$$

假设 $P=P_n^*$，则式（10-14）中的积分常数 $B^3{}_n=\dfrac{1}{1-P_n^*}\left(\dfrac{1-P_n^*}{P_n^*}\right)^{\frac{r}{N\lambda}}\dfrac{s\alpha}{r}$ $\left[1-\dfrac{r(r\prod_m+\theta(s\alpha+\theta))}{(r+N\lambda)(r\prod_m+\theta)}\right]$。

与技术转化正外部性相比，负外部性明显不同。提高技术转化率将会使厂商边际收益递减，边际成本逐步增加，即使在边际收益等于边际成本时，厂商也不会投入技术转化。技术转化过程分为两个阶段，即孕育期和扩散期，相应的技术转化率位于 $(0,\ P_n^*)$、$(P_n^*,\ +\infty)$ 两个区间。在孕育期，厂商技术转化投入 $k_t^i=0$，初始技术创新成果比较缺乏，技术转化没有获得技术创新的有力支撑，产出为初始技术状态的产出水平 $\frac{s}{r}$。超过孕育期后，技术转化率提高到一定程度，由于负外部性，技术转化的内生效应向外渗透，产出函数 $V^n(p)$ 低于初始技术状态的产出水平 $\frac{s}{r}$，且在 $P>P_n^*$ 的一定阶段内是持续下降的。厂商此时以较低成本吸纳技术，加大技术研发投入。在厂商技术转化投入 k_t^i 水平持续增加且达到一定程度后，相应的技术转化率持续提高，当技术溢出效应小于产出水平时，产出函数 $V^n(p)$ 由下降转向回升，呈 U 形变动趋势。厂商技术转化产出函数 $V^n(p)$ 超过初始技术状态的产出水平 $\frac{s}{r}$ 之后，负外部性得到有效缓解，突破技术原创的瓶颈制约，技术转化产出进入正常增长轨道。技术转化产出逐步提高时，厂商大幅度增加研发投入，可以缓解技术创新负外部性，厂商福利得到明显改进。因此，得到以下假设。

假设 2：竞争性创新厂商在负外部性条件下，技术转化使厂商产出水平出现先下降后上升的 U 形变动趋势。

二、协同创新的技术转化率分析

产学研协同创新厂商通过技术转化实现联合产量最大化。假设 $K=\sum_{i=1}^{N}k_t^i$ 为第 t 步技术水平时 N 个合作者协同创新总投资，$k=\frac{K}{N}$ 为代表性厂商投资份额。专利保护期 T 内全部厂商总的期望折扣产量是 Π_m，而代表性厂商在协同创新时获得产量为 $\frac{\prod_m}{N}$，协同创新厂商技术转化产出的 Bellman 方程是：

$$V^C(P)=\max_{k\in[0,1]}\left[(1-\alpha k)sdt+\lambda PNkdt\frac{\prod_m}{N}+e^{-rdt}E(V^C(P+dP)|P,\ Nk)\right] \tag{10-15}$$

其中，每个代表性厂商技术转化投资 k，从既有产品中获得产量（$1-\alpha k$）sdt。$\lambda PNk\frac{\prod_m}{N}dt$ 为代表性厂商在技术转化区间（t，t+dt）内获得的新产品产量，$e^{-rdt}E(V^C(P+dP)|P,\ Nk)$ 表示扣除折旧后的持续性期望产量，根据式（10-3）、式（10-4）的原理，式（10-15）的 Bellman 方程简化为：

$$rV^C(P)=s+\max_{k\in[0,1]}k[Nb(P,\ V^C)-C(P)] \tag{10-16}$$

产学研协同创新优化资源配置，多渠道加快技术转化，厂商仅失去 αs 单位既有产品产量，得到技术转化产量 $\frac{\prod_m}{N}$。产出函数与 K 是线性关系，技术转化投资决策存在唯一均衡解。如果 $Nb(P,\ V^C)\geqslant C(P)$，那么每个成员投资 $k=1$ 份额资源用于技术转化；否则，厂商没有技术转化投入。产学研协同创新的代表性厂商最优技术转化率是 $P\geqslant P_C^*=\frac{r\alpha s}{N\lambda\left(\frac{r\prod_m}{N}+\theta\right)}$，相应的产出函数是：

$$V^C(p)=\begin{cases}\frac{s(1-\alpha)}{r}+\frac{N\lambda\left(\frac{\pi_m}{N}+\frac{\alpha s+\theta}{r}\right)}{r+N\lambda}P+B_C^*(1-P)\left(\frac{1-P}{P}\right)^{\frac{r}{N\lambda}} & \text{if}\quad P>P_C^*\\ \frac{s}{r} & \text{if}\quad P\leqslant P_C^*\end{cases} \tag{10-17}$$

假设 $P=P_c^*$，则积分常数 $B_C^*=\frac{N\lambda\alpha s}{r(r+N\lambda)}\left(\frac{1-P_C^*}{P_C^*}\right)^{\frac{r}{N\lambda}}$。

产学研协同创新厂商与更高水平的技术转化投入密切相关，新产品发展具有更大可能性（Becker and Dietz，2004）。协同创新通过优化资源利用和专利保护深刻改变技术转化与厂商产出水平之间的关系。竞争性创新厂商与产学研协同创新厂商存在技术转化最优产出的差异，主要来自三个方面：首先，产学研协同创新使每个厂商平均创造来源于合作的垄断产出量，每个代表性厂商产出具有“合成放大”效应，而竞争性创新厂商产量取决于专利保护，每个厂商倾向于追求更多寡头垄断利润，但全部厂商总利润难以产生较大增量。其次，协同创新发明新产品的可能性是单个厂商R&D竞争下的N倍，代表性厂商获得一般产出水平，而技术转化领先厂商将会获得更多产量，且会随着协同创新规模扩大而逐步提高。最后，竞争性创新产生外部性和后专利市场结构的变化，会引起边际收益波动变化，进而影响技术转化的产出水平，边际收益和边际成本相对稳定，产学研协同创新不会导致市场结构变化，反而使产量持续上升。基于上述三个差异，得出以下理论假设。

假设3：产学研协同创新比竞争性创新更快促进厂商技术转化，为厂商带来更多产出。

竞争性创新厂商在技术转化过程中产生“技术溢出”，严重扭曲市场竞争机制，削弱技术创新动机，难以延长技术寿命周期，资源分配不能有效契合技术转化需求，进而造成资源浪费。而产学研协同创新使技术壁垒逐步降低直至消失，厂商之间技术创新得到均衡发展，促进其他厂商跟踪、模仿领先厂商到期的专利技术，技术在其他厂商技术创新活动中得到大幅度转化，技术模仿、转化和应用范围得到进一步扩大，带动整个行业技术进步，提高技术转化产出水平。因此，要推进产学研结合，使高校和科研机构发现的高科技成果迅速产业化、商业化（洪银兴，2014）。

第四节 案例背景

本章选取浙江省台州市缝纫设备产业进行案例研究。台州市是国内影响力最大的缝纫设备制造和出口基地，已经有 30 多年发展历史。2013 年，台州市有 42 家规模以上（产值 2000 万元）缝纫设备制造企业，工业总产值 79.14 亿元，从业人员 13400 人，主营业务收入 78.5 亿元，新产品产值 40.85 亿元，利润总额 5.83 亿元，出口交货值 32.1 亿元。全市已经形成完整的缝纫设备及配套产业门类体系和技术创新体系，多功能家用机和标准化工业机分别占国内市场份额的 40%、30%。全国 10 大缝纫设备制造厂商，其中就有 6 家在台州，全市缝纫设备产量和出口量均居国内首位。该产业在知识产权保护、技术转化、产品升级和技术合作方式等方面都具有一定的代表性。缝纫设备制造业既是资本密集型产业，又是劳动密集型产业，技术含量较高，技术转化活动在整个产业中非常活跃。课题组对台州市 100 余家重点研发、制造厂商进行了问卷调查，共获得 92 份有效问卷。调查样本基本情况如表 10-1 所示，并借鉴台州市统计局、台州市经信委等部门资料，进行综合案例分析。

表 10-1 调查样本基本情况

企业性质			销售收入		
分工类型	样本数（个）	比重（%）	收入区间	样本数（个）	比重（%）
总装厂商	17	18.48	5 亿元以上	6	6.52
零配件制造厂商	24	26.09	1 亿~5 亿元	14	15.22
主要配件供应厂商	26	28.26	5000 万~1 亿元	18	19.57
辅助设备供应商	21	22.83	1000 万~5000 万元	43	46.74
专业技术研发机构	4	4.35	1000 万元以内	11	11.96
合计	92	100.00	合计	92	100.00

一、缝纫设备产业技术转化路径

台州市缝纫设备制造产业技术转化路径分为原始创新、存量积累、技术转化和价值链升级四个阶段（见图 10-1）。

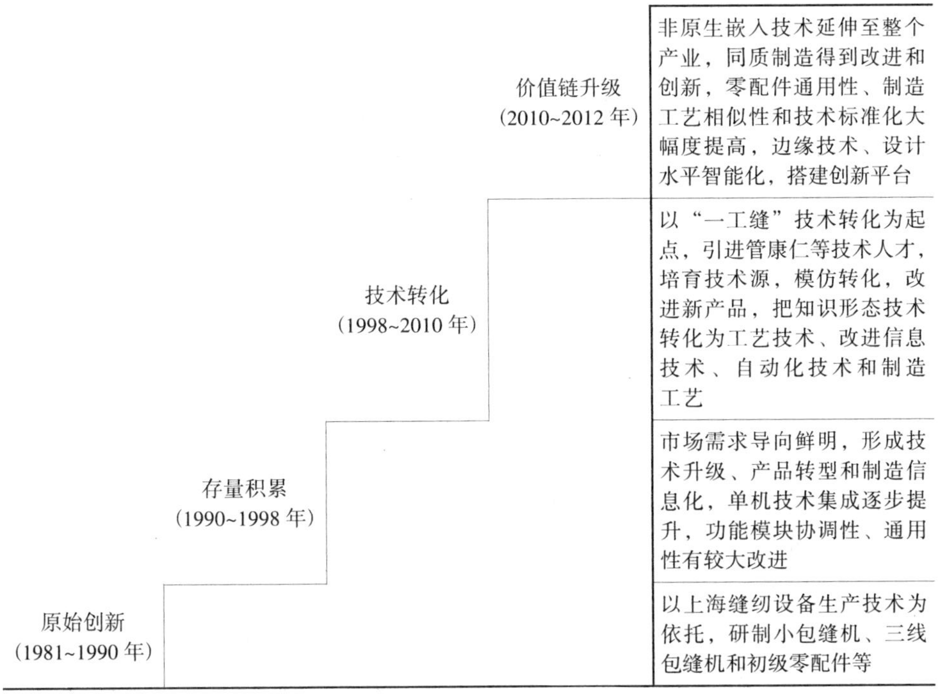

图 10-1　台州市缝纫设备制造产业技术转化路径简析

二、产业技术活动主要特征

台州市缝纫设备产业从制造普通缝纫机开始，发展成为国内最大产业集群，集聚了总装、配套、专用设备等多类型厂商，形成研发、培训、设计、生产、销售、技术中介等技术、生产经营一体化联盟。技术创新流程覆盖技术研发、交流中介、转化等环节。

近三年，规模前五位的厂商共投入研发经费 1.65 亿元，开发新产品 47 个，获得专利授权量达 651 项，其中发明专利、实用新型专利和外观设计专利分别为 55 项、399 项、197 项（见表 10-2）。台州市还建立了中国缝纫设备制造研究基地、浙江省缝纫设备质量检测中心和浙江省缝纫设备研发中心等一系列研发合作平台，基础研究、技术咨询、金融、物流、售后服务等配套服务得到全面发展，为产业技术创新和产品升级提供有力支撑。

表 10-2 台州市主要缝纫设备企业专利拥有情况

单位：项

企业名称	专利类型		
	发明	实用新型	外观设计
飞跃			54
中捷	26	121	57
宝石	3	45	12
杰克	24	228	71
通宇	2	5	3
合计	55	399	197

台州市缝纫设备产业技术转化以核心部件的功能集成为导向，提高动力、曲轴、伺服、传动、纳料以及润滑等各个子系统精密性，形成完整的电机、作业总成、铸造、配件、专用设备以及包装等配套产业链。产业中领先企业逐步由加工制造型向技术研发型转变，大量就业岗位由生产加工型转向研究应用型。主要缝纫设备厂商技术人员比重分布情况如表 10-3 所示。

表 10-3 台州市主要缝纫设备厂商技术人员比重

企业名称	员工总数（人）	研发人员（人）	研发人员比重（%）
飞跃	2940	212	7.21
中捷	1792	571	31.86
宝石	1428	104	7.28

续表

企业名称	员工总数（人）	研发人员（人）	研发人员比重（%）
杰克	1679	97	5.78
通宇	684	47	6.87
合计	8523	1031	12.10

第五节　案例分析

在技术进步初期，台州市缝纫设备制造产业技术转化路径，由 20 世纪 80 年代的“模仿制造”向 90 年代的“光机电一体化”转变。经历两次金融危机后，该产业技术又由“光机电一体化”向“创新驱动”转化。一些缝纫设备厂商在现有技术轨道上引入信息技术、自动化和微电子集成系统，还有一些厂商试图突破现有技术路径，在技术形态、商业模式、数控技术、精密铸造等方面进行探索，引入“自动化平台”，进行系统功能集成，开发伺服系统、高速缝纫设备（见表 10-4）。

表 10-4　台州缝纫设备产业技术转化分析

	模仿制造	光机电一体化	创新驱动
	20 世纪 80 年代	20 世纪 90 年代	21 世纪 10 年代
技术来源	模仿上海缝纫机技术	独立研发、购买引进	内部研发、自主创新、技术转让
知识基础	简单机械原理、初级加工、制造工艺	集成技术、规模化、零配件精加工	自动化、信息技术、激光定位、遥感测控
技术积累	3~5 年	7 年左右，由单一厂商加工制造向专业化分工配套，技术协作	10 年，完成技术集成、模块化、系统化，技术适应性强
可收益性	低	由低到高、逐步提高	高
技术转化	技术层次低、差距不明显、转化容易	转化难度逐渐增加，技术存量冲击明显，总体稳定	技术差距大，转化难度提高，不确定性较大，风险因素多

续表

	模仿制造	光机电一体化	创新驱动
	20 世纪 80 年代	20 世纪 90 年代	21 世纪 10 年代
技术获得方式	模仿、干中学	应用与学习探索，专业分工，与高端客户互动交流	产学研协同创新
代表性产品	GN1-1 三线包缝机	小包缝机、高速包缝机	曲折缝机、自动供油三线包缝机、特种机、伺服系统、绷缝机

一、外部性与技术转化

台州市缝纫设备产业较强竞争力来源于持续不竭的创新能力，依赖于技术专利有效保护和外部性的双重作用。在模仿制造阶段，专利保护使技术转化得到相应的回报，激发技术研发活动，逐步摆脱技术进步封闭循环和简单模仿。正外部性使竞争性厂商化解技术低端锁定，克服技术创新的路径依赖而促进技术研发和转化，厂商产出相应持续增加。在光机电一体化、创新驱动阶段中，正外部性可以使协同创新厂商识别有效的知识来源，主动进行链接，吸收、扩散和创造知识，打破原有的大口径、粗放式技术引进方式，有选择地吸纳和引用知识密集型的高技术。例如，飞跃、宝石、中捷等缝纫设备制造厂商原先都是从事单一产品加工制造，借助规模扩张占据行业领先地位。近年来，“规模立厂”已经难以为继，厂商大力发展自动化控制系统、数字化裁剪机、自动供油高速包缝机，扩大 R&D 人员队伍，提升产业技术层次，巩固厂商行业地位，为技术转化增添强大动力。这一结论与假设 1 观点一致。

在负外部性条件下，竞争性创新厂商在技术转化过程中产生技术外溢，技术持续转化将会使厂商边际产量逐步递减，难以形成有效产出，技术寿命周期日益缩短，浪费技术资源。负外部性使技术壁垒逐步降低直至消失，引起厂商之间技术创新非均衡发展，促进其他厂商跟踪、模仿到期的专利技术。一部分厂商技术存量水平得到大幅度提高，另一部分厂商由于处在技术创新弱势地位，面临技术竞争淘汰的风险。技术转化只有在其他厂商持续吸纳技术创新要素的基础上，技术模仿、转化和应用范围才能得到扩大，带动整个行业技术进步，提高全行业产出水平，厂商产出水平因此会先降后升。假设 2 得到证明。

二、厂商技术合作方式与技术转化

由表 10-4 可以看出，模仿制造阶段的技术转化，模仿厂商从相对简单的技术活动开始，加快完成初级技术积累，引进或研发较为复杂的技术嵌入简单制造活动中，包括精加工、铸造、机械简装等低层次技术。初级技术能够整体嵌入生产过程中并快速扩散，技术差距逐步缩小。光机电一体化、创新驱动阶段，技术转化的前后技术差距使创新驱动的技术进步更为复杂。此时的技术转化，不是简单地依靠知识形态技术嵌入生产过程中，而是在协同创新中逐步积累形成全产业的知识，再衍生出新的知识形态技术，根据产业升级的技术需求，逐项进行转化。协同创新在产业层面发挥着不可替代的作用，使新技术创造和转化更加具有适应性，避免了竞争性创新中“点对点”式的技术转化，提高技术研发与转化配对概率，增加技术转化产出。假设 3 得到证明。

但是，在不同技术发展阶段上，技术转化有明显区别。光机电一体化阶段上的技术转化，知识来源较为成熟完整，知识形态技术逐步由碎片化向系统化、集成化发展，在较短的时间内完成转化。创新驱动阶段的技术转化，具有不确定性，风险较大，同时也能带来更高的技术创新产出。这一阶段厂商不仅能在现有技术转化轨道上实现，技术转化面临着巨大的技术推广应用空间，还可以开辟出新的技术转化路径。调查结果显示，71%~85%的厂商赞成缝纫设备零配件统一技术规范和生产工艺标准化，提高技术通用性，能够适应多款产品，扩大技术应用范围，利用工艺相似性，技术转化向生产过程各环节扩散。知识形态技术积累是技术转化的前提，而且更加具有累积性，是实现技术突破性进展的基础。

三、专利保护与技术转化

技术转化在模仿制造阶段，产业内厂商形成模具设计、零配件生产、冲磨、增强耐耗性、热处理、总装等专业化分工。竞争性创新厂商使边学习边创造成为技术转化的重要动力，促进厂商整体吸收、转化外部知识。这种以竞争为动力的专业化分工，技术转化将在升级过程中衍生出大量新的专业化生产厂商，技术研发、扩散、吸收、转化、再研发呈现出一维性变化。技术创新切口小，分工细，市场渗透力更强，为高精尖技术提供了转化通道。

在光机电一体化、创新驱动阶段中，竞争性创新由于技术进入更高层次以及知识形态复杂性、综合性阻碍了隐性知识转化为编码化技术信息，难以满足更加适宜企业工艺改进和产品创新的需要。而产学研协同创新能够适应更高层次技术创新需求，以创新方式获得、吸收、扩散和创造知识，既包括产业内协同创新，也包括来自产业外的创新合作。

案例研究从专利保护、技术转化与产学研协同创新相结合的视角加以分析。表 10-5 的协同创新技术转化参与度调查结果显示，74.28%厂商认为专利保护有利于产学研协同创新，加速技术转化。回答“专利保护引导产业链上下游企业共享技术创新资源”“零配件加工厂商与总装企业存在技术纽带且有共同利润增长点”“知识形态技术创新主体与应用转化厂商存在专利共享，通过利润分配消除两者之间技术隔离”三个问题的企业比重分别为 71.48%、64.21%、37.41%，这说明，厂商还要树立借助合作共享技术、扩大技术转化正外部性等手段促进协同创新。在分析技术转化与产学研协同创新结合深度时，仅仅 20.6%厂商认为协同创新厂商比正外部性竞争性创新厂商更能刺激技术转化，吸纳应用新技术开辟新市场，说明行业内厂商意识到以协同创新谋求差异化发展方向。假设 3 得到证明。在调查厂商与大学、科研机构之间协同创新时，共享资源与成果、共同完成技术转化、联合培养人才的合作深度调查结果都比较低，说明跨地域、跨部门的产学研协同创新还需要进一步完善机制。

表 10–5 产学研协同创新技术转化程度

序号	产学研协同创新类型	参与比重（%）
1	专利保护有利于产学研协同创新，加速技术转化	74.28
2	专利保护引导产业链上下游企业共享技术创新资源	71.48
3	零配件加工厂商与总装企业存在技术纽带且有共同利润增长点	64.21
4	知识形态技术创新主体与应用转化厂商存在专利共享，通过利润分配消除两者之间技术隔离	37.41
5	从大学、科研机构接受技术转移，共同完成技术转化	20.6
6	借助大学、科研机构的专业力量，技术转化前向引导和后向推进	52.9

在模仿制造阶段，初级技术专利长度相对较短，竞争性创新引导产业内厂商模仿上海缝纫设备制造技术，积极扩大投资，整体移入生产过程中，适应市场对产品性能的需求，改进产品标准，带动厂商自主创造的技能性知识转化。在光机电一体化、创新驱动阶段，高层次技术的专利保护期较长，协同创新中的技术主导型厂商在核心技术水平下，走边缘技术转化的道路，改进产品设计，提高智能化程度，避免产品市场结构同化和价格恶性竞争。协同创新厂商积极同外部科研单位合作，引进“伺服马达”“自动开袋机”等新技术，并朝着新产品方向加快转化技术，例如“高速包缝机”“数控裁剪机”等，这更进一步地证明假设 3 是正确的。

本章要点：研究技术转化率与厂商产出之间的变化关系，揭示竞争性创新、产学研协同创新之间技术转化产出的异质性特征，借助 Bellman 方程揭示正外部性、负外部性条件下技术转化率由低到高变化对厂商产出的深刻影响，并以浙江省台州市缝纫设备制造业为研究对象，进行案例分析。研究认为，不同外部性影响竞争性创新厂商技术转化产出水平。正外部性由于技术转化的扩散效应，引起竞争性厂商技术转化产出增加，而负外部性减少厂商收益，削弱厂商技术转化动机，导致初始阶段技术转化产出下降。随着技术转化率逐步提高，技术转化通过增加人力资本投入比例，实现边际报酬递增，知识形态技术的非竞争性和非排他性将产生递增规模报酬持续提高产出水平，总体呈现U形变动趋势。产学研协同创新通过有效整合各类技术创新资源，促进技术转化，比竞争性创新厂商创造更多产出。

第十一章　不完全技术信息的效率冲击效应与构成细分研究

第一节　研究背景与理论模型分析

一、研究背景与问题提出

党的十八届三中全会提出，建立创新调查和创新报告制度，构建公开透明的国家科研资源管理和项目评价机制，这就需要以更加充分的技术信息为前提。技术信息具有完全信息和不完全信息两种状态。不完全技术信息是指技术成果在生成、交易、转化过程中，技术性能、实现路线、技术进步趋势和阶段性分布等信息只能得到局部反映，技术进步实际状态与其信息表达结果不具有对应关系，存在一定程度偏离，而且受到要素配置、内部构成、成果选择和误差干扰等影响，对技术创新效率和产出水平形成差异化冲击效应。

不完全技术信息在一次技术进步中难以观察，只有对比研究同时选择和先后选择 R&D 经费、研发人员投入两种不同的要素配置方式，才能测度不完全技术信息及其各项构成因素的影响份额，分析对技术创新效率和产出水平的冲击效应。然而，在理论层面上还有许多问题需要深化研究，例如，不完全技术信息在两种不同的要素配置方式下可以细分为哪些构成因素，怎样进行精确测度，其误差产生根源是什么，对技术创新效率和产出水平差异化冲击效应是如何形成的，产业之间交叉效应如何影响厂商技术选择。相关研究可以深化对不完全技术信息的认识，从而更加精确地分析其作用机制和冲击效应。

本章对比研究两种不同的要素配置方式，分析不完全技术信息的构成因素、影响份额和传导机制等内容及其误差变动特征。不完全技术信息在两种不同的要素配置方式中产生差异化冲击效应，在识别、交易、吸纳与应用等各环节将会扭曲要素配置，表现为技术创新效率和产出水平偏离最优状态。研究意义在于，揭示不完全技术信息对技术创新效率和产出水平的冲击效应，以更加充分的技术信息为引导，把不完全技术信息中误差因素控制在一定范围内，避免要素错配，减少对要素高效集约利用的负向冲击。

基于上述思路，本章运用理论模型研究不完全技术信息冲击效应、构成细分及其误差影响，提出相关研究假设。实证研究选取化学产业，电气机械和器材业，通信设备、计算机和其他电子设备制造业 3 个产业 695 家上市公司的技术创新数据进行计量分析，验证相关研究假设。本章内容包括理论模型分析以及在此基础上进行的实证分析，最后得出研究结论和政策建议。

二、要素配置中不完全技术信息

本章借鉴 David、Hopenhayn 和 Venkateswaran（2016）理论分析模型。a_{it} 表示 t 阶段技术成果作为中间投入 i 所包含的基本信息，由知识资本投入、专利平均被引次数、技术进步阶段以及创新产品收益等指标综合测算而成，自回归分析结果如下：

$$a_{it}=(1-\rho)\bar{a}+\rho a_{it-1}+\mu_{it},\quad \mu_{it}\sim N(0,\ \delta_{\mu}^{2}) \tag{11-1}$$

式（11-1）表明，在 t-1、t 两阶段技术进步中，$\bar{a}$为初始状态的技术信息，当不完全技术信息逐步转变为完全技术信息时，两阶段技术进步具有较高相关性，相关系数为 ρ。自回归扰动项 μ_{it} 是不完全技术信息构成部分，方差 δ_μ^2 是自回归中不完全技术信息变动幅度。

同时选择 R&D 经费和研发人员投入的要素配置方式，加剧信息不对称，不完全技术信息对技术创新效率及产出水平存在显著的冲击效应，最大化利润为：

$$\max_{C_{it},L_{it}} Y_t^{\frac{1}{\lambda}} E_{it}[a_{it}] C_{it}^{b_1} L_{it}^{b_2} - r_t C_{it} - w_t L_{it} \tag{11-2}$$

其中，Y_t 表示 t 阶段技术成果投入所带来的产出，C_{it}、L_{it} 分别为 t 阶段技术成果作为 i 中间投入的 R&D 经费和研发人员投入，r_t、w_t 为两种要素价格，b_1、b_2 为两种要素投入份额，λ 为要素替代系数，$E_{it}[a_{it}]$ 表示 i 中间投入 t 阶段不完全技术信息的期望值。利润最大化实现条件是：

$$\frac{L_{it}}{C_{it}} = \frac{b_2 r_t}{b_1 w_t} = \frac{L_t}{C_t} \tag{11-3}$$

式（11-3）表明，同时选择两种要素投入，不完全技术信息没有充分吸纳，难以优化要素配置。

先后选择 R&D 经费和研发人员投入的要素配置方式，根据技术信息不完全程度，自动调节两种要素投入比例，要素配置具有较强适应性，实现最大化利润为：

$$\max_{C_{it}} E_{it}\left[\max_{L_{it}} Y_t^{\frac{1}{\lambda}} E_{it}[a_{it}] C_{it}^{b_1} L_{it}^{b_2} - w_t L_{it}\right] - r_t C_{it} \tag{11-4}$$

根据利润最大化目标，研发人员投入最优规模是：

$$L_{it} = \left(\frac{b_2}{w_t} Y_t^{\frac{1}{\lambda}} E_{it}[a_{it}] C_{it}^{b_1}\right)^{\frac{1}{1-b_2}} \tag{11-5}$$

由此可得，不完全技术信息得到充分识别和利用，对技术创新效率和产出水平的冲击效应相对平缓。要素配置比例优化，技术性能与路线、技术风险预防等更加契合需要，要素利用水平显著提升，技术创新效率和产出更加接近最优水平。由此，得出以下研究假设。

假设 1： 同时选择和先后选择 R&D 经费、研发人员投入两种不同的要素配置方式，不完全技术信息发挥着不同程度作用，对技术创新效率和产出水平形成差异化的冲击效应。

三、不完全技术信息构成细分

以技术信息自回归扰动项方差 δ_μ^2 大小表示技术信息不完全程度。两阶段技术信息具有较强的内在关联，技术信息自回归项 $\{a_{it-s}\}_{s=1}^{\infty}$ 是在中间投入 i 中，t-1、t-2、……阶段技术进步信息量变化难以得到充分识别，误差因素也包括在不完全技术信息 V 中。

不完全技术信息的内生性因素 e_{it}，是在技术信息自回归结果 a_{it} 基础上，反映不完全技术信息变动概率为：

$$s_{it} = a_{it} + e_{it},\ e_{it} \sim N(0,\ \delta_e^2) \tag{11-6}$$

式（11-6）表明，不完全技术信息变动概率 s_{it} 是由 t 阶段技术信息自回归结果 a_{it} 和不完全技术信息内生性因素 e_{it} 构成，反映内生性因素带来的不完全技术信息变动情况。

不完全技术信息的外生性因素 $\delta_v z_{it}$，是由 R&D 经费投入及其相应的外生性因素引起的，具有相同的概率分布函数，即 $\Phi\left(\frac{\hat{s}_{it} - a_{it}}{\delta_v}\right) = \Phi(z_{it})$，不完全技术信息变动概率为：

$$\hat{s}_{it} = a_{it} + \delta_v z_{it} \tag{11-7}$$

其中，$\hat{s}_{it}$ 是在 t 阶段技术信息自回归结果 a_{it} 基础上，外生性因素 $\delta_v z_{it}$ 引起的不完全技术信息变动概率，是由 R&D 经费投入 δ_v 和其他外生性因素 z_{it} 两部分构成。厂商投入 R&D 经费购买技术成果时，研发部门比厂商拥有更多信息发现，技术创新效率和产出水平受到明显冲击。

综上所述，对式（11-1）两边同时求期望值发现，技术信息自回归结果的期望值 $E_{it}[a_{it}]$ 是由三个部分构成，即 t-1 阶段技术信息 a_{it-1} 自回归项

期望值为概率 $[(1-\rho)\bar{a}+\rho a_{it-1}]$ 与差异变动程度 $\frac{V}{\delta_{\mu}^{2}}$ 之积，当前阶段内生性和外生性技术信息变动概率 s_{it}、$\hat{s}_{it}$ 分别与其差异变动程度 $\frac{V}{\delta_{e}^{2}}$、$\frac{V}{\delta_{v}^{2}\delta_{z}^{2}}$ 乘积之和构成回归扰动项 μ_{it} 期望值，因此有式（11-8）。

$$E_{it}[a_{it}]=\frac{V}{\delta_{\mu}^{2}}[(1-\rho)\bar{a}+\rho a_{it-1}]+\frac{V}{\delta_{e}^{2}}s_{it}+\frac{V}{\delta_{v}^{2}\delta_{z}^{2}}\hat{s}_{it} \tag{11-8}$$

由于技术进步具有随机变动特征，t 阶段技术信息自回归结果 a_{it} 概率为 $[(1-\rho)\bar{a}+\rho a_{it-1}]$、内生性和外生性因素导致不完全技术信息变动概率分别为 s_{it}、$\hat{s}_{it}$，均与当前阶段技术信息自回归结果的期望值 $E_{it}[a_{it}]$ 是相等的。由式（11-8）可得式（11-9）。

$$V=\left(\frac{1}{\delta_{\mu}^{2}}+\frac{1}{\delta_{e}^{2}}+\frac{1}{\delta_{v}^{2}\delta_{z}^{2}}\right) \tag{11-9}$$

由此可以形成以下假设。

假设 2： 不完全技术信息 V 是由 a_{it} 自回归扰动项方差 δ_{μ}^{2}、内生性和外生性技术信息变动方差 δ_{e}^{2}、$\delta_{v}^{2}\delta_{z}^{2}$ 所构成，各自影响程度和份额有着较大差异。

四、不完全技术信息对技术创新效率和产出水平的冲击效应

不完全技术信息 V 与 R&D 经费投入边际收益产品变动幅度 δ_{MRPC}^{2} 存在一定程度关联。当技术信息不完全程度加大时，R&D 经费投入难以充分利用，技术创新效率和产出水平受到显著冲击。在部分要素结合点上出现闲置浪费，而在另一些结合点上存在要素投入不足，R&D 经费投入边际收益产品变动幅度 δ^{2}_{MRPC} 大于不完全技术信息 V，即有 $V<\delta^{2}_{MRPC}$。

当不完全技术信息逐步转变为完全技术信息时，R&D 经费投入得到充分利用，技术创新效率和产出水平大幅度提高。R&D 经费投入和要素配置契合最优比例，既没有闲置浪费，又没有出现短缺。不完全技术信息给

技术创新效率和产出水平带来较小幅度冲击，从而导致技术信息不完全程度大于 R&D 经费边际收益产品变动幅度，即有 $V > \delta^2_{MRPC}$。

因此，只有当不完全技术信息 V 与 R&D 经费投入边际收益产品变动幅度 δ^2_{MRPC} 相等时，即有式（11-10）。

$$V = \delta^2_{MRPC} \tag{11-10}$$

要素配置比例实现最优化，不完全技术信息契合要素配置需要。边际收益产品变动幅度与技术信息不完全程度趋于一致，既不存在要素闲置浪费，又没有出现短缺，技术创新效率和产出水平保持相对稳定。

不完全技术信息对技术创新效率的冲击效应，表现为与最优技术创新效率的偏离程度，在两种不同的要素配置方式下，冲击效应分别是式（11-11）、式（11-12）。

$$\pi^* - \pi = \frac{1}{2}\lambda V \tag{11-11}$$

$$\pi^* - \pi = \frac{1}{2}(\lambda\hat{b}_1 + \hat{b}_2)\hat{b}_1 V \tag{11-12}$$

对于两种不同的要素配置方式，不完全技术信息微小变动带来的产出变动量与技术创新效率变动量具有较高关联性，其取决于 R&D 经费投入比例 $\hat{b}_1$ 大小，即有式（11-13）：

$$\frac{dy}{dv} = \frac{d\pi}{dv}\left(\frac{1}{1-\hat{b}_1}\right) \tag{11-13}$$

由此可得以下研究假设。

假设 3： 两种不同的要素配置方式之间，技术创新效率和产出水平受到冲击效应，表现为与最优状态的偏离程度有着显著差异。同时选择方式中不完全技术信息难以充分吸纳，要素替代空间小，冲击效应显著。先后选择方式调节要素投入份额 $\hat{b}_1$、$\hat{b}_2$，实现要素优化配置，冲击效应平缓。要素替代系数 λ 越大，市场化程度越高，技术创新效率和产出水平对不完全技术信息越敏感。

五、成果交易中不完全技术信息与厂商技术选择

在技术成果交易中，受到各种外生性因素影响，不完全技术信息变动概率为

$$\hat{s}_{ijt} = a_{it} + v_{ijt},\ v_{ijt} \sim N(0,\ \delta_v^2) \tag{11-14}$$

其中，v_{ijt} 是 j 厂商以 R&D 经费投入购买技术成果时，外生性因素引起的不完全技术信息变动，在技术成果识别、购买、转化过程中迅速扩散。

技术成果交易时，t-1 阶段技术信息 a_{it-1} 是已知的，当技术进步升级到 t 阶段后，技术信息自回归结果 a_{it} 受到 R&D 经费投入和其他外生性因素影响，如市场结构、成果价格等，对技术成果需求产生影响。技术成果需求由以下两项份额构成：

$$\int d(\hat{s}_{ijt},\ a_{it-1},\ P_{it})\, dF(\hat{s}_{ijt} | a_{it}) + \Phi(z_{ij}) = 1 \tag{11-15}$$

其中，$dF(\hat{s}_{ijt} | a_{it})$是在 j 厂商技术进步由 t-1 阶段升级到 t 阶段后，以技术信息自回归结果 a_{it} 为条件的，成果需求微小变动。以此作为积分变量，对技术成果需求函数 $d(\hat{s}_{ijt},\ a_{it-1},\ P_{it})$ 进行积分，在式（11-15）中，$\hat{s}_{ijt}$ 为成果交易中外生性因素引起的技术信息变动概率，a_{it-1} 为 t-1 阶段技术信息自回归项，P_{it} 为成果价格，是 j 厂商在 t 阶段技术进步中以外生性因素微小变动为自变量的技术成果需求函数。等式左侧积分式表示 R&D 经费投入带来的成果需求份额，从而推导其他外生性因素形成的相应份额 $\Phi(z_{ij})$。根据阶段性技术进步信息测算期望收益，有

$$E_{ijt}[\Pi_{it}] = \int f(a_{it},\ a_{it-1},\ P_{it})\, dF(a_{it} | a_{it-1},\ \hat{s}_{ijt},\ P_{it}) \tag{11-16}$$

其中，$f(a_{it},\ a_{it-1},\ P_{it})$ 为既定成果价格 P_{it} 时，技术信息由 t-1 阶段变化到 t 阶段时的收益函数。$dF(a_{it} | a_{it-1},\ \hat{s}_{ijt},\ P_{it})$ 是在外生性因素带来的不完全技术信息变动概率$\hat{s}_{ijt}$、技术成果价格 P_{it} 条件下，由 t-1 阶段升级到 t 阶段的技术信息微小变动单元，以此对每阶段技术信息的收益函数 $f(a_{it},$

a_{it-1}，P_{it}）求积分，即为 j 厂商 t 阶段不完全技术信息的期望收益。当风险中性时，通过比较期望收益 $E_{ijt}[\prod_{it}]$ 与技术成果价格 P_{it}，分析不完全技术信息如何影响厂商购买决策。具体如下：

$$d(\hat{s}_{ijt},\ a_{it-1},\ P_{it})=\begin{cases}1,\ \text{if } E_{ijt}[\prod_{it}]>P_{it}\\ [0,\ 1],\ \text{if } E_{ijt}[\prod_{it}]=P_{it}\\ 0,\ \text{if } E_{ijt}[\prod_{it}]<P_{it}\end{cases} \tag{11-17}$$

由此可得以下研究假设。

假设 4： 不完全技术信息通过成果交易中的外生性因素影响厂商技术选择，这取决于不完全技术信息期望收益 $E_{ijt}[\prod_{it}]$ 和成果价格 P_{it} 之间对比关系。当期望收益 $E_{ijt}[\prod_{it}]$ 大于成果价格 P_{it} 时，厂商购买全部技术成果；当期望收益 $E_{ijt}[\prod_{it}]$ 小于成果价格 P_{it} 时，厂商停止购买技术成果；当两者相等时，厂商根据需要购买一定比例技术成果。

六、不完全技术信息的误差分析

1. 误差形成机制

不完全技术信息中，误差因素包括在技术信息自回归扰动项 μ_{it} 中，由内生性因素 e_{it}、$\delta_v z_{it}$ 外生性因素构成，相互影响关系可以由下式表示：

$$E_{it}[\mu_{it}]=\phi_1(\mu_{it}+e_{it})+\phi_2(\mu_{it}+\delta_v z_{it}) \tag{11-18}$$

其中，$\phi_1(\cdot)$、$\phi_2(\cdot)$ 分别为内生性因素、外生性因素引起的不完全技术信息差异变动程度 $\phi_1=\frac{V}{\delta_e^2}$ 和 $\phi_2=\frac{V}{\delta_v^2\delta_z^2}$。由此可得，厂商产出变动量 $y_{it}-y_{it-1}$ 与不完全技术信息自回归结果变动量 $a_{it}-a_{it-1}$、R&D 经费投入变动量 $c_{it}-c_{it-1}$ 两组变量之间的相关系数分别为：

$$\rho_{ya}=Corr(y_{it}-y_{it-1},\ a_{it}-a_{it-1})=1\bigg/\sqrt{1+\frac{\delta_v^2\delta_z^2}{\delta_\mu^2}} \tag{11-19}$$

$$\rho_{yc}=Corr(y_{it}-y_{it-1},\ c_{it}-c_{it-1})=1\bigg/\sqrt{1+\frac{\delta_v^2\delta_z^2}{\delta_\mu^2}\left(1-\frac{V}{\delta_\mu^2}\right)^2} \tag{11-20}$$

上述两式比值反映两组变量之间相关性程度，比值平方项与不完全技术信息自回归差异变动程度$\frac{V}{\delta_{\mu}^2}$之和为1，即有$\left(\frac{\rho_{ya}}{\rho_{yc}}\right)^2+\frac{V}{\delta_{\mu}^2}=1$。假设不完全技术信息V存在误差项$\varepsilon_{it}$时方差为$\delta_{\varepsilon}^2$，代入到产出变动与R&D经费投入变动之间的相关系数ρ_{yc}中，即可获得：

$$1-\left(\frac{\rho_{ya}}{\rho_{yc}}\right)^2=\frac{V}{\delta_{\mu}^2}-\frac{\delta_{\varepsilon}^2}{\delta_{\mu}^2}<\frac{V}{\delta_{\mu}^2} \tag{11-21}$$

从而，提出以下研究假设。

假设5：不完全技术信息存在一定程度误差。误差因素在信息传递过程中得到快速扩散，加剧技术创新效率和产出水平不规则变动。当误差程度趋于离散时，技术信息不完全程度越大，反之，技术信息不完全程度越小。

2. 误差影响程度分析

（1）投入角度。R&D经费投入c_{it}在误差项ε_{it}^c影响下，其随机变动模型如下：

$$\hat{c}_{it}=c_{it}+\varepsilon_{it}^c \tag{11-22}$$

其中，$\varepsilon_{it}^c \sim N(0,\ \delta_{\varepsilon c}^2)$。不完全技术信息误差项$\varepsilon_{it}^c$作用于R&D经费投入，主要受到技术信息自回归扰动项μ_{it}、R&D经费投入波动以及其他外生性因素z_{it}的共同作用，误差项ε_{it}^c与相应的外生性因素差异变动程度关系为：

$$\phi_2=\frac{1+\gamma}{(1-b)\lambda}\frac{V}{\delta_v^2\delta_z^2} \tag{11-23}$$

其中，γ为误差项ε_{it}^c在不完全技术信息V中份额。当份额$\gamma=0$时，不完全技术信息没有误差项ε_{it}^c，要素配置比例1-b和替代系数λ将会加剧外生性因素差异变动程度，产生更多不完全技术信息。当份额$\gamma>0$时，误差项ε_{it}^c将会扩大不完全技术信息变动幅度，并且随着γ上升，加剧技术信息误差的冲击作用。

（2）产出角度。分析不完全技术信息误差影响程度，厂商创新产出y_{it}与ε_{it}^y之间误差项变动关系是：

$$\hat{y}_{it} = y_{it} + \varepsilon^{y}_{it} \tag{11-24}$$

其中，$\varepsilon^{y}_{it} \sim N(0, \delta^2_{\varepsilon y})$。$\varepsilon^{y}_{it}$ 为不完全技术信息导致产出误差，可以分析产出水平 y_{it} 与 t 阶段技术信息 a_{it} 之间的回归误差，使误差波动幅度控制在一定范围之内，更加准确地计算不完全技术信息误差影响程度：

$$1 - \frac{\rho^2_{ya}\left(\frac{\delta^2_{\mu}}{\delta^2_{\mu} + \delta^2_{\varepsilon y}}\right)}{\rho^2_{yc}} > 1 - \frac{\rho^2_{ya}}{\rho^2_{yc}} = \frac{V}{\delta^2_{\mu}} \tag{11-25}$$

由此，可以提出以下研究假设。

假设 6： 不完全技术信息误差项 ε_{it} 带来产出变动方差 $\delta^2_{\varepsilon y}$。产出水平与技术信息、R&D 经费投入两组回归系数比值反映两者相关程度，其平方值与技术信息差异变动程度之和小于 1 的差额部分，即为不完全技术信息误差因素的影响程度。

第二节　不完全技术信息构成与量化

一、统计指标与数据选取

实证分析从沪深 A 市选取 695 家上市公司作为样本，分布在化学产业，电气机械和器材业，通信设备、计算机和其他电子设备业 3 个产业内。运用 2006~2016 年产业层面 R&D 经费、研发人员投入以及技术创新效率等技术经济指标，重点研究 3 个产业在两种不同的要素配置中，不完全技术信息对技术创新效率和产出水平的差异化冲击效应。

（1）收入类指标。收入类指标是技术创新活动总收益，包括公司在销售新产品、提供技术服务等技术创新环节中所获得的收入总额。

（2）支出类指标。支出类指标主要包括：①R&D 经费支出，公司在报告期内用于内部开展 R&D 活动（基础研究、应用研究和试验发展）的实际支出。②专利平均被引次数是指技术创新主体所有发明专利在后专利被引用的平均次数，用于提供专利的技术影响力信息。③研发人员投入，公司内部直接参加项目科研活动以及管理人员、直接服务人员，不包括全年累计工作时间不足 10%的兼职人员。④知识资本投入，公司在报告期内因科技活动需要，投入的知识形态技术成果，包括专利、非专利发明、许可证、专有技术、设计和计算方法等。⑤科技活动资本支出，公司内部用于技术创新活动的资本性支出，报告期内形成用于技术创新活动的固定资产、购买专利等资产性支出。⑥研发人员工资，公司在报告期内支付给科技研发人员的工资薪金。部分公司的研发人员工资数据缺失，报告根据其拥有研发人员数量，借鉴国家统计局公布的股份有限公司就业人员平均工资进行测算。

（3）基本信息类指标。基本信息类指标主要包括：①技术创新效率反映技术创新活动中投入产出比例关系。本章根据 1990~2012 年 10 次全国投入产出调查数据，运用行业投入产出比例，推算公司技术创新效率指标。②技术进步阶段，根据科研成果获取、利用及收益情况，共分为技术原理论证、样品设计、研究发明阶段、初验阶段、小试阶段、中试阶段、试生产阶段、标准形成阶段、转化应用、成果扩散 10 个阶段。③价格指数，中间投入物质要素价格指数，选取相应年度国家统计局公布的中间投入品价格指数。

二、不完全技术信息及其构成因素分析

由表 11-1 可知，在同时选择方式下，不完全技术信息冲击效应显著，要素配置变动较大，3 个产业产出水平与 R&D 经费投入、技术信息自回归结果的相关系数及两阶段技术信息自回归系数分别为 0.209、0.096、0.293，0.107、0.014、0.003，0.551、0.661、0.977。而在先后选择方式下，不完全技术信息得到充分吸纳，有效避免要素错配，对应的相关系

数、自回归系数均有小幅度提高，分别达到0.272、0.126、0.303，0.121、0.071、0.058，0.791、0.804、0.957。先后选择两种要素时，厂商根据自身生产需要和技术信息变化情况，合理调节要素投入，提高精准化利用水平，不完全技术信息得到充分识别，产出贡献明显提升，要素利用程度得到持续改善。

表 11-1 不完全技术信息的相关系数与参数估计

要素选择方式	产业	ρ_{yc}	ρ_{ya}	ρ	δ_y^2	δ_μ	δ_e	δ_v	δ_z
同时选择	化学产业	0.209	0.107	0.551	0.247	0.522	0.648	0.517	3.137
	电气机械和器材业	0.096	0.014	0.661	0.103	0.617	0.688	0.982	1.981
	通信设备、计算机和其他电子设备业	0.293	0.003	0.977	0.246	0.483	1.267	1.529	4.793
先后选择	化学产业	0.272	0.121	0.791	0.203	0.373	0.372	0.441	3.174
	电气机械和器材业	0.126	0.071	0.804	0.094	0.452	0.526	0.685	4.933
	通信设备、计算机和其他电子设备业	0.303	0.058	0.957	0.248	0.549	0.985	0.559	4.726

注：①相关系数指标有 ρ_{yc}、ρ_{ya}，分别表示产出水平与R&D经费投入、技术信息自回归结果的相关系数，ρ 为两阶段技术信息自回归系数；②δ_y^2 为产出水平方差，δ_μ为技术信息自回归扰动项的标准差，δ_e、δ_v、δ_z 分别为内生性因素、R&D经费投入和其他外生性因素引起技术信息自回归扰动项的标准差。

在同时选择方式下，3个产业技术创新产出方差和技术信息自回归扰动项标准差分别为0.247、0.103、0.246，0.522、0.617、0.483。而在先后选择方式下，厂商拥有更多技术信息，获得较大技术选择空间，更加充分高效利用技术创新要素，产出水平和技术进步表现为相对较小的波动幅度，3个产业相应的标准差分别为0.203、0.094、0.248，0.373、0.452、0.549，除通信设备、计算机和其他电子设备业之外，其他2个产业变动幅度均没有超过同时选择方式下的标准差。对于内生性和R&D经费投入带来的不完全技术信息标准差，差距最大的产业为通信设备、计算机和其他电子设备业，同时选择方式的标准差分别为1.267、1.529，而先后选择方式的标准差分别为0.985、0.559，差距分别达到0.282、0.97。由其他外生性因素带来不完全技术信息，具有较大的扩散效应，3个产业同时选择方式下的标准差分别为3.137、1.981、4.793，而在先后选择方式下，化学产业、电气机械和器材业的标准差分别为3.174、4.933，均大于同时选择方式下的标准差，只有通信设备、计算机和其他电子设备业为4.726，小于同时选择方式下的标准差。不完全技术信息在两种不同的要素配置方式下，带来差异化产出水平，从而导致技术创新效率较大幅度变动，而且随着技术信息不完全程度提高而加剧其起伏变化。假设1由此得到验证。

三、不完全技术信息对技术创新效率、产出水平的冲击效应

由表11-2可知，3个产业不完全技术信息在同时选择方式下的V值分别为0.155、0.200、0.203，而在先后选择方式下为0.067、0.116、0.223。3个产业在同时选择方式下，不完全技术信息在其自回归方差、R&D经费投入边际收益产品方差中比重分别为0.571、0.525、0.870，0.409、0.425、0.441。而在先后选择方式下，化学产业，通信设备、计算机和其他电子设备业不完全技术信息在其自回归方差中份额低于先后选择方式下的比重，分别为0.482、0.739，电气机械和器材业上升为0.569，高于同时选择方式。化学产业，电气机械和器材业先后选择时不完全技术信息在R&D经费边际收益产品方差中份额低于同时选择的要素配置方式，分别为0.176、0.248，而通信设备、计算机和其他电子设备业则高于同时选择方式的份额，达到0.484。3个产业在两种不同的要素配置方式下，不完全技术信息对技术创新效率和产出水平的冲击效应具有显著差异，同时选择方式下为0.466、0.600、0.609，0.696、0.895、0.909，而在先后选择方式下均处于显著较低的水平，仅仅为0.029、0.051、0.097，0.044、0.076、0.145。这是因为先后选择方式下的不完全技术信息能够在要素配置中起到引导作用，要素利用更加充分，有效避免要素配置的扭曲和低效运行。技术创新效率和产出水平不会高低起伏变动，而是保

持着较高稳定性。厂商吸纳更多的技术信息，有效控制其中的干扰因素，避免技术创新效率损失，稳定产出水平。假设 3 由此得到验证。

表 11-2 不完全技术信息与技术创新效率、产出水平变动

要素选择方式	产业	V	V/δ_μ^2	δ_{mrpc}^2	V/δ_{mrpc}^2	$\pi^*-\pi$	y^*-y
同时选择	化学产业	0.155	0.571	0.381	0.409	0.466	0.696
	电气机械和器材业	0.200	0.525	0.470	0.425	0.600	0.895
	通信设备、计算机和其他电子设备业	0.203	0.870	0.463	0.441	0.609	0.909
先后选择	化学产业	0.067	0.482	0.381	0.176	0.029	0.044
	电气机械和器材业	0.116	0.569	0.470	0.248	0.051	0.076
	通信设备、计算机和其他电子设备业	0.223	0.739	0.463	0.484	0.097	0.145

注：①V 值是依据表 11-1 参数利用式（11-9）计算获得；②δ_{mrpc}^2由相应年度《中国科技统计年鉴》数据整理而获得的；③$\pi^*-\pi$、y^*-y 根据式（11-11）、式（11-12）计算获得。

技术创新效率和产出水平不仅受到不完全技术信息的显著冲击，而且还在要素替代系数的作用下使这种冲击得到扩散。表 11-3 分析结果表明，当要素替代系数 λ 由 4 提高到 10 时，先后选择方式下不完全技术信息 V 及其在技术信息自回归方差、R&D 经费投入边际收益产品中份额由 0.052、0.113、0.198，0.385、0.556、0.668，0.137、0.240、0.430，分别提高到 0.081、0.135、0.256，0.600、0.664、0.864，0.213、0.287、0.557。在这种传导机制作用下，技术创新效率和产出水平偏离程度由 0.017、0.037、0.065，0.025、0.055、0.097，分别提高到 0.053、0.088、0.168，0.079、0.132、0.250。这是因为要素替代系数提高，要素市场更加接近完全竞争市场，对不完全技术信息更加敏感。在先后选择方式下，较高的要素替代系数对要素流动程度要求较高，市场机制必须进一步得到完善，才能在要素配置中减少效率损失，提高产出水平。假设 3 得到验证。

表 11-3　不同要素替代系数的不完全技术信息影响效应分析

要素选择方式	产业	$\lambda=4$					$\lambda=10$				
		V	V/δ^2_μ	V/δ^2_{mrpc}	$\pi^*-\pi$	y^*-y	V	V/δ^2_μ	V/δ^2_{mrpc}	$\pi^*-\pi$	y^*-y
先后选择	化学产业	0.052	0.385	0.137	0.017	0.025	0.081	0.600	0.213	0.053	0.079
	电气机械和器材业	0.113	0.556	0.240	0.037	0.055	0.135	0.664	0.287	0.088	0.132
	通信设备、计算机和其他电子设备业	0.198	0.668	0.430	0.065	0.097	0.256	0.864	0.557	0.168	0.250

注：①不完全技术信息 V 的 3 个构成部分是 δ^2_μ、δ^2_e 和 $\delta^2_z\delta^2_v$，具有较大的差异性；②技术创新效率和产出水平变动幅度是根据式（11-11）、式（11-12）计算获得。

第三节　实证结果分析

一、不完全技术信息不同构成因素的影响分析

1. 对技术创新效率和产出水平的冲击效应分析

如表 11-4 所示，不完全技术信息在 3 个产业中的内生性和外生性因素作用程度是相互对立的，不完全技术信息变动量 ΔV 在同时选择方式下分别为 0.117、0.181、0.030，而在先后选择方式下，化学产业，电气机械和器材业分别下降为 0.072、0.088，而通信设备、计算机和其他电子设备业则上升为 0.079。化学产业，通信设备、计算机和其他电子设备业不完全技术信息变动量 ΔV 在其自回归方差 δ^2_μ 中份额分别由 0.429、0.130 上升到 0.518、0.261，而电气机械和器材业由 0.475 下降为 0.431，变动幅度相对平稳。3 个产业不完全技术信息引起技术创新效率和产出水平偏离程度在同时选择方式下分别为 0.351、0.543、0.091，0.524、0.810、0.136，而在先后选择方式下，这种偏离程度分别下降为 0.032、0.038、0.034、0.047、0.057、0.051。先后选择方式能够根据自身需要调节要素配置，不

完全技术信息得到较为充分利用，技术创新效率和产出水平变动相对平稳。而同时选择方式下R&D经费和研发人员投入是一次性完成的，不完全技术信息没有得到充分利用，出现资源配置错位，技术创新效率和产出水平出现较大幅度变动。特别地，化学产业、电气机械和器材业变动幅度较大，技术含量相对较低的资金密集型产业，不完全技术信息得到充分利用能够显著改善要素投入产出比例。

表 11-4　不完全技术信息变动量及构成因素分析

要素选择方式	产业	ΔV	$\Delta V/\delta_{\mu}^{2}$	$\Delta\pi$	Δy	构成因素	
						内生性	外生性
同时选择	化学产业	0.117	0.429	0.351	0.524	0.862	0.138
	电气机械和器材业	0.181	0.475	0.543	0.810	0.889	0.111
	通信设备、计算机和其他电子设备业	0.030	0.130	0.091	0.136	0.971	0.029
先后选择	化学产业	0.072	0.518	0.032	0.047	0.934	0.066
	电气机械和器材业	0.088	0.431	0.038	0.057	0.976	0.024
	通信设备、计算机和其他电子设备业	0.079	0.261	0.034	0.051	0.878	0.122

注：①不完全技术信息变动量是其与自回归方差 δ_{μ}^{2} 之间离差，即 $\Delta V=V-\delta_{\mu}^{2}$；②运用式（11-13）分别计算技术创新效率和产出变动幅度，即 $\Delta\pi$、Δy；③表中数据的公式计算结果是负值的，由相应绝对值表示其变动幅度；④不完全技术信息构成份额中，内生性和外生性因素份额分别为 $(1/\delta_{e}^{2})/(1/\delta_{e}^{2}+1/\delta_{v}^{2}\ \delta_{z}^{2})$、$(1/\delta_{v}^{2}\ \delta_{z}^{2})/(1/\delta_{e}^{2}+1/\delta_{v}^{2}\ \delta_{z}^{2})$。

在表 11-4 中，同时选择方式下的不完全技术信息来自内生性和外生性构成比例分别为 0.862、0.889、0.971，0.138、0.111、0.029，而在先后选择方式下，这种比例变动为 0.934、0.976、0.878，0.066、0.024、0.122。在不完全技术信息中，内生性构成因素在化学产业，电气机械和器材业中呈现逐步上升的趋势。这是因为两个产业技术含量相对较低，既定技术进步能够带来较大幅度的效率和产出提升，改善要素配置比例，内生增长空间较大。通信设备、计算机和其他电子设备业具有相对较高的技术含量，内生性构成要素由较高产出水平呈现一定幅度下降，而外生性构成要素是由较低水平出现上升。因此，需要技术进步持续提升，加快技术知识更新速度，实现技术创新效率和产出水平提升。不完全技术信息在两种不同的要素选择中起着明显的差异化作用，内生性因素作用越明显，技术信息在要素选择中发挥的作用越小，其主要受到外生性因素影响。假设 2 得到验证。

2. 外生性因素构成分析

由表 11-5 可知，在不完全技术信息总体变动中，3 个产业在同时选择方式下，外生性因素引起的不完全技术信息变动量在其自回归方差中份额以及引起的技术创新效率偏离程度分别为 0.037、0.028、0.003，0.030、0.032、0.002，在先后选择方式下，化学产业，电气机械和器材业分别下降为 0.017、0.006，0.001、0.001，而通信设备、计算机和其他电子设备业反而是上升的，分别达到 0.025、0.003。外生性因素导致不完全技术信息变动量在其自回归方差中份额存在较大差别，对技术创新效率形成差异化冲击。

表 11-5　不完全技术信息变动量的内生性和外生性因素构成分析

要素选择方式	产业	外生性构成因素				内生性构成因素			
		总体份额		外生性份额		总体份额		内生性份额	
		$\Delta V/\delta_\mu^2$	$\Delta\pi$	$\Delta V/\delta_\mu^2$	$\Delta\pi$	$\Delta V/\delta_\mu^2$	$\Delta\pi$	$\Delta V/\delta_\mu^2$	$\Delta\pi$
同时选择	化学产业	0.037	0.030	0.096	0.077	0.429	0.344	0.392	0.314
	电气机械和器材业	0.028	0.032	0.090	0.102	0.479	0.540	0.451	0.508
	通信设备、计算机和其他电子设备业	0.003	0.002	0.004	0.003	0.130	0.091	0.127	0.088
先后选择	化学产业	0.017	0.001	0.066	0.004	0.512	0.030	0.494	0.029
	电气机械和器材业	0.006	0.001	0.018	0.002	0.436	0.039	0.430	0.038
	通信设备、计算机和其他电子设备业	0.025	0.003	0.042	0.005	0.261	0.034	0.236	0.031

注：①不完全技术信息中，外生性因素中总体份额和外生性构成份额分别为$\Delta V = V - \left(\frac{1}{\delta_\mu^2} + \frac{1}{\delta_e^2}\right)^{-1}$、$\Delta V = \left(\frac{1}{\delta_\mu^2} + \frac{1}{\delta_v^2\delta_z^2}\right)^{-1} - \delta_\mu^2$，内生性因素中总体份额和内生性构成份额分别为 $\Delta V = V - \left(\frac{1}{\delta_\mu^2} + \frac{1}{\delta_v^2\delta_z^2}\right)^{-1}$、$\Delta V = \left(\frac{1}{\delta_\mu^2} + \frac{1}{\delta_e^2}\right)^{-1} - \delta_\mu^2$；②表中变动幅度数据的公式计算结果是负值的，由相应绝对值表示其变动幅度。

在外生性因素引起的变动中，3 个产业同时选择方式下不完全技术信息变动量 ΔV 在其自回归方差中份额以及技术创新效率变动幅度分别为 0.096、0.090、0.004，0.077、0.102、0.003。在先后选择方式下，化学产业，电气机械和器材业分别下降为 0.066、0.018，0.004、0.002，而通信设备、计算机和其他电子设备业分别上升为 0.042、0.005。结果说明，同样来自外生性技术信息随机变动，在不同要素配置方式下会出现较大差异，对不完全技术信息的影响因素较为敏感。

3. 内生性因素构成分析

在同时选择方式下，3 个产业内生性因素影响不完全技术信息，不完全技术信息变动量在技术信息自回归方差中份额以及对技术创新效率变化影响程度分别为 0.429、0.479、0.130，0.344、0.540、0.091，而在其内生性因素中变动份额为 0.392、0.451、0.127，0.314、0.508、0.088，内生性因素在这种变动中占有较大比重。相应地，在先后选择方式下，化学产业，通信设备、计算机和其他电子设备业不完全技术信息变动量在其自回归方差中份额是上升的，分别为 0.512、0.261，0.494、0.236，而电气机械和器材业是下降的，分别为 0.436、0.430。两个产业替代比例差距较大，在两种不同的要素选择方式下，变动方向是不同的。3 个产业内生性因素引起不完全技术信息带来的技术创新效率偏离程度是下降的，分别为 0.030、0.039、0.034，0.029、0.038、0.031。3 个产业不完全技术信息中，内生性因素带来技术创新效率产生差异化冲击效应。化学产业、电气机械和器材业在两种要素选择方式之间，不完全技术信息在相对较小幅度内变动，然而带来技术创新效率产生较大幅度变动，内生性因素是两者变化的最主要动力。而对于通信设备、计算机和其他电子设备业，技术含量相对较高，内生性因素带来技术创新效率变化相对平稳，没有出现较大起伏。假设 2 得到验证。

二、成果交易中不完全技术信息的产业间交叉影响效应

1. 成果交易中内生性因素的影响效应

把化学产业内生性影响因素 e_{it} 代入电气机械和器材业，通信设备、计算机和其他电子设备业中，可得电气机械和器材业在同时选择方式下，不完全技术信息变动量以及在其自回归方差中份额、技术创新效率和产出偏离程度分别为 0.181、0.476、0.543、0.811，而在先后选择方式下，不完全技术信息变动量下降为 0.122，在技术信息自回归方差中份额上升为 0.596，技术创新效率和产出偏离程度下降为 0.053、0.079。通信设备、计算机和其他电子设备业在同时选择方式下上述指标值分别为 0.083、0.357、0.250、0.370，而在先后选择方式下，不完全技术信息变动量以及在其自回归方差中份额上升为 0.207、0.685，相应的技术创新效率和产出偏离程度下降上述指标为 0.090、0.134。内生性因素主要依靠要素自身增值潜力，两种不同的要素配置方式对其影响较小，预期收益将会低于成果价格，厂商不会选择购买技术成果，而是挖掘利用现有技术资源，技术创新效率和产出冲击效应相对平稳。

2. 成果交易中外生性因素的影响效应

把化学产业外生性变动因素 $\delta_v z_{it}$ 代入电气机械和器材业，通信设备、计算机和其他电子设备业中，如表 11-6 所示，在同时选择方式下，电气机械和器材业不完全技术信息变动量以及在其自回归方差中份额、技术创新效率和产出偏离程度下降分别为 0.048、0.126、0.144、0.216，而在先后选择方式下，均呈现下降趋势，分别为 0.019、0.094、0.008、0.013。通信设备、计算机和其他电子设备业在同时选择方式下上述指标值分别为 0.019、0.081、0.057、0.085，而在先后选择方式下，不完全技术信息变动量以及在其自回归方差中份额出现上升趋势，达到 0.040、0.133，带来的技术创新效率和产出偏离程度分别为 0.018、0.026。先后选择方式使两个

产业技术创新效率和产出水平冲击效应呈现明显下降趋势，因为产业间技术成果交易，先进技术得到推广应用，技术扩散范围加大，外生性因素使购买成果的厂商获得较大的增量收益。尤其是，要素配置从同时选择转向先后选择时，外生性因素作用更加明显，预期收益将会大于成果价格，从而优先选择产业间转让的最新技术成果。

表 11-6　产业间不完全技术信息变动量的因素交叉影响效应

因素变动	产业	同时选择				先后选择			
		ΔV	$\Delta V/\delta_\mu^2$	$\Delta\pi$	Δy	ΔV	$\Delta V/\delta_\mu^2$	$\Delta\pi$	Δy
内生性因素变动	电气机械和器材业	0.181	0.476	0.543	0.811	0.122	0.596	0.053	0.079
	通信设备、计算机和其他电子设备业	0.083	0.357	0.250	0.370	0.207	0.685	0.090	0.134
外生性因素变动	电气机械和器材业	0.048	0.126	0.144	0.216	0.019	0.094	0.008	0.013
	通信设备、计算机和其他电子设备业	0.019	0.081	0.057	0.085	0.040	0.133	0.018	0.026
冲击效应	电气机械和器材业	0.032	0.139	0.102	0.152	0.023	0.095	0.014	0.028
	通信设备、计算机和其他电子设备业	0.076	0.245	0.207	0.318	0.058	0.191	0.029	0.032

注：①在不完全技术信息中，电气机械和器材业，通信设备、计算机和其他电子设备业的外生性因素变动量 $\Delta V=\left(\frac{1}{\delta_\mu^2}+\frac{1}{\delta_v^2\delta_z^2}\right)^{-1}-\delta_\mu^2$ 中 $\delta_v^2\delta_z^2$ 值均替换为化学产业的 $\delta_v^2\delta_z^2$ 值，不完全技术信息反映不同产业之间外生性因素的交叉影响效应；②前述两个产业内生性因素变动量 $\Delta V=\left(\frac{1}{\delta_\mu^2}+\frac{1}{\delta_e^2}\right)^{-1}-\delta_\mu^2$ 中 δ_e^2 值均替换为化学产业的 δ_e^2 值，反映不完全技术信息中内生性因素在产业间的影响效应；③前述两产业技术信息随机变动冲击效应 $\Delta V=\left(\frac{1}{\delta_\mu^2}+\frac{1}{\delta_v^2\delta_z^2}\right)^{-1}-\delta_\mu^2$ 中 δ_μ^2 均替换为化学产业的 δ_μ^2 值，反映技术信息平稳变动幅度在不同产业之间引起的变动程度；④表中数据的公式计算结果是负值的，由相应绝对值表示其变动幅度。

3. 在冲击效应中

把化学产业不完全技术信息自回归方差 δ_μ^2 代入其他 2 个产业中，在同时选择方式下，电气机械和器材业，通信设备、计算机和其他电子设备业不完全技术信息变动量以及在其自回归方差中份额、技术创新效率和产出偏离程度变动分别为 0.032、0.139、0.102、0.152，0.076、0.245、

0.207、0.318，而在先后选择方式下，2 个产业分别下降为 0.023、0.095、0.014、0.028，0.058、0.191、0.029、0.032。这是因为在产业间技术成果交易中，相应的不完全技术信息也会传递到购买方，在先后选择方式下，技术创新效率和产出水平冲击效应明显小于同时选择方式，而购买厂商将会根据自身需要购买技术成果，避免投入经费浪费，技术创新效率和产出水平保持相对稳定。假设 4 由此得到验证。

三、不完全技术信息的误差因素分析

1. 包含误差因素的不完全技术信息

由表 11–7 可知，在先后选择的要素配置方式下，内生性、外生性因素以及由其他因素引起的不完全技术信息变动都存在误差因素。将误差因素纳入分析变量中，3 个产业内生性因素带来不完全技术信息变动幅度分别为 0.406、0.665、0.867，相应的 R&D 经费投入和其他外生性因素引起的变动幅度分别为 0.184、0.690、0.491，11.807、5.113、7.003。不完全技术信息 V 可以通过式（11–9）计算获得，3 个产业分别为 0.203、0.272、0.344，与没有误差的不完全技术信息相比，计量结果出现明显增加，幅度分别为 0.136、0.156、0.121。这是因为，技术信息受误差因素的冲击效应更加显著，不完全技术信息变动幅度日益加大，技术信息存在较大的误差效应。在先后选择方式下，技术创新要素配置加剧误差因素变动的冲击，在要素利用中得到扩散。这些误差具有相互影响效应，打破原有

表 11–7　包含误差项的不完全技术信息构成因素分析

产业	δ_e	δ_v	δ_z	V	基准 V
化学产业	0.406	0.184	11.807	0.203	0.067
电气机械和器材业	0.665	0.690	5.113	0.272	0.116
通信设备、计算机和其他电子设备制造业	0.867	0.491	7.003	0.344	0.223

注：①表中 δ_e、δ_v、δ_z 是在表 11–2 计量分析结果的基础上得出的，包含误差因素；②基准 V 值是表 11–2 中不包含误差因素的不完全技术信息 V。

的不完全技术信息传递和作用方式，要素配置受到扭曲，不完全技术信息变动幅度加大。假设 5 得到验证。

2. 不完全技术信息和完全技术信息的动态调整分析

如表 11–8 所示，根据式（11–19）、式（11–20），可以计算相关系数离差，是由产出水平与 R&D 经费投入之间相关系数 ρ_{yc} 及其与自回归相关系数之差 ρ_{ya} 表示[①]，反映完全技术信息与不完全技术信息之间的动态变化情况，进而对不完全技术信息进行更加准确的测度。3 个产业相关系数离差分别为 0.151、0.055、0.245。由已知没有扰动因素影响的不完全技术信息，推导获得完全技术信息 V 值分别为 0.084、0.061、0.022。化学产业、电气机械和器材业技术密集程度处于较低水平，相应的技术创新效率离差分别为 0.008、0.024，技术创新效率变动幅度明显降低，总体相对平稳。通信设备、计算机和其他电子设备制造业的知识技术密集程度相对较高，技术升级换代迅速，而且起伏大，技术信息更新变化快，相应的完全技术信息处于较低水平，技术创新效率离差值高达 0.087。假设 5 得到更加准确验证。

表 11–8　不完全技术信息和完全技术信息的动态调整分析

行业	相关系数离差值	完全技术信息		不完全技术信息		$\pi^*-\pi$ 离差值
		V	$\pi^*-\pi$	V	$\pi^*-\pi$	
化学产业	0.151	0.084	0.037	0.067	0.029	0.008
电气机械和器材业	0.055	0.061	0.027	0.116	0.051	0.024
通信设备、计算机和其他电子设备制造业	0.245	0.022	0.010	0.223	0.097	0.087

注：①相关系数离差值由表 11–1 数据计算获得，即 ρ_{yc} 与 ρ_{ya} 之差；② $\pi^*-\pi$ 是计算结果的绝对值。

3. 不完全技术信息误差的投入产出影响效应分析

表 11–9 说明，不完全技术信息包含着误差因素，引起投入产出较大

① 理论模型是分析两者比例关系，这里运用两者之差分析相关性差异程度，剔除其他不确定性因素的影响。

幅度变动。产出角度的分析结果表明，两种不同的要素配置方式下，存在产出误差的不完全技术信息值均低于无产出误差的值，并随着产出误差加大而逐渐下降。对于10%的产出误差，在同时选择方式下，3个产业不完全技术信息及其在自回归方差中份额分别为0.096、0.144、0.204，0.496、0.552、0.728，而在先后选择方式下，分别下降为0.030、0.084、0.102、0.168、0.348、0.391。先后选择的要素配置方式能够识别更多的不完全技术信息，在要素配置过程中发挥引导性作用，减少不完全技术信息的扩散范围和波动幅度，逐渐出现相对平稳的变动趋势。厂商开展技术创新活动和引进成果有着更加清晰的方向，不完全技术信息变得更加充分。

表 11-9　不完全技术信息误差的投入产出影响效应分析

要素选择方式	产业	基准水平		10%y 的误差		25%y 的误差		10%c 的误差	
		V	V/δ_{μ}^2	V	V/δ_{μ}^2	V	V/δ_{μ}^2	V	V/δ_{μ}^2
同时选择	化学产业	0.104	0.504	0.096	0.496	0.056	0.336	0.136	0.681
	电气机械和器材业	0.144	0.52	0.144	0.552	0.136	0.584	0.168	0.632
	通信设备、计算机和其他电子设备制造业	0.208	0.688	0.204	0.728	0.176	0.712	0.216	0.763
先后选择	化学产业	0.048	0.246	0.030	0.168	0.006	0.042	0.066	0.359
	电气机械和器材业	0.096	0.378	0.084	0.348	0.068	0.306	0.102	0.414
	通信设备、计算机和其他电子设备制造业	0.132	0.462	0.102	0.391	0.084	0.366	0.132	0.472

当产出误差扩大到25%时，无论是同时选择两种要素投入，还是在先后选择方式下，不完全技术信息及其在自回归方差中份额均明显小于产出误差10%时的水平。而同时选择方式下分别为0.056、0.136、0.176，0.336、0.584、0.712，均高于先后选择方式下的变动特征。不完全技术信息及其在自回归方差中份额随着产出误差扩大而逐步下降，而且当要素选择余地越大的，不完全技术信息变动幅度越小。

当R&D经费投入存在10%的误差时，在同时选择两种要素方式下，3个产业不完全技术信息及其在自回归方差中份额分别为0.136、0.168、

0.216、0.681、0.632、0.763，而在先后选择方式下，分别为0.066、0.102、0.132，0.359、0.414、0.472，明显低于同时选择方式下的计量结果。资本投入误差与不完全技术信息具有内在联系，而且在不同要素选择方式下存在较大差异。由此可以验证假设6。

本章要点：不完全技术信息是由其自回归扰动项、内生性和外生性因素三部分构成，在同时选择、先后选择R&D经费和研发人员投入两种不同的要素配置方式之间，对比研究技术创新效率和产出水平差异化冲击效应。研究认为，同时选择方式的不完全技术信息没有充分吸纳，要素替代系数较小，技术创新效率和产出水平承受显著冲击。先后选择方式存在较大的要素配置空间，要素替代系数与不完全技术信息具有较强适应性，要素比例逐步优化，平缓冲击效应。厂商购买技术的条件是不完全技术信息期望收益大于支付价格。不完全技术信息相关性分析可以观察其误差变动及其与R&D经费投入和产出的影响关系。实证研究选择3个产业695家上市公司，运用技术经济指标进行计量分析，验证理论假设。

第十二章　研究结论、政策建议与研究展望

第一节　主要结论

创造性破坏加快技术积累，技术进步在较低水平上得到快速提升。由技术积累引起的技术回落，在创造性破坏作用下不但没有使技术进步停滞不前，反而带来更大幅度跨越（徐舒、左萌、姜凌，2011）。技术创新效率促进研发资源充分利用，引导渐进式技术进步朝着技术创新目标平稳收敛，非线性趋势和异质性特征不明显。创造性破坏推动技术积累与技术进步交替出现，实现跨越式技术进步，其路径波动变化幅度较大，明显拉开技术间距。技术创新效率和创造性破坏强度形成有差别的技术进步距离，存在较多不确定因素，随机波动明显，导致技术进步呈现非线性趋势和异质性特征。在技术创新实践中，技术进步过程均具有这种趋势和特征。

阶段性技术进步具有随机变动特征，厂商可以根据收益最大化原则，构建贝叶斯网络模型，挖掘、利用两阶段技术进步关联性信息，预测技术进步概率，是一个由不完全理性预测到完全理性预测的渐进深化过程。技术进步概率集合在前后两阶段之间，具有公共交集，符合集合动态分配律，公共交集越大，两阶段技术进步关联程度越高，预测信息更加充分，技术进步向着更高阶段升级的概率就越大。较短的技术进步路径拥有充分

可靠的信息，技术进步之间关联性强，预测结果更加准确。差异化的技术进步预测结果存在更多技术进步路径供厂商比较，为优化路径选择创造条件，较短距离技术进步路径的预测结果更加准确。

技术创新效率变动是内生的，人力资本投入具有较强的市场适应性，技术创新效率起伏较为平缓。延续利用知识资本投入使知识积累与技术进步同时并存，为技术创新效率带来更多随机因素，加剧其不规则变动。人力资本和知识资本投入对技术创新效率变动存在显著的差异性影响，使其具有显著的随机变动效应，技术创新效率在不同产业、不同厂商以及技术进步不同阶段上具有异质性特征。知识资本投入导致技术创新效率形成不确定的变动方向，具有随机变动效应；人力资本投入引导厂商集约高效利用现有资本，平缓技术创新效率的随机波动效应。

寡头垄断厂商通过价格竞争，实现伯特兰均衡，比通过产量竞争实现古诺均衡更加有利于厂商形成强烈的技术创新动机。跨越式技术进步比渐进式技术进步能够为厂商增加更多利润，厂商将会加大技术创新要素投入，实现技术创新效率快速提升。基于技术创新效率投入角度分析，加工制造部门在前向水平分工与后向水平分工条件下，技术创新效率优化的重点环节各有不同，分别集中在专业科研部门和加工制造部门。加工制造部门后向水平分工减少购买专业科研部门的技术创新要素，加大自主研发和技术创新，获得更多技术剩余，专业科研部门成果转化进程相对缓慢。加工制造部门前向水平分工增加购买专业科研部门的技术创新要素，保持着较高的技术创新投入强度，引导专业科研单位增加研发投入，加快推进科研成果转化。

基于技术创新效率产出角度，不同外部性影响竞争性创新厂商的技术转化产出水平。正外部性由于技术转化的扩散效应，引起竞争性厂商技术转化产出增加，而负外部性减少厂商收益，削弱厂商技术转化动机，导致初始阶段技术转化产出下降。随着技术转化率逐步提高，技术转化通过增加人力资本投入比例，实现边际报酬递增，知识形态技术的非竞争性和非排他性将产生递增规模报酬，持续提高产出水平，总体呈现 U 形变动趋势。产学研协同创新通过有效整合各类技术创新资源，促进技术转化，比竞争性创新厂商创造更多产出。

不完全技术信息是由其自回归扰动项、内生性和外生性因素三部分构成，在两种不同的要素配置方式之间，对技术创新效率和产出水平形成差异化冲击效应。在同时选择方式中，仅仅取决于要素替代系数、不完全技术信息两个因素，均没有发挥充分作用，要素选择空间很小，产生较大程度冲击效应，而且随着要素替代系数增加，敏感性逐渐增强。先后选择方式的冲击效应还受到要素配置比例的影响，不完全技术信息能够得到充分识别，渗透进要素融合过程中，带来技术创新效率和产出水平较小幅度变化。当不完全技术信息期望收益大于支付价格时，厂商选择技术成果，否则厂商不会选择。研究结果表明，不完全技术信息误差可以通过变量之间相关关系计算获得，加剧对技术创新效率和产出水平的冲击效应。

第二节　政策建议

1. 深化基础研究体制改革

加大基础设施共建共享力度，提高原始创新能力。以基础研究推动跨越式技术进步，促进新知识、新方法、新原理的源头储备和高效利用。积极探索经济合理、技术可行、规模适度的创造性破坏，突破一批关键共性技术，逐步提高技术积累比重，形成尖端技术突破、标准制定和应用示范的技术创新体系。持续深化渐进式技术进步，推动成果尽快融合到增材制造、工业机器人、集成电路等高新技术领域中。依靠知识更新、优化要素比例和提高劳动力素质等途径实现持续性技术进步，引导技术创新向内涵延伸。加快实施技术改造升级，全面提高新产品、工艺装备技术含量。

2. 积极拓宽智能制造平台

组织产学研联合攻关，推广应用不同类型技术进步方式，实现技术成果的智能化、集成化程度，提高重大装备技术含量，增强工业软件、信息载体等技术服务能力。突破和掌握一批原创性、颠覆性技术，推动现代工程技术集中攻关和示范应用，提高基础技术集成程度和规模化应用水平。以信息化促进创新成果扩散应用，为现代经济体系提供战略支撑。加速要素组合创新与渗透交融，使技术信息成为推动其持续进步的有效载体。以数字化、网络化、智能化为方向，引导技术创新要素渗透到实体经济中，积极培育新模式、新业态，包括软件定义、数据驱动、平台支撑、服务增值、智能主导等内容。

3. 保持科技政策相对稳定性

健全知识资本等创新要素的市场运行机制。建立健全创新要素与知识资本的市场配置和运行机制，科技政策的目标应当瞄准国际科技发展最前沿，必须具有连贯性和持续性，夯实基础研究的强力支撑，有效地规避技术进步不确定因素和技术创新效率随机变动带来的负面冲击，力求使技术创新效率在较高水平上持续平稳运行。确立高科技企业的创新主体地位。加快推动科技成果产业化的相关立法，维护科研单位合法权益。以技术创新效率内生性为引导，坚持内涵发展，以既定的要素投入获取最大的创新收益，改变要素扩张的外延式路径。这种高效集约增长，就是要实现速度与结构、质量、效益相统一。

4. 建立技术研发风险补偿机制

通过技术创新提升全要素生产率，技术创新活动具有潜在风险，投入产出效率变动幅度较大，存在许多随机不确定因素。政府需要引导企业化解技术创新活动中随机因素，避免同质化竞争，保持功能互补，稳定提高资源利用效率，激励更多微观主体从事技术创新活动，降低要素使用风险，规避技术创新风险，促进成果快速高效转化应用，充分体现科研成果真实价值。市场主体通过竞争机制拥有更多优质的知识资本、人力资本和创新成果，快速提升全要素生产率。保持知识资本投入和人力资本投入的合理比例。切实加大知识资本和人力资本投入，最大限度地挖掘现有要素的贡献潜力。重点是加大技能型人才培训和教育，推进基础研究成果加快转化为先进实用技术，切实加强知识产权保护，使创新成果的价值得到充分体现。

5. 优化技术信息综合管理应用

建立有利于推进原始创新、集成创新的信息识别、筛选、吸纳和反馈机制，以不完全技术信息优化改进和充分利用为导向，引导研发部门、生产厂商瞄准技术发展前沿，确定技术研发方向，选择技术进步路线，促进各类创新要素优化配置。完善技术创新成果识别、评价、考核、激励办法，建立创新调查制度和创新报告制度，构建科研项目评价机制，准确全面反映关键共性技术、前沿引领技术、颠覆性技术创新的变动方向和发展趋势，强化知识产权申请、保护和开发利用。以优化配置和提高效率为目标，促进更多优质成果应用到制造业，推动互联网、大数据与科技活动相融合，实现技术信息识别精细化、准确化。高技术企业以质量效益为导向，降低技术创新风险，提高技术信息综合开发与利用效益。

第三节　未来研究方向与展望

本书研究成果仅以阶段性技术进步细分为主要内容，预测变量相对较少，主要观察分析阶段性技术进步关联程度以用于技术进步预测。相关研究还需要减少干扰因素，控制预测误差，开展更加精准的技术进步理性预测。未来研究方向可以体现这种预测方法的传导性、非对称性等特征，探索技术进步的内在规律，寻找提高技术进步理性预测精准水平的影响变量，使之发挥更加有效的推动作用。后续研究还可从细化技术进步流程入手，探索技术进步不确定性发生机制和风险源，有利于引导厂商识别和控制技术创新风险，为巩固和提升技术创新水平提供方向。

技术创新效率随机变动研究带给我们的有益启示是，创新主体通过技术进步优化要素配置，改进生产流程和工艺，可以从技术进步自身变化来分析技术创新效率随机变动情况，而不是运用 R&D 经费使用、研发人员投入、知识产权保护以及创新成果转化等外生变量。这种技术创新效率随机变动分析有待于进一步提高精细化水平，揭示技术创新活动的内在发展动力。同时，细化分析技术创新效率随机变动，需要以完全技术信息为前提。通过完全技术信息实现技术创新效率平稳持续提升，还需要对技术进步变动趋势做更加深入研究，深刻揭示技术进步路径异质性特征的形成根源、外在表现以及变动方向。深化技术信息和随机因素研究，可以减少技术进步中的偶然性因素，持续高效地推进大众创业、万众创新，从而有利于引导技术创新人才队伍建设，强化基础研究，调动社会力量参与技术创新活动。

本书研究结合技术创新要素配置和成果转化，还可以开展相关政策研究，科技政策研究的重点是政府在实施创新驱动发展战略中如何正确行使其职能，深化科技体制改革，健全技术市场竞争、价格和供求机制，完善科技成果价值评估机制。政府科技政策引导与技术市场决定性作用相结合，各类技术创新要素得到充分流动，保证其按实际贡献参与财富分配。各阶段技术进步构成的技术链是实现可持续创新的基础，推进技术创新过程既要有重点地突破关键技术瓶颈制约，发挥重大项目的牵头作用，又使基础研究、应用研究与实用技术开发保持一定比例，形成完整技术创新体系。

参考文献

陈菲琼、钟芳芳、陈珧:《中国对外直接投资与技术创新研究》,《浙江大学学报》(人文社会科学版) 2013 年第 4 期。

陈国宏、王吓忠:《技术创新、技术扩散与技术进步关系新论》,《科学学研究》1995 年第 4 期。

陈欢、王燕、周密:《中国制造业资本体现式技术进步及行业差异性研究》,《科学学研究》2017 年第 2 期。

陈瑾瑜:《全要素生产率与技术进步间的差别及测算》,《数量经济技术经济研究》2012 年第 6 期。

陈林、朱卫平:《边际报酬递减规律是客观存在的吗——来自上市公司面板数据的实证检验》,《中国工业经济》2009 年第 6 期。

邓明、钱争鸣:《我国省际知识存量、知识生产与知识的空间溢出》,《数量经济技术经济研究》2009 年第 5 期。

丁东洋、周丽莉:《基于贝叶斯方法的信用评级模型构建与违约概率估计》,《统计与信息论坛》2010 年第 9 期。

杜修立、王维国:《中国出口贸易的技术结构及其变迁:1980~2003》,《经济研究》2007 年第 7 期。

傅晓霞、吴利学:《技术差距、创新路径与经济赶超》,《经济研究》2013 年第 6 期。

高凌云、王永中:《R&D 溢出渠道、异质性反应与生产率:基于 178 个国家面板数据的经验研究》,《世界经济》2008 年第 2 期。

顾国达、方园、方晨靓:《把握市场、产品和技术的动态匹配——韩国三星电子公司产品开发战略演变的基本原则及其对中国企业的启示》，《华中农业大学学报》（社会科学版）2013 年第 1 期。
顾国达、郭爱美：《金融发展对我国出口技术复杂度升级的影响》，《商业经济与管理》2013 年第 10 期。
顾乃华：《工业投入服务化：形成机制、经济效应及其区域差异》，《产业经济研究》2010 年第 3 期。
关志雄：《从美国市场看“中国制造”的实力——以信息技术产品为中心》，《国际经济评论》2002 年第 4 期。
何慧爽：《产品差异化、竞争强度与企业 R&D 策略分析》，《科学学研究》2010 年第 9 期。
贺俊、黄阳华、沈云昌：《校企合作研发的最优制度安排》，《中国工业经济》2011 年第 2 期。
洪银兴：《产学研协同创新的经济学分析》，《经济科学》2014 年第 1 期。
洪银兴：《科技创新路线图与创新型经济各个阶段的主体》，《南京大学学报》（哲学·人文科学·社会科学）2010 年第 2 期。
吉亚辉、祝凤文：《技术差距、“干中学”的国别分离与发展中国家的技术进步》，《数量经济技术经济研究》2011 年第 4 期。
靳卫东、何丽：《实现技术进步型经济增长的条件、路径和策略研究——基于人力资本投资的视角》，《当代财经》2011 年第 10 期。
康宁、荆科：《门限分位数自回归模型的预测方法及应用》，《数量经济技术经济研究》2016 年第 3 期。
雷鸣、周国华：《技术要素自由流动及相应策略研究》，《江西财经大学学报》2013 年第 5 期。
李雪、赵大平：《基于自主创新的中国高新区分工模式研究》，《科技进步与对策》2009 年第 9 期。
李有：《我国逆向获取技术溢出的主要渠道：出口贸易抑或外向对外直接投资》，《当代财经》2013 年第 12 期。
李光泗、沈坤荣：《技术进步路径演变与技术创新动力机制研究》，《产业经济研究》2011 年第 6 期。

李浩、胡永刚、马知遥：《国际贸易与中国的实际经济周期——基于封闭与开放经济的 RBC 模型比较分析》，《经济研究》2007 年第 5 期。

李江帆、张少华：《基于投入产出表的结构变迁与知识服务业发展研究》，《管理学报》2013 年第 1 期。

李明：《突发事件与制度变迁、技术进步关系研究》，《北京航空航天大学学报》（社会科学版）2013 年第 1 期。

李云鹤、黄雨薇、马圣杰：《上市促进了企业创新吗？——来自创业板制造业企业的经验证据》，《南方经济》2018 年第 7 期。

李政：《国有企业提高自主创新能力的制约因素与驱动机制》，《学习与探索》2013 年第 7 期。

林毅夫、任若恩：《东亚经济增长模式相关争论的再探讨》，《经济研究》2007 年第 8 期。

林毅夫、张鹏飞：《后发优势、技术引进和落后国家的经济增长》，《经济学》（季刊）2005 年第 1 期。

林毅夫、张鹏飞：《适宜技术、技术选择和发展中国家的经济增长》，《经济学》（季刊）2006 年第 4 期。

刘乐平、袁卫：《现代贝叶斯分析与现代统计推断》，《经济理论与经济管理》2004 年第 6 期。

刘小鲁：《我国创新能力积累的主要途径：R&D，技术引进，还是 FDI?》，《经济评论》2011 年第 3 期。

罗默：《高级宏观经济学》，上海财经大学出版社 2006 年版。

罗勇、曹丽莉：《中国制造业集聚程度变动趋势实证研究》，《经济研究》2005 年第 8 期。

罗长远、张军：《经济发展中的劳动收入占比：基于中国产业数据的实证研究》，《中国社会科学》2009 年第 4 期。

孟梓涵、武建龙：《基于产业联盟的高新技术产业自主创新能力提升路径研究》，《科技与管理》2014 年第 2 期。

潘文卿、李子奈、刘强：《中国产业间的技术溢出效应：基于 35 个工业部门的经验研究》，《经济研究》2011 年第 7 期。

平新乔：《微观经济学十八讲》，北京大学出版社 2001 年版。

任韬：《寡头价格竞争理论的仿真检验》，《首都经济贸易大学学报》2003 年第 4 期。

芮明杰：《新一轮工业革命正在叩门，中国怎么办?》，《当代财经》2012 年第 8 期。

孙广生等：《全要素生产率、投入替代与地区间的能源效率》，《经济研究》2012 年第 9 期。

谭可欣、郭东强：《知识转移与企业自主创新能力提高》，《江西财经大学学报》2008 年第 3 期。

汤碧：《基于产品内分工视角的我国贸易转型升级路径研究》，《国际贸易》2012 年第 9 期。

脱文娟、王丰：《自然资源利用中的技术变革与制度构建——一个基于"幸福人"假设的视域》，《当代财经》2009 年第 12 期。

王拓、李莉、胡远洲：《江西省大中型企业技术创新能力测度研究》，《江西财经大学学报》2009 年第 6 期。

王玺、张勇：《关于中国技术进步水平的估算——从中性技术进步到体现式技术进步》，《中国软科学》2010 年第 4 期。

王班班、齐绍洲：《有偏技术进步、要素替代与中国工业能源强度》，《经济研究》2014 年第 2 期。

王展祥、龚广祥：《劳动报酬份额偏离程度分析——基于劳资议价能力的视角》，《经济评论》2017 年第 1 期。

魏浩：《中国进口商品技术结构的测算及其国际比较》，《统计研究》2014 年第 12 期。

向显湖、刘天：《论表外无形资产：基于财务与战略相融合的视角——兼析无形资源、无形资产与无形资本》，《会计研究》2014 年第 4 期。

肖文、殷宝庆：《垂直专业化的技术进步效应》，《科学学研究》2011 年第 3 期。

肖仁桥、王宗军、钱丽:《我国不同性质企业技术创新效率及其影响因素研究：基于两阶段价值链的视角》,《管理工程学报》2015 年第 2 期。

肖文、林高榜:《政府支持、研发管理与技术创新效率——基于中国工业行业的实证分析》,《管理世界》2014 年第 4 期。

肖泽磊、封思贤、韩顺法:《我国高技术产业两阶段效率的测算及其提升路径分析——基于改进 SBM 方向性距离函数的实证》:《产业经济研究》2012 年第 4 期。

邢斐、张建华:《外商技术转移、创新激励与东道国引资政策——走自主创新道路，我们能依靠外国技术吗?》,《财经研究》2008 年第 11 期。

熊维勤:《税收对国家创新效率的影响》,《山西财经大学学报》2013 年第 3 期。

胥莉、陈宏民:《具有网络外部性特征的企业定价策略研究》,《管理科学学报》2006 年第 6 期。

徐舒、左萌、姜凌:《技术扩散、内生技术转化与中国经济波动——一个动态随机一般均衡模型》,《管理世界》2011 年第 3 期。

徐晔、黎翔:《基于技术融合的 IT 企业创新模式研究》,《江西财经大学学报》2012 年第 3 期。

徐伟康、王文举:《寡头垄断企业的非线性定价行为》,《财经科学》2008 年第 7 期。

薛红志、张玉利:《突破性创新、互补性资产与企业间合作的整合研究》,《中国工业经济》2006 年第 8 期。

严成樑、沈超:《知识生产对我国经济增长的影响——基于包含知识存量框架的分析》,《经济科学》2011 年第 3 期。

杨琦峰、杨启乾、宋平:《基于贝叶斯网络的线上供应链金融操作风险探讨》,《财会月刊》2016 第 32 期。

杨汝岱、姚洋:《有限赶超与经济增长》,《经济研究》2008 年第 8 期。

姚利民、饶艳:《中国知识产权保护地区差异与技术引进的实证研究》,《科学学研究》2009 年第 8 期。

姚洋、张晔：《中国出口品国内技术含量升级的动态研究——来自全国及江苏省、广东省的证据》，《中国社会科学》2008 年第 2 期。

叶锐、杨建飞、常云昆：《中国省际高技术产业效率测度与分解——基于共享投入关联 DEA 模型》，《数量经济技术经济研究》2012 年第 7 期。

余东华、王青：《国有工业企业自主创新效率变化及影响因素——基于 1998~2007 年省域面板数据的 DEA 分析》，《山西财经大学学报》2010 年第 1 期。

余秀江、张岳恒、孙良媛：《中小企业群落结构合理性研究：一个理论探讨》，《华南农业大学学报》（社会科学版）2004 年第 3 期。

余泳泽：《我国高技术产业技术创新效率及其影响因素研究——基于价值链视角下的两阶段分析》，《经济科学》2009 年第 4 期。

岳军：《国外产业集群理论的演进脉络》，《财经科学》2006 年第 2 期。

张亮亮、张晖明：《比较优势和“资源诅咒”悖论与资源富集地区经济增长路径选择——基于对中国地区间经济增长差异原因的扩展分析》，《当代财经》2009 年第 1 期。

赵玉林、王春珠：《战略性新兴产业发展中创新与需求协同驱动异质性分析》，《中国科技论坛》2017 年第 5 期。

赵志耘等：《资本积累与技术进步的动态融合：中国经济增长的一个典型事实》，《经济研究》2007 年第 11 期。

郑坚、丁云龙：《高技术产业技术创新的边际收益特性及效率分析》，《科学学研究》2008 年第 5 期。

郑猛：《有偏技术进步下要素替代增长效应研究》，《数量经济技术经济研究》2016 年第 11 期。

郑玉歆：《全要素生产率的测算及其增长的规律——由东亚增长模式的争论谈起》，《数量经济技术经济研究》1998 年第 10 期。

周立、吴玉鸣：《中国区域创新能力因素分析与聚类研究——兼论区域创新能力综合评价的因素分析替代方面》，《中国软科学》2006 年第 8 期。

朱敏：《跨国企业与东道国企业竞争策略选择——基于比较优势的分析》，

《财经研究》2006 年第 1 期。

朱慧明:《基于 Minnesota 共轭先验分布的贝叶斯 VAR(p)预测模型》,《统计研究》2004 年第 1 期。

朱有为、徐康宁:《中国高技术产业研发效率的实证研究》,《中国工业经济》2006 年第 11 期。

邹鲜红、杨涛:《基于产业集聚效应的高新技术产业竞争力研究》,《科技进步与对策》2009 年第 7 期。

Acemoglu D., "Directed Technical Change", *The Review of Economic Studies*, Vol.69, No.4, 2002, pp.781-809.

Acemoglu D. et al., "Vertical Integration and Technology: Theory and Evidence", *Journal of European Economic Association*, Vol.8, No.5, 2010, pp.989-1033.

Acemoglu D. et al., "Import Competition and the Great U.S. Employment Sag of the 2000s", *Journal of Labor Economics*, Vol.34, No.20395, 2016, pp.141-198.

Acemoglu D., Ozdaglar A., and Tahbaz-Salehi A., "Systemic Risk and Stability in Financial Networks", *The American Economic Review*, Vol.105, No.2, 2015, pp.564-608.

Acemoglu D. and Zilibotti F., "Productivity Differences", *The Quarterly Journal Economics*, Vol.116, No.2, 2001, pp.563-606.

Aghion P., Harris C., and Vickers J., "Competition and Growth with Step-by-step Innovation: An Example", *European Economic Review*, Vol.41, No.3-5, 1997. pp.771-782.

Aghion P. et al, "Competition, Imitation and Growth with Step-by-Step Innovation", *The Review of Economic Studies*, Vol.68, No.3, 2001, pp.467-492.

Aghion P. and Howitt P., "A Model of Growth Through Creative Destruction", *Econometrica*, Vol.60, No.2, 1992, pp.323-351.

Andersson M. and Ejermo O., "How does Accessibility to Knowledge Sources affect the Innovativeness of Corporations?: Evidence from Sweden", *Annals of Regional Science*, Vol.39, No.4, 2005, pp.741–765.

Arndt S. W. and Kierzkowski H., *Fragmentation: New Production Patterns in the World Economy*, London: Oxford University Press, 2001.

Arrow K. J., *Economic Welfare and the Allocation Resources for Invention*, Princeton: Princeton University Press, 1962.

Arrow K. J., "The Economic Implications of Learning by Doing", *The Review of Economic Studies*, Vol.29, No.3, 1962, pp.155–173.

Atuahene-Gima K. and Ko A., "An Empirical Investigation of the Effect of Market Orientation and Entrepreneurship Orientation Alignment on Product Innovation", *Organization Science*, Vol.12, No.1, 2001, pp.54–74.

Autor D. H. and Dorn D., "The Growth of Low-Skill Service Jobs and the Polarization of the US Labor Market", *The American Economic Review*, Vol. 103, No.5, 2013, pp.1553–1597.

Bachmann R., Elstner S. and Sims E.R., "Uncertainty and Economic Activity: Evidence from Business Survey Data", *American Economic Journal: Macroeconomics*, Vol.5, No.2, 2013, pp.217–249.

Baldwin R. E and Ito T., "Quality Competition Versus Price Competition Goods: An Empirical Classification", *Journal of Economic Integration*, Vol.26, No.1, 2011, pp.110–135.

Baldwin R. E. and Harrigan J., "Zeros, Quality and Space: Trade Theory and Trade Evidence", *American Economic Journal: Microeconomics*, Vol.3, No.2, 2011, pp.60–88.

Beasnko D. and Wu J., "The Impact of Market Structure and Learning on the Tradeoff between R&D Competition and Cooperation", *Journal of Industrial Economics*, Vol.61, No.1, 2013, pp.166–201.

Becker W. and Dietz J., "R&D Cooperation and Innovation Activities of Firms–

Evidence for the German Manufacturing Industry", *Research Policy*, Vol. 33, No.2, 2004, pp.209-223.

Blanchard O. J and Quah D., "The Dynamic Effects of Aggregate Demand and Supply Disturbances", *The American Economic Review*, Vol.83, No.3, 1988, pp.644-652.

Bloom N., "The Impact of Uncertainty Shocks", *Econometrica*, Vol.77, No. 3, 2009, pp.623-685.

Bloom N. et al., "Really Uncertain Business Cycles", *Econometrica*, Vol.86, No.3, 2018, pp.1031-1065.

Borensztein E., De Gregorio J.and Lee J., "How Does Foreign Direct Investment Affect Economic Growth", *Journal of International Economics*, Vol. 45, No.1, 1998, pp.115-135.

Braczyk H. et al., *Regional Innovation Systems: The Role of Governances in a Globalized World*, London: University College London Press, 1998.

Brewer M., Crossley T. F., and Joyce R., "Inference with Difference-in-Differences Revisited", *Journal of Econometric Methods*, Vol.7, No.1, 2013, pp.1-16.

Bronzini R. and Piselli P., "The Impact of R&D Subsidies on Firm Innovation", *Research Policy*, Vol.45, No.2, 2016, pp.442-457.

Browning M. and Carro J. M., "The Identification of a Mixture of First-Order Binary Markov Chains", *Oxford Bulletin of Economics and Statistics*, Vol. 75, No.3, 2013, pp.455-459.

Caselli F. and Coleman W. J., "The World Technology Frontier", *The American Economic Review*, Vol.96, No.3, 2006, pp.499-522.

Cheng L., "Comparing Bertrand and Cournot Equilibria: A Geometric Approach", *The RAND Journal of Economics*, Vol.16, No.1, 1985. pp. 146-152.

Christian R., Czarnitzki D., and Spielkamp A., "Innovation Success of Non-

R&D -performers: Substituting Technology by Management in SMEs", *Small Business Economics*, Vol.33, No.1, 2009, pp.35-58.

Cogley T., "How Fast can the New Economy Grow? A Bayesian Analysis of the Evolution of Trend Growth", *Journal of Macroeconomics*, Vol.27, No. 2, 2005, pp.179-207.

Creina D. and Dowrick S., "Endogenous Growth with R&D and Human Capital: the Role of Return to Scale", *Oxford Economic Papers*, Vol.65, No. 2, 2013, pp.312-322.

D'Aspremont C. and Jacquemin A., "Cooperative and Noncooperative R&D in Duopoly with Spillovers", *the American Economic Review*, Vol.78, No. 5, 1988, pp.1133-1137.

David J. M., Hopenhayn H. A., and Venkateswaran V., "Information, Misallocation and Aggregate Productivity", *Quarterly Journal of Economics*, Vol. 131, No.2, 2016, pp.943-1005.

Davis S. J and Wachter T. V., "Recessions and the Costs of Job Loss", *National Bureau of Economic Research*, Vol.2011, No.2, 2011, pp.1-72.

Deardorff A. V., "Trade and Welfare Implications of Networks", *Journal of Economic Integration*, No.16, No.4, 2001, pp.485-499.

Deb R. K., Macatangay R., and Deb S., "An Analysis of Generation Market Power in the Midwest Interconnect", *The Electricity Journal*, Vol.15, No. 3, 2002, pp.29-40.

Dixit A. and Stiglitz J. E, "Monopolistic Competition and Optimum Product Diversity", *The American Economic Review*, Vol.67, No.3, 1977, pp. 297-308.

Dixit A., "A General Model of R&D Competition and Policy", *The RAND Journal of Economics*, Vol.19, No.3, 1988, pp.317-326.

Easley D. and O'Hara M., "Information and the Cost of Capital", *Journal of Finance*, Vol.59, No.4, 2004, pp.1553-1583.

Ergin H., "Efficient Resource Allocation on the Basis of Priorities", *Econometrica*, Vol.70, No.6, 2002, pp.2489-2497.

Fabrizio S., Igan D., and Mody A., "The Dynamics of Product Quality and International Competitiveness", *IMF Working Papers*, No.07/97, 2007.

Felipe J., "Total Factor Productivity Growth in East Asia: A Critical Survey", *Journal of Development Studies*, Vol.35, No.4, 1999, pp.1-41.

Freel M., "Do Small Innovating Firms Outperform Non-Innovators?", *Small Business Economics*, Vol.14, No.3, 2000, pp.195-210.

Gali J., Smets F., and Wouters R., "Slow Recoveries: A Structural Interpretation", *Journal of Money, Credit and Banking*, VoL.44, No.2, 2012, pp.9-30.

Gan D. and Bourcier D V., "Locational Market Power Screening and Congestion Management: Experience and Suggestions", *IEEE Transactions on Power Systems*, Vol.22, No.1, 2002, p.70.

Garg M., "Value Relevance of Voluntary Internal Control Certification: An Information Asymmetry Perspective", *Australian Journal of Management*, Vol.42, No.4, 2017, pp.527-559.

Goos M., Manning A., and Salomons A., "Explaining Job Polarization: Routine-Biased Technological Change and Offshoring", *The American Economic Review*, Vol.104, No.8, 2014, pp.2509-2526.

Griffith R. et al., "Innovation and Productivity Across Four European Countries", *Oxford Review of Economic Policy*, Vol.22, No.4, 2006, pp.483-498.

Griliches Z., "Research Expenditures Education and the Aggregate Production Function", *The American Economic Review*, Vol.54, No.6, 1964, pp.961-974.

Grossman G. M. and Helpman E., "Quality Ladders in the Theory of Growth", *The Review of Economic Studies*, Vol.58, No.1, 1991, pp.43-61.

Guiso L., Jappelli T., and Terlizzese D., "Income Risk, Borrowing Con-straints and Portfolio Choice", *The American Economic Review*, Vol.86, No.1, 1994, pp.158-172.

Hall R. E. and Jones C. I., "Why Do Some Countries Produce So much More Output per Worker than Others", *Qarterly Journal of Economics*, Vol.114, No.1, 1999, pp.83-116.

Harris C. and Vickers J., "Racing with Uncertainty", *The Review of Economic Studies*, Vol.54, No.1, 1987, pp.1-21.

Hausmann R., Hwang J., and Rodrik D., "What You Export Matters", *Journal of Economic Growth*, Vol.12, No.1, 2007, pp.1-25.

Hicks J. R., *the Theory of Wages*. London: Macmillan and Co., Limited, 1932.

Hsiung H. and Wang J., "Value Creation Potential of Intellectual Capital in the Digital Content Industry", *Investment Management & Financial Innovations*, Vol.9, No.2, 2012, pp.81-90.

John G. H. and Langley P., "Estimating Continuous Distributions in Bayesian Classifiers", UAI'95 Proceedings of the Eleventh Conference on Uncertainty in Artificial Intelligence, 1995, pp.338-345.

Kamien M. I., Muller E., and Zang I., "Research Joint Ventures and R&D Cartels", *The American Economic Review*, Vol.82, No.5, 1992, pp.1293-1306.

Kiley M. T., "The Supply of Skilled Labor and Skill-Biased Technological Progress", *Social Science Research Network*, Vol.1997, No.45, 1997, pp.1-17.

Klette T. and Kortum S., "Innovating Firms and Aggregate Innovation", *Journal of Political Economy*, Vol.112, No.5, 2004, pp.986-1018.

Koren M. and Tenreyro S., "Technological Diversification", *The American Economic Review*, Vol.103, No.1, 2013, pp.378-414.

Kultti K., Takalo T., and Toikka J., "Simultaneous Model of Innovation, Secrecy, and Patent Policy", *The American Economic Review*, Vol.96, No. 2, 2006, pp.82-86.

Kumar S. and Russell R. R., "Technology Change, Technological Catch-up, and Capital Deepening, Relative Contributions to Growth and Convergence", *The American Economic Review*, Vol.92, No.3, 2002, pp.527-548.

Lahiri K. and Sheng X. S., "Measuring Forecast Uncertainty by Disagreement: the Missing Link", *Journal of Applied Econometrics*, Vol.25, No.4, 2010, pp.514-538.

Lall S., "The Technological Structure and Performance of Developing Country Manufactured Exports, 1985-98", *Oxford Development Studies*, Vol.28, No.3, 2000, pp.337-369.

Litterman R. B., "Forecasting with Bayesian Vector Autoregressions Five Years of Experience", *Journal of Business and Economic Statistics*, Vol.4, No. 1, 1986, pp.25-38.

Lucas R. E., "On the Mechanics of Economic Development", *Journal of Monetary Economics*, Vol.22, No.1, 1988, pp.3-42.

Michaels G., Natraj A., and Van Reenen J., "Has ICT Polarized Skill Demand? Evidence from Eleven Countries over Twenty-Five Years", *The Review of Economics and Statistics*, Vol.96, No.1, 2014, pp.60-77.

Mitman K. and Rabinovich S., "Unemployment Benefit Extensions Caused Jobless Recoveries!?", *PIER Working Paper*, No. 14-013, 2014.

Nelson R., "Aggregate Production Functions and Medium-range Growth Projections", *The American Economic Review*, Vol.54, No.5, 1964, pp.575-606.

Nonaka I., Von Krogh G., and Voelpel S. C., "Organizational Knowledge Creation Theory: Evolutionary Paths and Future Advances", *Organization*

Studies, Vol.27, No.8, 2006, pp.1179-1208.

Pais J. and Pinter A., "School Choice and Information: An Experimental Study on Matching Mechanisms", *Games and Economic Behavior*, Vol.64, No. 1, 2008, pp.303-328.

Palacios-Alonso M. A., Brizuela C. A., and Sucar L. E., "Evolutionary Learning of Dynamic Naive Bayesian Classifiers", *Journal of Automated Reasoning*, Vol.45, No.1, 2010, pp.21-37.

Pavitt K., "Sectoral Patterns of Technical Change: Towards a Taxonomy and a Theory", *Research Policy*, Vol.13, No.6, 1984, pp.343-373.

Pérez A., Larraoaga P., and Lnza L., "Bayesian Classifiers based on Kernel Density Estimation: Flexible Classifiers", *International Journal of Approximate Reasoning*, VoL.50, No.2, 2009, pp.341-362.

Pindyck, R. S., Rubinfeld D. L., *Microeconomics* (*third edition*). 北京：清华大学出版社，1997.

Reinganum J. F., "A Dynamic Game of R&D: Patent Protection and Competitive Behavior", *Econometrica*, Vol.50, No.3, 1982, pp.671-688.

Romer P. M., "Endogenous Technological Change", *Journal of Political Economy*, Vol.98, No.5, 1990, pp.71-102.

Romer P. M, "Increasing Returns and Long-Run Growth", *Journal of Political Economy*, Vol.94, No.5, 1986, pp.1002-1037.

Schott P. K., "The Relative Sophistication of Chinese Exports", *Economic Policy*, Vol.23, No.53, 2007, pp.5-49.

Schreder M., "Idiosyncratic Information and the Cost of Equity Capital: A Meta-analytic Review of the Literature", *Journal of Accounting Literature*, Vol.41, 2018, pp.142-172.

Schumpeter J. A., *The Theory of Economic Development*, Massachusetts: Harvard University Press. 1934.

Sims C. A., "Rational Expectations Modeling with Seasonally Adjusted data",

Journal of Econometrics, Vol.55, No.1-2, 1993, pp.9-19.

Stiglitz J. E. and Weiss A., "Credit Rationing in Markets with Imperfect Information", *The American Economic Review*, Vol.71, No.3 1981, pp.393-410.

Syverson C., "What Determines Productivity?", *Journal of Economic Literature*, Vol.49, No.2, 2011, pp.326-365.

Tambe P. and Hitt L. M., "Measuring Information Technology Spillover", *Information Systems Research*, Vol.25, No.1, 2014, pp.53-71.

Timmer M. P. et al., "An Illustrated User Guide to the World Input-Output Database: the Case of Global Automotive Production", *Review of International Economics*, Vol.23, No.3, 2015, pp.575-605.

Whinston M. D., "Assessing the Property Rights and Transaction-Cost Theories of Firm Scope", *The American Economic Review*, Vol.91, No.2, 2001, pp.184-188.

Younes Z. and Llic M., "Generation Strategies for Gaming Transmission Constraints : Will the Deregulated Electric Power Market be an Oligopoly", *Decision Support Systems*, Vol.24, No.3-4, 1999, pp.207-222.

Zhang L. J. and Wilson M., "Does the Accruals Quality Premium Arise from Information Risk?", *Accounting & Finance*, Vol.58, No.2, 2018, pp.599-632.

索引

技术创新效率 2，3，5，6，7，8，9，10，11，12，13，14，15，16，17，18，19，20，21，22，23，24，25，26，27，30，34，35，36，37，38，39，41，42，43，44，45，46，47，48，49，50，51，52，53，54，58，61，62，66，81，125，126，127，128，129，130，131，132，133，134，135，137，139，140，141，142，143，144，145，146，147，148，149，150，151，152，153，156，175，176，179，180，183，192，197，217，218，219，220，221，222，225，226，227，229，230，231，232，233，234，235，236，237，238，240，241，242，244，245，246，251，252

渐进式技术进步 3，7，12，20，31，32，41，42，43，45，48，51，52，53，54，55，56，58，65，66，67，68，69，70，71，72，73，74，75，76，79，80，81，162，163，167，172，173，174，241，242，243

阶段性技术进步 3，4，5，6，8，12，14，16，18，22，24，29，35，66，71，72，106，108，110，113，115，116，117，118，120，126，127，129，132，133，142，144，153，223，241，245

技术进步阶段 5，6，16，21，44，45，53，61，68，70，107，113，114，117，118，121，122，123，126，127，136，140，142，218，227

跨越式技术进步 3，4，7，12，15，17，18，19，20，27，29，39，41，42，45，46，47，48，49，51，52，53，54，55，58，59，60，61，62，65，66，67，68，69，70，71，72，73，74，75，76，78，79，80，81，83，162，163，167，172，173，174，241，242，243

随机变动 1，2，3，4，5，6，8，9，10，11，13，14，15，16，17，18，19，20，21，22，24，34，35，36，39，45，62，65，67，84，105，106，114，125，126，127，128，129，130，131，132，133，134，135，137，142，143，144，145，146，147，149，151，152，153，221，225，234，236，241，242，244，245，246

细分研究 217

后 记

本书是我的博士后研究成果，入选第九批《中国社会科学博士后文库》，并且获得全国博士后管理委员会颁发的“优秀博士后学术成果”证书。

我于 2016 年 6 月从南京大学商学院毕业，获得经济学博士学位，指导老师是全国著名经济学家洪银兴教授。2017 年 4 月，我进入山东大学应用经济学博士后流动站，在合作导师余东华教授的悉心指导下，主要从事技术经济学、技术进步与技术创新效率研究。2020 年 1 月，我完成博士后期间主要科研任务，顺利出站。两位老师的倾力教诲和帮助，使我至今感恩在心，念念不忘。

在博士后阶段，我的经济学理论研究工作得益于山东大学优越的科研保障条件，期间又获得中国博士后科学基金的资助，理论功底日益深厚，思路视野得到拓宽，逻辑思维逐渐缜密，观点分析更加深邃。实证分析与应用研究工作得到了南京大学杨林生博士的大力帮助，他先后供职于浙江省台州市和宁波市高校，现为宁波职业技术学院科技与产学合作处处长，和我共同开展了在浙江省的实地调研、访谈、案例分析与研究等工作。实证分析与应用研究对本书的贡献主要体现在三个方面：一是前往浙江省台州市调研缝纫装备制造业的技术成果转化情况，取得了国内重点缝纫装备制造业企业的研发资料，掌握了研发主体最新的技术变动方向，有利于开展案例研究。二是以浙江省上市公司为研究对象，研究不完全技术信息与技术创新效率随机变动之间的关系，以微观案例和产业资料为支撑，尝试着分析不完全技术信息对技术创新效率和产出的冲击效应，研究成果具有较高的决策参考价值。三是深入调研浙江省和宁波市重点高技术产业，研究技术创新效率变动特征与趋势，获取了大量翔实的微观数据，丰富了实证研究的内容。

党的十九大报告提出，我国经济已经由高速度增长阶段转向高质量发展阶段，必须推动经济发展质量变革、效率变革、动力变革。我的博士后研究聚焦技术创新效率随机变动这一选题方向，先后在《科学学研究》《当代财经》《南方经济》《中国科技论坛》《技术经济》等期刊上发表论文 5 篇。著作的创新性主要体现在以下方面：一是研究相邻两阶段技术进步内在关联程度，构建技术进步可能性空间，合理确定技术进步子集，分析其相关关系，运用贝叶斯网络模型理性预测技术进步可能性大小。二是将技术创新效率纳入拓展的知识生产函数中，依据变量之间替换关系推导得出相关要素反需求函数，构建技术创新效率随机变动模型并进行理论分析。三是在实证方法上，把半参数模型转换为参数模型，以技术创新效率马尔可夫链表示其随机变动效应，分析人力资本和知识资本在技术创新效率随机变动方面的差异化作用，反映技术创新效率具有不确定性、非线性和异质性特征。

全书共分十二章。第一、二章为总论，由绪论和相关文献综述两部分构成。第三、四、五章为阶段性技术进步细化与特征分析。第六章重点研究技术进步阶段性关联程度、趋势预测与路径优化。第七章为技术创新效率内生性与随机变动分析。第八、九章从投入环节分别研究寡头垄断市场结构、加工制造部门水平分工模式下的技术创新效率差异化变动特征。第十、十一章从产出环节研究竞争性创新、产学研协同创新差异性的技术转化效率，不完全技术信息对技术创新效率冲击效应及其构成细分研究。第十二章为研究结论，同时还提出了一些政策建议和研究展望。

感谢经济管理出版社宋娜老师在编辑出版过程中精心细致的工作。

王必好

2020 年 8 月 29 日

专家推荐表

第九批《中国社会科学博士后文库》专家推荐表 1			
《中国社会科学博士后文库》由中国社会科学院与全国博士后管理委员会共同设立，旨在集中推出选题立意高、成果质量高、真正反映当前我国哲学社会科学领域博士后研究最高学术水准的创新成果，充分发挥哲学社会科学优秀博士后科研成果和优秀博士后人才的引领示范作用，让《文库》著作真正成为时代的符号、学术的示范。			
推荐专家姓名	余东华	电　话	
专业技术职务	教授、博士生导师	研究专长	产业经济学、反垄断经济学和制造业转型发展、动能转换
工作单位	山东大学经济学院	行政职务	
推荐成果名称	阶段性技术进步细分与技术创新效率随机变动研究		
成果作者姓名	王必好		

(对书稿的学术创新、理论价值、现实意义、政治理论倾向及是否具有出版价值等方面做出全面评价，并指出其不足之处)

该项成果具有重要的理论和现实价值，政策指导意义较强。专著首先论述技术进步过程的非线性趋势和异质性特征，比较分析渐进式和跨越式技术进步之间的差异及其形成原因，研究步进式技术吸纳对技术存量水平的冲击效应，运用技术进步概率分析两阶段技术进步之间关联程度并开展技术进步预测，优化技术路径选择。结合知识资本、人力资本构成以及不同市场结构等因素，深入分析、论证技术创新效率内生性特征以及创新要素投入变化。

推荐专家认为，专著深入剖析了不完全技术信息对技术创新效率和产出水平的冲击效应，构建了理论模型，并开展实证分析，在先后选择和同时选择 R&D 经费、研发人员投入两种不同的要素配置方式下，不完全技术信息导致技术创新效率受到差异化冲击效应。这个研究领域具有一定的创新性，是未来很好的研究方向。

推荐专家认为，专著成果思路清晰，结构合理，材料丰富，论证充分，没有任何不正当的政治理论倾向。此项研究运用贝叶斯网络模型分析两阶段技术进步关联程度，以技术进步概率集合开展技术进步预测，具有较强的实践指导价值，是厂商从事科技创新活动的重要决策参考。

推荐专家认为，该项成果符合《文库》入选条件，达到相应的出版水平。

签字：余东华

2019 年 12 月 16 日

说明：该推荐表须由具有正高级专业技术职务的同行专家填写，并由推荐人亲自签字，一旦推荐，须承担个人信誉责任。如推荐书稿入选《文库》，推荐专家姓名及推荐意见将印入著作。

第九批《中国社会科学博士后文库》专家推荐表 2

《中国社会科学博士后文库》由中国社会科学院与全国博士后管理委员会共同设立，旨在集中推出选题立意高、成果质量高、真正反映当前我国哲学社会科学领域博士后研究最高学术水准的创新成果，充分发挥哲学社会科学优秀博士后科研成果和优秀博士后人才的引领示范作用，让《文库》著作真正成为时代的符号、学术的示范。

推荐专家姓名	杨林生	电　　话	
专业技术职务	教授	研究专长	制度经济学，专利开发、保护与应用
工作单位	浙江省宁波职业技术学院	行政职务	
推荐成果名称	阶段性技术进步细分与技术创新效率随机变动研究		
成果作者姓名	王必好		

（对书稿的学术创新、理论价值、现实意义、政治理论倾向及是否具有出版价值等方面做出全面评价，并指出其不足之处）

推荐专家认为，该项成果具有一定的创新性，重点研究阶段性技术进步细分与技术创新效率随机变动。首先分析技术进步的非线性趋势和异质性特征，存在着渐进式和跨越式技术进步两种方式，进而深化阶段性技术进步细分研究。理论价值在于，量化分析阶段性技术进步之间的关联程度，运用贝叶斯网络模型开展因果分析和诊断推理，依据两阶段技术进步概率集合预测下阶段技术进步可能性大小，对技术创新活动具有实践指导意义。

推荐专家认为，专著的理论价值在于，研究发现技术创新效率受到人力资本、知识资本构成等因素影响，具有内生变动特征，不同产业、不同厂商以及技术进步不同阶段上存在较大差异。为此，研究重点关注寡头垄断厂商不同竞争策略、加工制造部门不同水平分工模式下的差异性创新要素投入、竞争性创新与产学研协同创新之间不同的技术创新产出水平，揭示技术创新效率不规则变动趋势。

推荐专家认为，该项成果具有较强的实践指导意义，在厂商创新路径选择、产业转型和发展动能转换、科技政策制定等层面都具有重要的参考价值。该选题还可以挖掘、发现更多理论创新点，例如，技术创新效率不确定性随机变动、不完全技术信息与要素优化配置等。专著内容没有任何不良的政治理论倾向。

推荐专家认为，此专著具备《文库》入选条件，达到相应的出版水平。

签字：杨林生

2019 年 12 月 16 日

说明：该推荐表须由具有正高级专业技术职务的同行专家填写，并由推荐人亲自签字，一旦推荐，须承担个人信誉责任。如推荐书稿入选《文库》，推荐专家姓名及推荐意见将印入著作。

经济管理出版社
《中国社会科学博士后文库》
成果目录

第一批《中国社会科学博士后文库》(2012年出版)		
序号	书　名	作　者
1	《“中国式”分权的一个理论探索》	汤玉刚
2	《独立审计信用监管机制研究》	王　慧
3	《对冲基金监管制度研究》	王　刚
4	《公开与透明：国有大企业信息披露制度研究》	郭媛媛
5	《公司转型：中国公司制度改革的新视角》	安青松
6	《基于社会资本视角的创业研究》	刘兴国
7	《金融效率与中国产业发展问题研究》	余　剑
8	《进入方式、内部贸易与外资企业绩效研究》	王进猛
9	《旅游生态位理论、方法与应用研究》	向延平
10	《农村经济管理研究的新视角》	孟　涛
11	《生产性服务业与中国产业结构演变关系的量化研究》	沈家文
12	《提升企业创新能力及其组织绩效研究》	王　涛
13	《体制转轨视角下的企业家精神及其对经济增长的影响》	董　昀
14	《刑事经济性处分研究》	向　燕
15	《中国行业收入差距问题研究》	武　鹏
16	《中国土地法体系构建与制度创新研究》	吴春岐
17	《转型经济条件下中国自然垄断产业的有效竞争研究》	胡德宝

第二批《中国社会科学博士后文库》（2013年出版）

序号	书 名	作 者
1	《国有大型企业制度改造的理论与实践》	董仕军
2	《后福特制生产方式下的流通组织理论研究》	宋宪萍
3	《基于场景理论的我国城市择居行为及房价空间差异问题研究》	吴 迪
4	《基于能力方法的福利经济学》	汪毅霖
5	《金融发展与企业家创业》	张龙耀
6	《金融危机、影子银行与中国银行业发展研究》	郭春松
7	《经济周期、经济转型与商业银行系统性风险管理》	李关政
8	《境内企业境外上市监管问题研究》	刘 轶
9	《生态维度下土地规划管理及其法制考量》	胡耘通
10	《市场预期、利率期限结构与间接货币政策转型》	李宏瑾
11	《直线幕僚体系、异常管理决策与企业动态能力》	杜长征
12	《中国产业转移的区域福利效应研究》	孙浩进
13	《中国低碳经济发展与低碳金融机制研究》	乔海曙
14	《中国地方政府绩效管理研究》	朱衍强
15	《中国工业经济运行效益分析与评价》	张航燕
16	《中国经济增长：一个“破坏性创造”的内生增长模型》	韩忠亮
17	《中国老年收入保障体系研究》	梅 哲
18	《中国农民工的住房问题研究》	董 昕
19	《中美高管薪酬制度比较研究》	胡 玲
20	《转型与整合：跨国物流集团业务升级战略研究》	杜培枫

第三批《中国社会科学博士后文库》(2014年出版)		
序号	书　名	作　者
1	《程序正义与人的存在》	朱　丹
2	《高技术服务业外商直接投资对东道国制造业效率影响的研究》	华广敏
3	《国际货币体系多元化与人民币汇率动态研究》	林　楠
4	《基于经常项目失衡的金融危机研究》	匡可可
5	《金融创新与监管及其宏观效应研究》	薛昊旸
6	《金融服务县域经济发展研究》	郭兴平
7	《军事供应链集成》	曾　勇
8	《科技型中小企业金融服务研究》	刘　飞
9	《农村基层医疗卫生机构运行机制研究》	张奎力
10	《农村信贷风险研究》	高雄伟
11	《评级与监管》	武　钰
12	《企业吸收能力与技术创新关系实证研究》	孙　婧
13	《统筹城乡发展背景下的农民工返乡创业研究》	唐　杰
14	《我国购买美国国债策略研究》	王　立
15	《我国行业反垄断和公共行政改革研究》	谢国旺
16	《我国农村剩余劳动力向城镇转移的制度约束研究》	王海全
17	《我国吸引和有效发挥高端人才作用的对策研究》	张　瑾
18	《系统重要性金融机构的识别与监管研究》	钟　震
19	《中国地区经济发展差距与地区生产率差距研究》	李晓萍
20	《中国国有企业对外直接投资的微观效应研究》	常玉春
21	《中国可再生能源决策支持系统中的数据、方法与模型研究》	代春艳
22	《中国劳动力素质提升对产业升级的促进作用分析》	梁泳梅
23	《中国少数民族犯罪及其对策研究》	吴大华
24	《中国西部地区优势产业发展与促进政策》	赵果庆
25	《主权财富基金监管研究》	李　虹
26	《专家对第三人责任论》	周友军

第四批《中国社会科学博士后文库》（2015 年出版）

序号	书　名	作　者
1	《地方政府行为与中国经济波动研究》	李　猛
2	《东亚区域生产网络与全球经济失衡》	刘德伟
3	《互联网金融竞争力研究》	李继尊
4	《开放经济视角下中国环境污染的影响因素分析研究》	谢　锐
5	《矿业权政策性整合法律问题研究》	郗伟明
6	《老年长期照护：制度选择与国际比较》	张盈华
7	《农地征用冲突：形成机理与调适化解机制研究》	孟宏斌
8	《品牌原产地虚假对消费者购买意愿的影响研究》	南剑飞
9	《清朝旗民法律关系研究》	高中华
10	《人口结构与经济增长》	巩勋洲
11	《食用农产品战略供应关系治理研究》	陈　梅
12	《我国低碳发展的激励问题研究》	宋　蕾
13	《我国战略性海洋新兴产业发展政策研究》	仲雯雯
14	《银行集团并表管理与监管问题研究》	毛竹青
15	《中国村镇银行可持续发展研究》	常　戈
16	《中国地方政府规模与结构优化：理论、模型与实证研究》	罗　植
17	《中国服务外包发展战略及政策选择》	霍景东
18	《转变中的美联储》	黄胤英

第五批《中国社会科学博士后文库》（2016年出版）

序号	书　名	作　者
1	《财务灵活性对上市公司财务政策的影响机制研究》	张玮婷
2	《财政分权、地方政府行为与经济发展》	杨志宏
3	《城市化进程中的劳动力流动与犯罪：实证研究与公共政策》	陈春良
4	《公司债券融资需求、工具选择和机制设计》	李　湛
5	《互补营销研究》	周　沛
6	《基于拍卖与金融契约的地方政府自行发债机制设计研究》	王治国
7	《经济学能够成为硬科学吗?》	汪毅霖
8	《科学知识网络理论与实践》	吕鹏辉
9	《欧盟社会养老保险开放性协调机制研究》	王美桃
10	《司法体制改革进程中的控权机制研究》	武晓慧
11	《我国商业银行资产管理业务的发展趋势与生态环境研究》	姚　良
12	《异质性企业国际化路径选择研究》	李春顶
13	《中国大学技术转移与知识产权制度关系演进的案例研究》	张　寒
14	《中国垄断性行业的政府管制体系研究》	陈　林

第六批《中国社会科学博士后文库》（2017年出版）		
序号	书 名	作 者
1	《城市化进程中土地资源配置的效率与平等》	戴媛媛
2	《高技术服务业进口对制造业效率影响研究》	华广敏
3	《环境监管中的"数字减排"困局及其成因机理研究》	董 阳
4	《基于竞争情报的战略联盟关系风险管理研究》	张 超
5	《基于劳动力迁移的城市规模增长研究》	王 宁
6	《金融支持战略性新兴产业发展研究》	余 剑
7	《粮食流通与市场整合——以乾隆时期长江中游为中心的考察》	赵伟洪
8	《文物保护绩效管理研究》	满 莉
9	《我国开放式基金绩效研究》	苏 辛
10	《医疗市场、医疗组织与激励动机研究》	方 燕
11	《中国的影子银行与股票市场：内在关联与作用机理》	李锦成
12	《中国应急预算管理与改革》	陈建华
13	《资本账户开放的金融风险及管理研究》	陈创练
14	《组织超越——企业如何克服组织惰性与实现持续成长》	白景坤

第七批《中国社会科学博士后文库》(2018 年出版)		
序号	书　名	作　者
1	《行为金融视角下的人民币汇率形成机理及最优波动区间研究》	陈　华
2	《设计、制造与互联网“三业”融合创新与制造业转型升级研究》	赖红波
3	《复杂投资行为与资本市场异象——计算实验金融研究》	隆云滔
4	《长期经济增长的趋势与动力研究：国际比较与中国实证》	楠　玉
5	《流动性过剩与宏观资产负债表研究：基于流量存量一致性框架》	邵　宇
6	《绩效视角下我国政府执行力提升研究》	王福波
7	《互联网消费信贷：模式、风险与证券化》	王晋之
8	《农业低碳生产综合评价与技术采用研究——以施肥和保护性耕作为例》	王珊珊
9	《数字金融产业创新发展、传导效应与风险监管研究》	姚　博
10	《“互联网+”时代互联网产业相关市场界定研究》	占　佳
11	《我国面向西南开放的图书馆联盟战略研究》	赵益民
12	《全球价值链背景下中国服务外包产业竞争力测算及溢出效应研究》	朱福林
13	《债务、风险与监管——实体经济债务变化与金融系统性风险监管研究》	朱太辉

第八批《中国社会科学博士后文库》（2019年出版）

序号	书　名	作　者
1	《分配正义的实证之维——实证社会选择的中国应用》	汪毅霖
2	《金融网络视角下的系统风险与宏观审慎政策》	贾彦东
3	《基于大数据的人口流动流量、流向新变化研究》	周晓津
4	《我国电力产业成本监管的机制设计——防范规制合谋视角》	杨菲菲
5	《货币政策、债务期限结构与企业投资行为研究》	钟　凯
6	《基层政区改革视野下的社区治理优化路径研究：以上海为例》	熊　竞
7	《大国版图：中国工业化70年空间格局演变》	胡　伟
8	《国家审计与预算绩效研究——基于服务国家治理的视角》	谢柳芳
9	《包容型领导对下属创造力的影响机制研究》	古银华
10	《国际传播范式的中国探索与策略重构——基于会展国际传播的研究》	郭　立
11	《唐代东都职官制度研究》	王　苗

第九批《中国社会科学博士后文库》（2020 年出版）		
序号	书　名	作　者
1	《中度偏离单位根过程前沿理论研究》	郭刚正
2	《金融监管权“三维配置”体系研究》	钟　震
3	《大股东违规减持及其治理机制研究》	吴先聪
4	《阶段性技术进步细分与技术创新效率随机变动研究》	王必好
5	《养老金融发展及政策支持研究》	娄飞鹏
6	《中等收入转型特征与路径：基于新结构经济学的理论与实证分析》	朱　兰
7	《空间视角下产业平衡充分发展：理论探索与经验分析》	董亚宁
8	《中国城市住房金融化论》	李　嘉
9	《实验宏观经济学的理论框架与政策应用研究》	付婷婷

《中国社会科学博士后文库》征稿通知

为繁荣发展我国哲学社会科学领域博士后事业，打造集中展示哲学社会科学领域博士后优秀研究成果的学术平台，全国博士后管理委员会和中国社会科学院共同设立了《中国社会科学博士后文库》（以下简称《文库》），计划每年在全国范围内择优出版博士后成果。凡入选成果，将由《文库》设立单位予以资助出版，入选者同时将获得全国博士后管理委员会（省部级）颁发的“优秀博士后学术成果”证书。

《文库》现面向全国哲学社会科学领域的博士后科研流动站、工作站及广大博士后，征集代表博士后人员最高学术研究水平的相关学术著作。征稿长期有效，随时投稿，每年集中评选。征稿范围及具体要求参见《文库》征稿函。

联系人：宋　娜

电子邮箱：epostdoctoral@126.com

通讯地址：北京市海淀区北蜂窝 8 号中雅大厦 A 座 11 层经济管理出版社掌尚文化分社

邮编：100038

经济管理出版社